東京12チャンネル時代の国際プロレス

流智美
Tomomi Nagare

辰巳出版

はじめに――手渡された「田中メモ」

私は2007年にポニーキャニオンから発売されたDVDボックス『不滅の国際プロレス』と、同じく2010年から翌年にかけてクエストから発売されたDVDボックス三部作『国際プロレスクロニクル（上巻、下巻、外伝）』、合計18ディスクを監修した（前者は竹内宏介氏との共同監修）。

これらは1974年9月から6年半、東京12チャンネル（現・テレビ東京）で放送された『国際プロレスアワー』の現存映像を集めた作品だったが、合計して約70時間という膨大な動画を編集する過程で新たな発見もあり、改めて国際プロレスが存在したことの歴史的な意義、あるいは価値について再認識することができた。

国際プロレスに関する知識、感情をボックスの中にすべて投入した充足感もあり、私の中では「映像によるIWE卒業論文になった」と自己満足していたのだが、2017年11月に辰巳出版から発売された624ページの超大作『実録・国際プロレス』（Gスピリッツ編）を読んで大きな刺激を受け、一気に〝冬眠〟から起こされた。

国際に在籍していた日本陣営のレスラーをはじめ、フロント、社員、テレビ関係者、マスコミ関係者など団体に関わった総勢23名が「時効成立」とばかり当時の内部事情を包み隠さず吐露しており、その内容は圧巻のリアリティーに満ちていた。お世辞抜きで、これこそ国際プロレスに関する限り、「卒業論文の決定版」である。何度も何度も読み返して、「ああ！　あの時、あの試合の背景には、こんな秘話があったのか」と我が青春のヒトコマと照合させながら、プロレスマニアならではのノスタルジーにもタップリと浸らせてもらった。

書籍『実録・国際プロレス』に登場した23人の証言者の中で、それこそ暗記するくらいに読み返したのが東京12チャンネルの番組チーフディレクターだった田中元和（たなか・げんな）さんと国際の営業係長だった根本武彦（ねもと・たけひこ）さんのページである（あえて、本書でお二人は「さん」付けで呼ばせていただく）。

理由は簡単で、私が「アルバイト」と称して国際プロレスの事務所、試合場に潜入していた時期（76〜81年、18歳〜24歳）、嫌な顔ひとつせずにプロレス小僧に毛が生えた程度の私を〝仲間〟として本当に暖かく迎えてくれたのが田中さんと根本さんだったからだ。

特に12チャンネルで『国際プロレスアワー』を制作しておられた田中さん（44年5月生まれ、現在75歳）とは今でも定期的に時間を作っていただき、プロレスのみならず、昭和スポーツ番組全般の制作に携わった時代の貴重なお話を伺う恩恵に浴している。4年ほど前、銀座『ルノアール』の貸し会議室で田中さんのトークショーを開催した時、別れ際にビッシリとボールペンで手書きされたA3の大判レポート用紙39枚を見せられた。

「これは自分が国際プロレスの番組を制作していた6年間に、会社の上司や番組編成責任の上層部に対して上申したナマのレポートだ。当時の国際とウチに関する大事なこと、自分の考えていたことが全部書かれている。これをどう処理するかは、君に任せるよ」

と仰って、田中さんはその分厚い書類のバインダーをそのまま私に手渡してくれた。

この「田中メモ」には番組制作に関する経費などの他に、田中さん自身がその目で見た団体の内情も詳細に記されている。

一例として、78年暮れに所属選手から聴取した生々しいレポートがあるので紹介しよう。なお、当時の状況や言葉の意味・本意が読者に伝わりにくいと感じた部分に関しては、本人の了承を得て筆者が

田中元和氏は44年、秋田県出身。少年時代から空手に打ち込み、75歳になった現在も毎日の練習を欠かさず励行している。この写真は、84年7月に筆者がテレビ東京のスポーツ番組史について取材した時に撮影。

補足していることを予め断っておく。

「国際プロレスの現状は所属レスラーへのファイトマネーが安く、試合数も少ないため（1試合いくらの契約）、レスラーたちの生活は非常に苦しいものとなっています。怪我をした場合でも補償がなく、治療費はすべて自己負担になっています。仮に試合をして怪我をし、シリーズを休場せざるを得ない状態になったとしても、会社からは休場分のファイトマネーは一切支給されません。最近では米村選手が脚を骨折してビッコ状態となり、奄美選手が首を負傷してコルセットを巻かなければいけない状態になりましたが、生活のために試合をやりました。奄美選手が試合後、控室で血を吐く場面にも直面しました。彼ら選手にとって欠場することは、イコール、生活ができなくなることを意味します。

必然的にレスラーたちは無理をしないようになり、新日本の藤波選手のように場外の相手に頭からぶつかっていくようなことはできません。場外乱闘になった時も、相手の頭を椅子で思い切り殴るリアルな行為にいけないのも、これが理由です。吉原社長は会場に行くたびに、選手に対して〝いい試合をやれ〟とハッパをかけていますが、補償のない環境でいい試合ができるわけがありません。試合内容については個人の力量による部分も大きいとは思いますが、選手の意気込み、やる気にブレーキがかかっていることは事実です。

些細なことですが、こんな事例もあります。国際プロレスは年末の12月中旬に、毎年ホテルのホールを借り切って納会を盛大に開催しています。その中で、一年を通じて活躍したり努力した社員、レスラー3～4人に対して、吉原社長から表彰状と金一封（推定10万円）が贈られています。私も放送を開始した74年から毎年出席していますが、表彰された複数のレスラーから信じられない話を聞きました。表彰を受けた数日後、事務所に行って年末シリーズ分のギャラを受け取って封筒の中身を確認すると、10万円ほど少ない。経理の事務員に確認したところ、〝その分は先日の納会で渡しています〟との返事だったそうです。この事象から、我々関係者の前でだけ体裁を繕う吉原社長の虚勢を知ることができます。レスラーや社員のやる気を失わせる、という逆効果をまったく考慮に入れていません。

そのレスラーに〝社長にクレームをつけることはできないのか？〟と聞いてみましたが、そのような行為に対しては必ず制裁が加えられ、悪者扱いされるから不可能だ、という答えでした。組合のない弱小企業にありがちな状態ですが、これでレスラーたちの向上心が保たれるはずはありません。

国際の選手の力量は、他団体（新日本、全日本）に比較して、それほど劣るものではありません。ファイトマネーの支給が十分になされていない現状下、選手たちはハングリーな状態に置かれていますが、このハングリーは頑張っても解決できるものではないため、結局は会社とは現状維持に安住せざるを得ない関係に陥っています。テレビ中継

を担当している立場として、打開策のなさに空しい思いです」（田中メモ）

本書の中で、この「田中メモ」の重要部分を書き残すことなく紹介する。

2011年春、DVDボックス『国際プロレスクロニクル』三部作の制作を終了した時に、私の中で「やり残したこと」、「残すべきミッション」が何かあるような気がしてはいたのだが、今年に入ってから『実録・国際プロレス』の後編とも言うべき「田中メモ」を本の形で後世に残したいと決意し、その希望をGスピリッツ編集部に上申の上、承認をいただいた…というのが本書発売に至る経緯である。

国際プロレスという団体のヒストリーを書く以上、いわゆる「ノーテレビ時代（67年1月～12月）」、「TBS時代（68年1月～74年3月）」にも触れないと完成品とは言えないのだが、本書はあえて「東京12チャンネル時代（74年6月～81年3月）」に特化した。TBS時代を総括する本を後世に残す任務が誰かにあるとすれば、その最適任者は私ではない。しかし、12チャンネル時代に関しては、そのミッションが私にある。開き直りではないが、このくらいの〝自惚れ〟をなくして面白いプロレス本など絶対に書けない。

団体の台所、つまり経営事情だけで言えば、TBS時代の方が遥かに順調だったし、参加した外国人レスラーも絢爛豪華だったことは厳然たる事実である。しかし、「国際プロレスが本当に国際プロレスらしかった」のは、間違いなく12チャンネルの時代だった。これは断言できる。

本書では、12チャンネルが中継していた時代の国際プロレスを事実に則して冷静に俯瞰してみた。それによって、ジャイアント馬場、アントニオ猪木を含めた昭和プロレス全盛時代の深層海流も浮き彫りにできたと思う。

文中、天国の吉原功社長が「おいおい、今さら何を書くんだ？　そりゃ、ないだろ！」と苦い顔をされる部分が多々出てくるかもしれないが、団体が解散（崩壊）してから38年が経過した今、もうすべてはノーサイドだと判断させていただいた。愛する国際プロレスを「フロム・スクラッチ」、白紙から無心で書き尽くしてみたい。

9年前、クエストのＤＶＤボックス収納用化粧箱に私は大きくこう書いた。

プロレスファンなら誰もが必ずここへ戻ってくる。『魂のふるさと』、国際プロレスへ

その思いは、今も変わらない。それでは「流智美の今度こそ最後の国際プロレス卒業論文」に、しばしのお付き合いを願います。

目次

前史Ⅰ　国際プロレスの「ノーテレビ時代」と「TBS時代」

まず本編に入る前に、国際プロレスの「ノーテレビ時代」、「TBS時代」について簡単に総括しておきたい。

【1966〜1967年】

国際プロレス（IWE＝インターナショナル・レスリング・エンタープライズ）は1966年（昭和41年）9月30日、東京・渋谷区役所で会社登記が行われている（設立は10月6日、あるいは10月24日と書いてある書物があるが、誤り）。代表取締役は吉原功。吉原氏は日本プロレスで取締役営業部長の要職に就いていたが、同年8月に辞表を提出（受理は9月11日）、10月5日に記者会見を行い、新団体の設立を発表した。

翌67年1月5日、猪木と豊登が立ち上げた東京プロレスとの「合同興行」という形で大阪府立体育会館にて旗揚げ戦を行ったが、すでに東プロに興行機能はなく、実質的には吉原社長が発足させた国際プロレスに「猪木および斎藤昌典（マサ斎藤）らの傘下選手が契約金をもらって特別参加」した形であった。

旗揚げの『パイオニア・シリーズ』は1月31日が

最終戦で、東プロとのタイアップはワンシリーズだけで終了。猪木は4月に日プロに復帰する。

4月4日、TBSテレビの今道潤三社長が定例記者会見の中で「当社はスポーツ部門の中継を強化しており、国際プロレスの放送を検討中」と語り、プロレス中継の開始を内示。吉原社長は7月に『パイオニア・サマー・シリーズ』を開催して実績を作り、TBSは7月30日、日曜午後6時30分からの30分番組『週間スポーツ』の中で同シリーズ第2戦（前日の大田区体育館大会）をダイジェスト放送して本格的にバックアップをスタートした。

一方、同シリーズで発生した多額の興行損失を巡って吉原社長と団体のエースであるヒロ・マツダの間に亀裂が生じたため、翌68年1月3日からの中継開始（毎週水曜午後7時〜8時）にマツダは参加せず、日本側の主力はグレート草津、サンダー杉山を二本柱とする旨の発表がなされた（11月7日、TBS本社内会見）。

【1968年】

記念すべき第1回目の放送（番組名は『TWWAプロレス中継』）は、両国・日大講堂からの生中継。〝鉄人〟ルー・テーズ（当時51歳）が「TBS用」にカナダ・トロントで新設されたTWWA世界ヘビー級王者として登場し、草津（当時25歳）の挑戦を受けた。

1本目、バックドロップを受けた草津は失神して惨敗を喫し（2本目は試合放棄でストレート負け）、TBS運動部が目論んだ〝ワンナイトでスター誕生プラン〟は脆くも崩れ去る。試合結果そのものは団体の前途多難を思わせたが、視聴率はTBS首脳が期待した以上の32・3％（ビデオリサーチ）という数字を弾き出し、それまでプロレス中継に関して独占状態だった日本テレビ（日本プロレス『三菱ダイヤモンドアワー』）の心胆を寒からしめた。

2週目以降も視聴率は34・0％、25・5％、27・

67年12月中旬、各スポーツ新聞に掲載された記念すべき国際プロレス最初の宣伝広告（写真は同年11月7日、TBSテレビによる記者会見）。この段階で団体の名称は『TBSプロレス』となっており、国際プロレスは外国人レスラーの招聘と興行だけを担当するエージェントと位置づけられていた。

67年12月下旬に各スポーツ紙に掲載されたTBSプロレス第1弾興行の広告。グレート草津が新団体のエースであることを明白にアピールしたレイアウトで、豊登はナンバー4の扱い。同日（68年1月3日）には急遽、日本プロレスが蔵前国技館で興行を組み、TBSの旗揚げを露骨に妨害した。

6%、25・6%と好調をキープし、国際プロレスの中継は水曜夜7時の強力なゴールデンタイム番組として定着する。

2月19日、吉原社長が金銭分配を巡りブッカーのグレート東郷と決裂したため、同月28日放送分からはヨーロッパのレスラーを招聘する路線変更を余儀なくされた。ところが、場外乱闘や流血のないクリーンな試合は却って好評を博し、3月以降も視聴率が20%を下回ることはなく順調に推移したため、「東郷ショック」が尾を引くことはなかった。

4月にはイギリスが誇る欧州ヘビー級王者の〝人間風車〟ビル・ロビンソン(当時29歳)が初来日し、日本初公開となるダブルアーム・スープレックスで一気にエースの座をゲット。草津、杉山、ラッシャー木村らのキャリア不足を補充すると同時に、馬場、猪木の2大エースを軸に盤石の人気を誇る日本プロレスに対抗できる異色の「ガイジンエース」として、69年5月に英国へ帰国するまで国際プロレス人気を牽引した。

ロビンソンの活躍によってTBS中継の視聴率は20~25%を守り、通年平均も25・1%と、日本テレビの日プロ中継(通年平均=31・2%)に劣らぬ人気番組としてプロレスファンから完全に認知された。11月13日、盛岡市体育館からの生中継(ロビンソン&ピーター・メイビアvs草津&木村)が27・2%の視聴率を挙げたのを最後に、以降のTBS時代で25%を越えることはなく、翌年から緩やかな下降線を描いていく。

【1969~1971年】

水曜午後7時~8時の時間帯で堅実な視聴率を稼ぎ、国際プロレスはTBSからの放映権利金収入によって経営状態も安定する。

ロビンソンが英国マットに戻った後は、それまで欧州に遠征していたストロング小林(当時28歳)を帰国させてエースとし、杉山、草津、木村、豊登が脇を固める体制へとシフト。豊登が70年1月に引退した後、5月からは杉山をトップに据えて、小林は8月から2度目の海外修行へ出された。

また、同年2月にはAWA世界ヘビー級王者バーン・ガニアを初来日させ、ここからは外国人レスラーの主要供給源がAWAへと変更されていく。

同年10月8日には、日本マット史上初の金網デスマッチを開催（大阪府立体育会館、木村vsドクター・デス）。14日に録画放送されたが、大流血シーンが多く、「残酷過ぎる」との抗議が相次いだため、以降TBSは金網戦の中継を自粛する（それにより生観戦でしか見られないため、金網デスマッチは各興行の看板として観客動員の向上に寄与）。

TBSは通常枠以外にも、69年10月から『ヤング・ファイト』という番組名で中堅、若手選手の試合を放送（月に1回の1時間番組で、残りの3週はキックボクシング、ボクシングの中継）。この番組が70年9月まで継続したため、国際プロレスに支払われる権利金も増えた。

国際レギュラー枠の視聴率は、69年は通年で約19～20％をキープしたが、70年の上半期が15～18％、7～9月が14～15％、10～12月が12～14％とジリジリ後退。71年は4月21日放送分（ロビンソン&木村vsバスター・マシューズ&ジャック・クレイボーン）が13・4％を記録したものの、以降は10～12％が続き、72年1月からは30分番組（水曜午後7時～7時30分）への短縮が決定する。

TBSから支払われる権利金も約半分に削減されるため、吉原社長は体制の合理化に着手せざるを得なくなった。

【1972～1973年】

72年4月から従来の1時間番組に復活（毎週日曜午後6時～7時）したが、水曜午後7時～8時のゴールデン枠から比較すると、権利金は約70％に留まる。

73年５月下旬に撮影された写真で、当時はストロング小林がIWA世界ヘビー級王座、草津とラッシャー木村がIWA世界タッグ王座を保持していた。まだTBS中継の放送時間帯も日曜夕方の30分枠を保っていた頃だが、この２ヵ月後に木村が小林のIWA王座に挑戦し、その後の波乱状態の幕開けとなる。ところで、よく若いファンから「小林のエース時代は、いつからいつまでだったのですか？」という質問を受けることがある。厳密に言うと、最初の欧州修行から凱旋した69年6月27日、足利市月見ヶ丘体育館での帰国第１戦でウィリアム・ホールにストレート勝ちした時からなのだが、70年２月に初来日したバーン・ガニアのAWA世界王座に挑戦して完敗し、さらに同年５月にビル・ロビンソンに敗れて第２回IWAワールド・シリーズの優勝を逃すところで一旦エース時代は終わっている。同年８月に２度目の海外修行（欧州、北米）に出た後、翌71年７月にIWA世界王者として凱旋帰国した時から団体離脱までの２年半が“絶対エース”の時代だったと総括できるだろう。

4月9日放送分（モンスター・ロシモフ＆ドン・レオ・ジョナサンvsホースト・ホフマン＆イワン・バイテン）が10・8％の視聴率を挙げたが、以降は7～9％台に低迷したため、10月からは再度30分番組（日曜午後6時25分～55分）に短縮された。

73年に入っても回復の兆候は見られず、1月28日放送分（小林vsラリー・ヘニング）が9・1％と健闘した以外は6～7％で低迷し、4～9月の平均は5％台と過去最悪の状態に低下していった。

10月からは土曜午後2時～2時30分の時間帯に移されて、視聴率は2～3％が常態化。「どうやらTBSは来年早々に国際プロレスの放送を打ち切るようだ」という噂が業界内に流れた。

【1974年】

TBSは1月10日の番組編成会議で、国際の中継を3月いっぱいで打ち切ることを正式決定。3月30日放送分（草津vsビル・ワット）を最後に、プロレスから手を引いた。

本章の最後に、TBS時代の個人的な思い出をお許し願う。

1回目の放送から6年3ヵ月の間、TBSのプロレス中継を見逃したことは、ほとんど記憶にない。20年くらい前に新聞縮刷版のラテ欄（ラジオ・テレビ番組ページ）を全部チェックしたことがあったのだが、「ああ、これは見逃してしまったなあ」というカードが一つもない。見逃しは、むしろ週2回中継のあった日プロの方が多かった。理由はNETテレビ（現・テレビ朝日）の中継『ワールドプロレスリング』が当初は夜9時～10時で、つい居眠りしてしまったことがあったからだ。

国際のTBS時代は、私にとっては小学校4年生の3学期から高校1年生の3学期という期間に該当し、テレビでプロレスを見ることが最大の娯楽だった時代である。BS、CS、DVDなどで見たい番組を好きな時に見られる今の世代には想像もできないだろうが、プロレスに限らず、好きな番組を見たければ、「その時間にテレビの前にいなければダメ」だった。

国際のTBS中継では解説席に吉原社長が座り、とにかくリング上のレスラーに対して辛口のコメントしか出ない。エースだった時期の杉山、小林に対しても容赦がまったくないので、「自分の団体なのに、ここまで選手をコキ下ろす必要はないよなあ」と、ほぼ毎週のように呆れていたことを強烈に記憶している。

放送席は山田二郎、新村尚久という2人の美声アナウンサーが交代で中継していたが、ともにプロレス知識は十分で、「東京スポーツやゴング、プロレス&ボクシングは必ず読んでいるな」と思わせたから、番組への好感度は高かった。

普段はまったくプロレスなど興味を示さない父親が、なぜか69年夏に来日したルター・レンジの試合だけは目を凝らせて、テレビに釘付けになっていたものである。「この黒人は本当に強い。これが本気を出したら、小林なんかまったく太刀打ちできないよ。せいぜい、(相手ができるのは)豊登くらいじゃないか?」と言っていたものだが、今思えばさすが我が親父、レスラーの見定めに結構な慧眼を持っていたかもしれない。

68年3月6日、国際プロレスが初めて茨城県水戸市(茨城県スポーツセンター)に来た時、「どうしても生で観戦したい」と懇願した小学校4年生の私に、父は2階席最前列の前売り券を買ってくれた。「リングサイドは危ないから」というのがその理由だったが、メインイベントでトニー・チャールスが見せたドロップキックは、却って2階席からの俯瞰の方がリングサイドよりも「三次元の凄み」を立体的に堪能できたように思う。

番組制作にあたって、TBSが日本テレビ、NETテレビに劣っていたとはまったく思わない。むしろ、カメラワークに関しては当時のNETよりは格段に良かったし、花道を歩いてくるガイジンレスラーを迫力満点のアップで捉える技術などは「さすがドラマのTBSだな」と変な先入観で見ていた。

それでも馬場、猪木が出る他局のプロレス中継に徐々に差をつけられ、視聴率は68年をピークに漸減していく。

73年10月、放送時間が土曜午後2時〜2時30分に移行した時の私は高校1年生。当時の土曜日は12時半まで授業があり、私は授業が終わると、すぐ自転車を飛ばして家に戻らなければならなかった。土曜日の午後は部活動をやるにしても遊ぶにしても最高の時間で、家に帰って国際プロレスの中継を見ていた私は仲間外れにされ、「変人扱い」(同じ学年に、プロレスを語り合える輩はいなかった)。

とはいえ、クラスメートと遊ぶことより、国際プロレスを見ることの方が優先である。TBSが放送を中止した74年3月、「国際プロレス、倒産か?」という記事がスポーツ紙のいくつかに掲載されたが、東京12チャンネルという救世主が登場する気配は、その時点ではまったくなかった。

前史Ⅱ　東京12チャンネルのプロレス中継ヒストリー

国際プロレスの放送開始に至るまでに、東京12チャンネルは多くのプロレス番組を手掛けた。手元にテレビ東京（旧・東京12チャンネル運動部）が1985年に編集した社内誌『テレビ東京スポーツの足跡（1967－1985）』というA4の小冊子があるので、これと当時の新聞のラテ欄を照合しながら具体的に書いてみる。本冊子には具体的な視聴率（ビデオリサーチ）も掲載されているので、これも記載した。

12チャンネル編成局の中に運動部ができたのは、67年4月1日。リーダーに抜擢されたのは、編成局編成参与の白石剛達（しらいし・たけみち、29年5月2日生まれ、2014年6月9日没、享年85）氏だった。

白石氏は64年4月12日に12チャンネルが開局して間もなく、8月1日付で入社した生え抜きで、当初は東京オリンピックのレスリング日本チーム強化コーチを兼任していたため、本格的に局の仕事に着手したのは五輪終了後の10月下旬からだった。

12チャンネルは科学技術振興財団を母体として、「科学技術普及」を目的に作られたテレビ局だった関係で、開局からしばらくは科学関係の番組だけがオンエアされ、娯楽番組はまったくなかったという。

私は2012年にクエストから発売されたDVD『白石剛達伝　苦しい時を突き抜ける決断と行動』で聞き手をやらせていただいた縁で、白石氏の経歴について詳しく伺う機会を得たが、その中で本人はこう語っている。

「ウチは最初のうちはスポンサーなどない堅い科学関係の番組ばかりで、視聴率を気にする必要もなし。しかし、開局2年後の66年には1日の放送時間も5時間から6時間くらいになり、いよいよ経営が傾いてきた。リストラを余儀なくされたため、182人の解雇者が出たこともある。このままだと放送ライセンスを停止されるという危機的状態にまで行き詰まって、他の民放と同様、商業ベースに乗った番組作りをする必要が出てきた。そこで67年4月から社内方針が刷新され、スポーツ番組制作に着手することになった」

さっそく67年4月11日、プロ野球のナイター中継を開始してからは、『サンデースポーツアワー』（毎週日曜午後13時～16時）でサッカー、ラグビー、テニス、アイスホッケー、アメリカンフットボールなどのスポーツ中継を開始するなど、他の民放にはない独特のジャンルで注目を浴び始める。

「新分野への進出なんて格好いいものじゃなかった。自慢じゃないが、ウチは金がない。金のかかるドラマやドキュメンタリーを制作できなかったから、費用、礼金が安く済むアマチュアスポーツとか、海外からスポーツ関係のフィルムを安く買い付けて放送することしかできなかっただけだ」

プロレスへの進出は、翌68年11月21日。蔵前国技館で行われたファビュラス・ムーラvs小畑千代の女子プロレス世界選手権試合の単発放送が最初だったが、木曜午後7時半～8時の30分枠で放送されたこの番組が24・4％と、その時点での同局史上最高視聴率をマークしたため、プロレスへの本格的な参入が部内決定されたという（実況は杉浦滋男アナ、解説はプロレス評論家の田鶴浜弘氏)。この後、国際プロレスの放送に至るまでに同局が手掛けたプロレス番組を古い順に列挙してみよう。

『プロレスアワー』(モノクロ期)

68年11月30日、土曜午後8時~9時の枠でスタート。第1回目にルー・テーズvsアントニオ・ロッカ(63年5月10日にニューヨーク州バッファローで行われたNWA世界ヘビー級選手権)を放送したところ、15・1%という意外な好視聴率を記録し、その後もバーン・ガニア、パット・オコーナー、ボボ・ブラジル、フリッツ・フォン・エリック、キラー・コワルスキー、ビル・ミラーなどのスターを続々と登場させて、70年7月5日まで1年7ヵ月も継続した。

実況は杉浦アナ、解説は田鶴浜弘、小島貞二の両氏。70年4月~5月放送分で2回だけ、別件で来日中だったグレート東郷が特別ゲスト解説者を務めた。

「あのフィルムは、在京の広告代理店の人が持ってきたリストにあったものだが、買い付けにグレート東郷さんはまったく関与していない。東郷さんにお願いしたのは、後にニューヨークのWWWFから買ったカラーフィルムの時だけ。このモノクロのやつは非常に安いオファー金額だったので、即金で購入し、放送を決めた」

昭和の時代、アメリカの女子プロレス界を牛耳っていた“女帝”ファビュラス・ムーラ。74年から76年にかけて12チャンネル中継の看板ガイジンレスラー、ブッカーとして活躍し、77年からは全日本女子プロレスに鞍替えしてフジテレビにも再三登場した。

このモノクロ版『プロレスアワー』は、69年10月から71年12月にかけて土曜夕方や土曜、日曜深夜に『プロレス名勝負』の番組名で再放送されたため、初回放送で見逃した場合でもフォローが可能だった。

なお、69年5月1日に同局に入社し、運動部に配属となった田中元和さんは、このモノクロ版『プロレスアワー』が最初に担当した番組の一つだったという。

『女子プロレス中継』

68年12月5日からスタート。毎週木曜午後7時半～8時の枠で、スポンサーとして参天製薬がついた。

「当初はレトロフィルムとの抱き合わせで番組を作ろうと考えていたが、参天製薬さんが〝女子だけの番組ならば、スポンサーになる〟と言ってきたので、切り離して2つの別のプロレス番組をスタートさせた」

小畑千代、佐倉輝美をエースとする日本女子プロレスの中継で、初回視聴率は20・9%。前記した社内小冊子の同番組の脚注欄には、「他局プロレス、NTV35～36%、TBS26～27%」とある。

つまり女子プロレス中継はレトロの『プロレスアワー』よりも数字が上で、日本テレビ（日本プロレス）、TBSテレビ（国際プロレス）に次ぐ堂々の第3位だった。NETテレビが猪木を中心とした日プロ中継『ワールドプロレスリング』を始める7ヵ月前だから、女子の高視聴率が「NETのプロレス参入」を決定的にしたという見方もできる。

『女子プロレス中継』の平均視聴率は15・0%と同局で最も高かったが、70年3月26日で放送が終了した。白石氏は、打ち切りの理由を次のように語る。

「当時、ウチには『プレイガール』という女性のお色気を前面に出した人気番組もあり、社内幹部会議で〝2つは不要、どちらかを落とすべきだ〟という決定が出された。私は最後まで頑張ったが、最終的には『プレイガール』を残す決定になった。小畑、佐倉には涙を飲んでもらったが、私は2人に〝必ず再起できる機会を作る〟と約束した」

この小畑&佐倉への「約束」が74年9月、国際プロレスの中継を開始するにあたっての12チャンネル側からの「条件＝女子部設立」になったわけだが、それについては同年の章で詳述する。

『プロレスアワー』（カラー第1期、WWWFシリーズ）

70年7月12日、日曜午後7時〜8時の枠でスタート（後に火曜午後7時〜8時に移行）。71年3月30日まで9ヵ月にわたり、WWWF（ビンス・マクマホン・シニア）から買い付けたMSG、ボストン・ガーデン等のビッグマッチ（主としてブルーノ・サンマルチノのWWWF世界ヘビー級選手権）をカラー放送した。

このフィルム撮影契約にあたり、仲介の労を取ったのがグレート東郷だった。

「私とマクマホンのミーティングは、すべて東郷さんのセットアップ。ワシントンDCにあったマクマホンの事務所に行ったのは私だけだったが、東郷さんの紹介だから商談もスムーズだった。ウチ用に撮影したフィルムを飛行機で運び、3週間後くらいに日本でオンエアした。買い付け金額はウチの予算内で、高くなかった」

実況は杉浦アナ、解説は東京スポーツ運動部長の山田隆氏。山田氏はすでに日本テレビ（日本プロレス）で時々解説者をやっていたが、レギュラーはこの番組が初めてだった。

『プロレスアワー』（カラー第2期、続WWWFシリーズ）

72年4月8日、土曜午後7時〜8時の枠でスタートし、同年9月30日まで半年間継続。王者ペドロ・モラレスのWWWFヘビー級選手権と女子プロレス（ファビュラス・ムーラ、ポーラ・ペイジ、ドナ・

クリスチャネイロ、トニー・ローズ、サンディ・パーカーなど）が主で、カール・ゴッチ＆レネ・グレイvsラギッド・ラシアンズのWWWF世界タッグ選手権などの異色カードも含まれ、マニアに大好評を博した。

実況は杉浦アナ、解説は東京スポーツの運動部主任だった櫻井康雄氏（同氏が解説者に起用されたのは、これが初めて）。女子の試合解説は、現役の佐倉輝美が担当した。

『プロレス世界ヘビー級　アントニオ猪木vsカール・ゴッチ』

72年10月4日、猪木が世界ヘビー級王座を奪取した蔵前国技館の初戦は当日（午後10時半〜11時半）にディレイ中継。同月10日、ゴッチがベルトを奪回した大阪府立体育会館の第2戦は11月6日（月曜午後8時〜9時）に録画中継。

視聴率は前者が8・8％、後者が11・9％と大健闘。実況は杉浦アナ、解説は東スポの櫻井氏。

「猪木さん、新間寿さんから直々に話があって決まった。猪木さんがウチの会社に来たのは、あれが初めて。確か新日本プロレスへの支払いは発生していない。それまで新日本は一回もテレビで放送されたことがないので、〝とにかく電波に乗せたい〟というのが先方の希望だった。視聴率は良く、アントニオ猪木の根強い人気を再確認した。ただ、その後もウチが新日本を継続して放送するというような話はなかった」（田中元和）

この後、12チャンネルはプロレス中継から遠ざかり、アメリカで開催されるプロボクシング・ヘビー級のビッグマッチ放映権利を獲得し、連続して衛星中継した（当時は宇宙中継と呼称）。

その結果、「海外ボクシングのビッグマッチなら東京12チャンネル」という評判を決定的にしたが、もとよりカシアス・クレイ（モハメド・アリ）が初来日した試合、72年4月1日のマック・フォスター

72年10月４日、旗揚げして半年が経った新日本プロレスは遂にテレビ電波に乗った。下写真の右端に写っているのが白石剛達プロデューサー（運動部長）。向かって猪木の左が初めて解説席に座った櫻井康雄氏、その左は杉浦滋男アナ。カール・ゴッチを破ってベルトを巻いた猪木は、29歳だった。

戦は12チャンネルの独占中継（15ラウンド判定でクレイが勝利、視聴率＝23・6％）であり、偉大なるクレイを最初に日本に知らしめたテレビ局が12チャンネルだったことも本稿で改めて強調しておきたい。

以降も、同局はボクシングのヘビー級戦を放送しているので列挙してみる。

■72年10月18日
カシアス・クレイvsジェリー・クォーリー（10・2％）

■73年1月23日
ジョー・フレージャーvsジョージ・フォアマン
（世界戦＝11・7％）

■73年2月15日
『木曜ビッグスペシャル クレイかフォアマンか？』
（7・0％）

■73年9月11日
カシアス・クレイvsケン・ノートン（11・6％）

■74年1月29日
ジョー・フレージャーvsモハメド・アリ（12・8％）

74年10月30日、アフリカのキンシャサで開催されたジョージ・フォアマンvsモハメド・アリ戦は「衛星中継金額」がオープンビッド（競り）にかけられて5倍以上に吊り上がったため、12チャンネルの低予算では買い付けが不可能となった（日本の民放ではNETが落札）。

このフォアマンvsアリ戦の競売時期は、国際プロレスの中継開始決定の時期にピタリと重なる。「運動部の予算割り当て先」という観点で考えると、フォアマンvsアリ戦と国際プロレスのパラレルな動きは決して無関係とは言えなかったように思う。

第一章

1974年

（昭和49年）

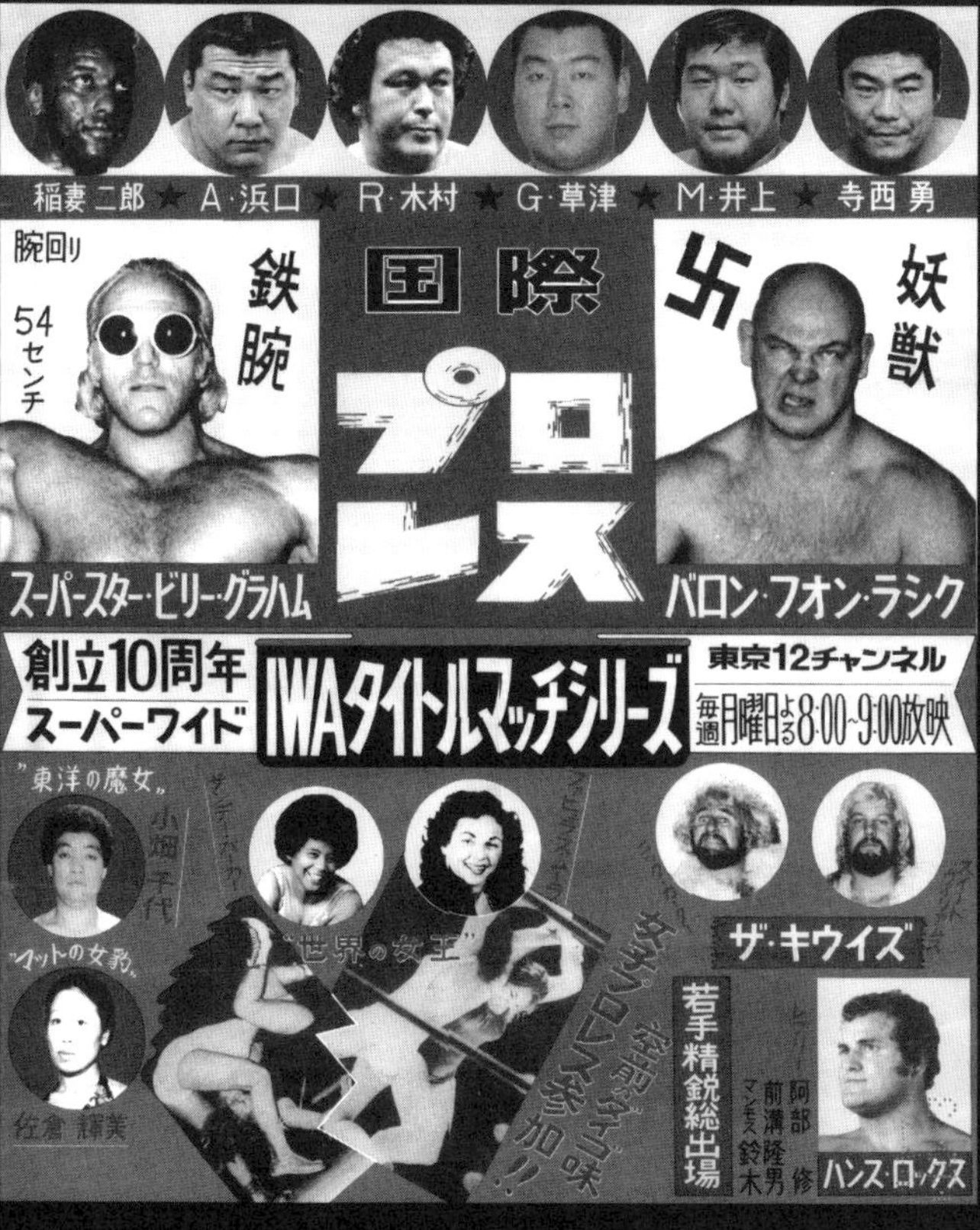

74年５月20日付の東京スポーツに掲載された広告。小林が返上したIWA世界ヘビー級王座決定戦がメインで、元王者ビル・ロビンソンの出場は無条件で決まっていた。金網デスマッチの宣伝も掲載されているが、連日のように乱発されていた時期ではなく、辛うじてレア性をキープしていた時代だ。

５月26日、愛知県豊田市体育館で行われた木村vs草津戦。IWA王座決定戦でロビンソンと対戦する日本陣営代表を決める試合で、木村が逆エビ固めで草津を破った。この一戦には意味もなくセーラー・ホワイトが乱入して木村、草津の双方を襲っており、「深いダメージを負った草津」が敗戦。

6月3日、決戦当日に12チャンネルが東京スポーツ1面に打った広告。生中継だったので放送時間切れが懸念されたが、セレモニーによるロスタイムも最小限に抑えられて、3本目のフィニッシュまで完璧に収まった。この特番が視聴率6・4%を稼いだことにより、レギュラー放送開始へのゴーサインが出される。

9月からのレギュラー放送スタートを前に、6月25日の後楽園ホール大会は1時間の特番として録画中継された。2月から3月にかけて新日本プロレスに来ていたアンドレ・ザ・ジャイアントが"里帰り"の特別参加で4興行に出場し、話題となる。6月29日、岡山県体育館ではホースト・ホフマンとの異色豪華コンビも実現したが、残念ながらノーテレビ。

7月1日、福岡市九電記念体育館で行われた日本初公開のテキサス・チェーン・デスマッチ。草津がザ・キラー（ベンジー・ラミレス）をKOしたが、金網デスマッチに比較すると観客の反応が鈍く、「今後、金網と並ぶ興行の売り物になる」と期待した吉原功社長を大いに落胆させた。

7月8日、新宿区戸塚町の国際プロレス事務所で行われた12チャンネルとの合同記者会見。向かって吉原社長の右が白石剛達運動部長、左が鈴木利夫総務部長。取材席には菊池孝氏、門馬忠雄氏の顔がある。9月からのレギュラー放送開始をマスコミに発表した会見だったが、契約は「1年ごとの見直し」と厳しいものだった。

9月12日付の東京スポーツ3面に掲載された広告。初来日のスーパースター・ビリー・グラハムとバロン・フォン・ラシクが売り物で、日本陣営6選手の扱いは女子よりも小さい。この段階でマイティ井上のIWAシングル王座連続挑戦プランは未発表だったが、吉原社長のハラは「井上路線」で決まっていた。

9月23日付の東京スポーツに掲載された12チャンネルの番宣広告。当初の番組名称は『ファイティングアワー』で、国際プロレスが年間30本、残りはボクシングやキックボクシングなどの格闘技番組が中継されていた。

ビリー・グラハムには、控室からリングに入場する際に101ストリングスによる「ジーザス・クライスト・スーパースター」のインストカバーバージョンが流された。田中元和ディレクター発案による「入場テーマ曲」という新アイディアは、ここから他団体に広がっていった。

11月20日、蔵前国技館大会の新聞広告。「小・中学生無料御招待」と記載されているが、当時の新日本や全日本でこれをやったら、蔵前国技館でも無料入場者で超満員になっていただろう。逆に、ここまでやっても当日の観客実数は1500～2000人だったのだから、国際支持の若年層ファンが少なかったことを露呈していた。

バーン・ガニアとビル・ロビンソンのAWA戦は日本マット初となる「本場直輸入の世界戦」として注目され、期待通りの名勝負が展開された。ガニア48歳、ロビンソン36歳で、年齢的には王者が若干の下り坂にあったが、試合内容では完全に互角。「ガイジン同士の名勝負」で、これをトップに推す評論家は多い。

井上は、ビリー・グラハムを破ってIWA世界王座に就いた時点で25歳5ヵ月。NWF王者の猪木、PWF王者の馬場に比べて「若すぎる」、「小粒すぎる」との評価も多かったが、小林の離脱事件、木村がロビンソンに完敗した後を受けてのリリーフ役を立派にこなした。

11月21日、大阪府立体育会館ではガニアのAWA、井上のIWAが賭けられてダブル世界タイトル戦が行われ、1−1の引き分けでともに防衛に成功。レフェリーはロビンソンが務めたが、この日のセミ前でアニマル浜口をシングルで破っており、最初から汗だくのレフェリングだった。

1974年の日本マット界　概要

まず冒頭にお断りしておきたいのだが、ここから書く各年の「概要」、「本編」において、やや過度なくらいに視聴率が引用されているので、どうか予めご容赦いただきたい。

東京12チャンネルが記録した『国際プロレスアワー』の視聴率については、数字が詳細に残っている。当時、新日本プロレス、全日本プロレスも含め国内の各団体が発表していた観客動員数は完全な「お手盛り」なので、当時のフェアな団体の人気水準を正確な数字で量れるものは視聴率しかないからだ。

さて、本題。74年1月の日本マットは、いかにも正月らしい平和なムードの中でスタートした。

全日本がジャック・ブリスコ（現NWA世界ヘビー級王者）、ハーリー・レイス（前王者）、ドリー・ファンク・ジュニア（元王者）の3人を同時に招聘する『NWAワールド・チャンピオン・シリーズ』で超豪華に先制したが、新日本は〝世界一のデブ兄弟〟、合計600キロのマクガイヤー・ブラザーズ（双子）を初来日させて一般マスコミからの注目も集め、全日本の「金をかけた王道路線」に「安あがりの邪道路線」で対抗した。

肝心の国際プロレスはというと、カウボーイ・ビル・ワット、ブロンド・ボンバーズ（ジェリー・ブラウン&バディ・ロバーツ）、ブッチャー・バションら個性派を揃えて粛々と新春シリーズをこなしたが、すでに1月中旬にTBSから「3月いっぱいで放送打ち切り」の最後通達を受けており（マスコミへの公表は3月4日）、団体内に蔓延する沈滞ムードは如何ともしがたい状況を呈していた。

1月25日、高校1年だった私は茨城県スポーツセンターの『新春パイオニア・シリーズ』第11戦を見に行った。6000人収容の体育館は、3割くらいの入り。僅か1年半前の72年6月27日、ラッシャー木村とバロン・シクルナによる水戸初公開の金網デスマッチで札止めの大盛況（入れない客もいた）を目撃していただけに、信じられない較差だった。

2週間前にも同所で全日本が興行（ザ・デストロイヤーvsプロフェッサー・タナカ＝日本テレビで生中継）を打っていたのでハンディはあったにせよ、8割以上入っていた全日本の活況に比べて遥かに空席が目立った。

大会当日、メインの金網デスマッチでジェリー・ブラウンと対戦するストロング小林は、第1試合が始まる前から2階席の後方にポツンと一人で座っていた。今思えば、この頃には完全に離脱の意志を固めていたのだろう。

会場には猪木vs小林戦のレフェリーに起用された清美川の姿もあったが、すでに新日本の新間寿氏と小林を繋ぐ重要な伝達役をやっていたことは間違いない。何も知らされていない国際側は、「清美川さんは、パリに帰る前の視察かな？　熱心だな」くらいに軽く考えており、清美川が〝新日本のスパイ〟などとは露ほども疑っていなかった。

そして運命の2月13日、小林は高田馬場の喫茶店にマスコミを呼んで突然のフリー宣言。記者団に対し、「国際を退団して、フリーになる。自分の実力を試すため、馬場、猪木に挑戦する」とコメントしたが、実際は時間をかけて新間氏が仕掛けていた引き抜き劇のフィナーレ、ハイライトシーンに過ぎない。

裏事情を察知していた馬場は小林の挑戦に黙殺を貫いたが、猪木は（当然ながら）勇気ある受諾。この時点では舞台裏がまったく知られていなかったため、本件を機にファンの間には「猪木は勇気があるが、馬場は逃げ腰だ」的な声が広まっていった。ここで馬場が「これは新日本の引き抜きだ。小林は、まんまと乗せられているだけだ」と内幕をバラしていたら、まったく違う展開になっていただろうが、そこはさすがに慎重居士・馬場らしい大人の対応だった。

3月19日、蔵前国技館に1万6500人（札止め）の大観衆を集めた猪木vs小林のNWF世界ヘビー級選手権は史上に残る名勝負となって、ここから猪木は声高に「実力日本一」をアピール。4月から5月にかけては、かつて日本プロレスのドル箱だった『ワールドリーグ戦』を復活させて坂口征二、マサ斎藤、星野勘太郎とも対戦し、それまで「禁断の果実」と言われていた大物日本人同士の対戦が、この辺から一気に常態化されていった。

一方、離脱騒動、さらには猪木戦に完敗したことによって、それまで小林を「エース」としてて抱えていた国際のイメージは一気にダウン。TBSの放送打ち切りは「小林の在籍中に決定」したことであり、小林が退団に至る直接の理由ではなかったが（むしろ、エースの小林が不甲斐なかったことも放送中止の一因）、マスコミが「エース＝小林がテレビ放送を失った落ち目の所属団体に見切りをつけて退団」的な書き方に終始したため、一方的に国際側が悪いという論調が広まってしまった。

吉原社長は2月初めから隠密裏に東京12チャンネルとの交渉を開始したが、小林事件発生で一旦は中断。加えて、3月26日に開幕する『チャレンジ・シリーズ』に凱旋を予定していた大剛鉄之助が、帰国直前の同月18日（現地時間＝この日付が一般的だが、当時の東京スポーツの報道では14日）、カルガリーで交通事故に遭い、右脚を切断するという悲劇に見舞われる。

最大のピンチに追い込まれた吉原社長は「自軍だけでは乗り切れない局面」と判断し、馬場に助っ人出場を要請した。72年10月に全日本を旗揚げした際、所属レスラーの人数不足を補うため半年ほど国際からの選手レンタルで世話になった過去のある馬場は、「吉原さんの窮状とあれば、あの時の恩を返したい」と援軍要請を快諾。開幕戦から終盤4月10日までの16日間、大熊元司、高千穂明久（ザ・グレート・カブキ）、サムソン・クツワダの所属選手3名を帯同して『チャレンジ・シリーズ』に友情参戦する。

ここから約5年、馬場と吉原社長は強固な信頼関係のもと提携路線を敷いたため、日本のプロレス界はあらゆる局面で「新日本（猪木）vs全日本（馬場）&国際（吉原）」の対立軸で展開されていく。

吉原社長と白石剛達・東京12チャンネル運動部長との交渉は4月以降に本格化し、6月3日のテスト中継が決定（生特番＝ビル・ロビンソンvsラッシャー木村のIWA世界ヘビー級王座決定戦）。これが6・4％の視聴率を挙げたことで、定期放送実現に向けて具体的な話が進展していった。

そして7月8日、国際プロレス事務所で吉原社長、白石氏が出席して記者会見が行われ、9月23日からのレギュラー放送開始が発表されたが、これによって新日本（金曜午後8時）、全日本（土曜午後8時）、国際（月曜午後8時）の3団体が揃ってゴールデンタイムで競い合う新時代に突入する。

リング上の戦いでは夏から秋にかけても猪木の独走状態が続き、10月10日には蔵前国技館で大木金太郎（フリー）の挑戦を受け、NWF王座防衛に成功。大木の原爆頭突きを真っ向から受ける玉砕戦術から一転、最後は右ストレートパンチで逆転してのバックドロップという劇的なフィニッシュも絶賛された。

12月12日、半年にわたるWWWF地区遠征によって実力を蓄えた小林の再挑戦を受けた猪木は、これを卍固めで返り討ち。馬場との一騎打ち実現の機運は、ここで最高潮に達した。

猪木の挑発を受けながらも、馬場は師匠・力道山も成し得なかったNWA世界ヘビー級王座の奪取に成功（12月2日、鹿児島県体育館でブリスコを撃破）。2年連続でNWA加盟申請を却下され続けた猪木をあざ笑うかのように、猪木が主張する〝実力日本一〟というテーマを「NWA世界ヘビー級王座こそ世界一の権威。日本一なんてスケールの小さいアピールはやめろ。悔しかったら、まず業界の最高権威であるNWAに加盟してみろ」とのロジックに巧く置換してみせた。

猪木、馬場の派手な活躍に押されていた国際だったが、9月のテレビ中継再開を機にフレッシュな企画で堅実に再発進。それまで木村、草津に次ぐ〝第3の男〟だったマイティ井上が抜擢を受けて、10月にスーパースター・ビリー・グラハムからIWA世界ヘビー級選手権を奪取し、団体に新風を吹き込んだ。

11月20日、蔵前国技館ではバーン・ガニアvsビル・ロビンソンという〝本場直輸入〟のAWA世界ヘビー級選手権を開催し、名勝負を残したが、残念ながら観客動員は不振に終わっている。

また、9月の放送開始と同時に「女子部」が設立され、日本人は小畑千代、佐倉輝美、千草京子の3人が所属。各興行で1〜2試合、女子プロレスが組まれるようになった。これは視聴率アップを期した白石氏の要請に吉原社長が従ったものだったが、フロントも兼任していた草津ら一部選手から「男女共存」に対する不満の声が出る。

小林のフリー宣言に始まった激動の1年だったが、国際プロレスは12チャンネルの放送開始によって瀕死の状態を脱し、井上、木村、草津、アニマル浜口、寺西勇の5人を中心とした複数スター体制でメジャー2団体の攻勢を凌ぎながら、「身の丈に合った団体運営」へと静かに歩を進めていった。

吉原社長の「取捨選択」は、企業として適正だったのか？

ＩＷＡ世界ヘビー級王者だった小林離脱の原因については、これまでに多くの関係者やレスラーが証言してきた。当然、私もいろいろな方に聞き回って真相を探り、小林本人からの本音（愚痴）も何度か聞いたつもりである。

簡単に書くと、その原因は、

〈1〉草津による陰険な〝イジメ〟と、吉原社長や仲間レスラーがそれにストップをかけてくれなかったこと

〈2〉ファイトマネーが少なかったこと

の2点に要約できる。

まず、グレート草津という人物について説明しておく必要がある。草津は72年6月にアメリカ遠征から帰国以来、吉原社長の右腕として、いわば社内ナンバー2の地位にあった。トップレスラーの一人としてリングに上がる他、現場責任者であり、興行のマッチメークや営業戦略にも発言力を持つポジションで、月に一度開かれていた幹部による営業会議にも所属選手として唯一、出席していた。

「全幅の」というレベルで権限を与えられていたわけではないが、吉原社長から見ると、団体内は「現場で何か起きたら、まず草津を通してくれ」という体制になっており、すべての重要事項は草津を経由しないと一切トップの耳には届かない絶対的なルー

トが構築されていた。

レスラーとしての評価は低く、「草津が練習しているところを見たことはない」という悪評が多かったが、練習不足のためスタミナに問題があり、本人も「しんどい思いをして団体の顔であるIWA世界ヘビー級王座を持っている必要はない」とばかり、シングル王座には終始拘泥しなかった。

ここで国際プロレスの大きな問題点として指摘しておくべきなのは、「IWAシングル王者であっても、ファイトマネーが一番高いわけではない」ことである。

タイトルマッチ以外の興行になると、王者・小林は「セミ以下」の試合順に落とされ、全般的にセミ、メインに頻繁に絡んでいた草津の方がトータルでIWAシングル王者よりも高い金額を稼ぐことが常態化していたわけである。小林が国際を離脱した大きな動機として、この草津による恣意的な金銭操作を許しがたいものと感じていたことは特記しておく。

小林は73年初め頃から自分の車を運転して地方の巡業地に行くことが多く、他のレスラーと一緒に移動バスには乗っていなかった。「草津と一緒にいたくない」というのが大きな理由だったが、これで他の所属選手とのコミュニケーションも断絶し、団体内において孤立を深める遠因となっていた。

小林に対する草津のジェラシーは半端ではなく、酒宴の後はイジメの度合にも拍車がかかっていく（地方巡業中、草津が小林に小便入りビールを飲むように迫った話は有名）。小林は女性的な神経の持ち主なので、「草津、テメエ、ふざけるなよ！　表に出ろ！」と直接行動に出られる性格ではない。だからといって、理不尽なイジメに耐えるだけで、実力行使で止めさせられなかった点はあまりにも情けない。

団体のエース、チャンピオンであるならば、一度でいい。リング上でマイクを握って、「草津選手、あなたを挑戦者に指名する」と言い放ち、公衆の面前で決着をつけるという手段を行使してほしかったと思う。小林vs草津の一騎打ちというカードは遂に一度も組まれることはなかったが、草津がマッチメーカーなのだから当たり前だった。そのタブーを破る役割は、チャンピオンの小林自身にあったはずだ。

〝過激な仕掛け人〟新間寿氏の引き抜き戦術は、73年後半から始まっていた。小林は「IWA王者のまま団体を辞めてやる。木村には王座を賭けて勝っているし（73年7月9日＝大阪府立体育会館）、草津には俺に挑戦する勇気もないだろう。離脱して王座返上、それが草津と吉原さんに対する一番効果的なリベンジになるだろう」と考え、新間氏からの指示をジッと待っていた。

だが、「チャンピオンのまま団体を離れる」ことは完全に業界ルールに悖る、やってはならない行為だ。実は小林は新間氏からIWA王者のまま離脱することを「条件」に、高額のファイトマネーと将来的な新日本の〝役員待遇〟がオファーされていたのだが（実際に正式入団後、取締役に就任）、であれば「自分の実力を試すため、馬場、猪木に挑戦したい。そのためにフリーになる」などというキレイごとを口にせずに、男らしく「社内の人間関係に嫌気が差したので、辞めさせていただきます」と伝えて、世話になった国際を後を濁さず退社すべきではなかったか？

ただ、猪木戦をセンセーショナルに実現させるストーリーとしては、それだとあまりにも味気なく、プロとしては、そこが難しいところだ。

元はといえば、草津の傲慢、イジメが原因ではあったが、結局、吉原社長は「バックにいるタニマチや金作りの能力など総合的に判断して、小林より草津の方が組織にとって必要。だから、草津の小林イジメを黙殺した」と結論づけるしかない。

結果論だが、「喧嘩両成敗」ができなかった経営者としては最悪の事例だと思う。ちなみに草津はこの74年の10月2日、組織改編で正式に「営業担当取締役」に就き、完全に社内のナンバー2になっている。草津の下の営業本部長はリングアナウンサーも務めた鈴木利夫氏（総務部長兼務）で、鈴木本部長の下に営業第一部（部長＝貫井成男氏）、営業第二部（部長＝梅野則夫氏）、営業第三部（部長＝阿部修レフェリー）を置いた。

放送権利料は1回＝200万円

吉原社長と東京12チャンネル運動部長の白石氏は、早稲田大学の同期。ともにレスリング部で活躍していた親友関係から、卒業後も定期的に酒を酌み交わす仲だった。

74年1月中旬、TBSから放送中止通達を受けた吉原社長は即座に白石氏に連絡を取ったが、すでに12チャンネル社内のみならず、テレビ界のスポーツ番組制作で「大御所的存在」になっていた白石氏からの反応は決して甘いものではなかった。

まず何より、白石氏は「低視聴率でTBSが投げ出した番組でも12チャンネルは喜んで拾う」という評判が立つことを嫌った。他局からのオコボレをレギュラー番組で扱うことは、テレビマンのプライドが許さなかったのだ。TBSが3％前後の視聴率で放出した番組を何の工夫もなく漫然と引き継いだところで、視聴率が2倍、3倍に伸びるはずもない。白石氏には「視聴率を向上させるには、4年前に番組中止を余儀なくされた女子プロレスをドッキングさせるしかない」という確信があった。

女子プロレスの1年半にわたる番組平均視聴率が15％だったことが、その確信の裏付けであった。白石氏は2月から小畑、佐倉にコンタクトを開始の上、現役カムバックを促す。浅草でスナックをやっていた2人はこれを快諾し、白石氏の男気に応えるべくトレーニングを開始した。

一方、小林のベルト返上＆離脱に伴って看板のI

WA世界ヘビー級王座は空位となっていたが、その王座決定戦（6月3日＝後楽園ホール）の特番生中継が5月10日に12チャンネル運動部内で決定の上、編成に回された。

草津との日本側代表決定戦（5月26日＝豊田市体育館）に勝った木村が初代王者ビル・ロビンソンと対戦するカードが用意されたが、白石氏は放送を前に吉原社長に対し、「これで3％前後の視聴率しか取れないならば、残念だが秋からのレギュラー化は無理だぞ。俺も女子部の設立案を撤回して、白紙に戻さなければいけない」との通告を行っている。無論、吉原社長にもその覚悟はできていた。

特番が放送される6月3日は、月曜日だった。月曜午後8時～9時の時間帯には、TBS『水戸黄門』、日本テレビ『紅白歌のベストテン』という超人気番組（ともに平均視聴率が20％以上）が2つもあったため、トライアル中継としては極めて厳しい曜日を与えられたことになる。吉原社長にしてみれば「背水の陣」、「これでダメならば団体解散」の心境だったろう。

結果は6・4％。100点満点ではなかったにせよ、従来の月曜午後8時～9時に放送されていたレギュラー番組『動物探検』の平均視聴率が2％台だったことを考慮すれば、十分に合格点だった。秋からのレギュラー放送開始を決定的にしたという点で、この6月3日の特番が残した功績は大きい（ロビンソンが2－1で木村を破り、4年ぶりに王座を奪取）。

12チャンネルは7月1日、7月29日にも第2弾、第3弾のトライアル特番を組んだ（いずれも月曜午後8時～9時）。

前者は『ビッグ・サマー・シリーズ』開幕戦となる6月25日、後楽園ホール大会の録画中継で、草津&井上vsアンドレ・ザ・ジャイアント&イワン・バルコフ、木村&寺西vsワイルド・ヌウ&ザ・キラーのタッグマッチ。後者は7月9日、刈谷市体育館大会の録画中継で、木村vsザ・キラーのチェーンデスマッチ、井上vsホースト・ホフマンの45分3本勝負が放送されたが、いずれも4・8％の視聴率を記録している。

ただし、このトライアル第2弾、第3弾が放送された段階では、すでに9月からのレギュラー放送が社内決定しており、厳密な意味では「レギュラー開始までのムード作りを目的とした放送」と表現した方が正確だろう。

7月8日の午後2時、高田馬場の国際プロレス事務所で吉原社長、白石氏が出席の上、記者会見が行われ、白石氏からは「9月23日に特別番組としてスタートし、10月からは毎月3回の1年契約にしました。1年後に契約を見直し、成績が良ければそのまま見直すが、そうでなければ打ち切りも有り得ます。目標視聴率は10％と言いたいところですが、当面は8％を目安に頑張りたい」との厳しい、しかしながら具体的なコメントが出された。この席で白石氏は「女子部を設立し、女子プロレスの試合も放送する方向です」とも語っており、小畑、佐倉との交渉も順調に推移していたことが裏付けされている。

「74年9月、国際プロレスと月1度のボクシングを含めた『ファイティング・アワー』という形で番組スタート。国際への権利金は200万円、製作費37万円、国際との契約は年間30本」（田中メモ）

権利金とは「12チャンネルが国際プロレスに支払う放送権利料」という意味で、上記の数字は週あたりの金額である。製作費は田中ディレクターら12チャンネルのスタッフが番組制作にあたって使う費用であり、団体側に支払われる金額ではない。

また、一つの会場で2回分の放送を収録する「2週撮り」の場合は、国際への支払いは400万円、製作費は74万円になることが12チャンネル総務部より社内承認されている。

新日本、全日本のような「毎週放送」ではなかったにせよ、年間30週×200万円、つまり6000万円の年間固定収入は興行収益が少なかった国際にとって最大の基礎財源となり、この後7年にわたり会社の存続を可能にした（権利金、製作費は年度ごとに見直しされていくので、数字の変化は以降の章で都度、正確に記載する）。

ちなみに、当時の新日本、全日本がテレビ局から受け取っていた権利金（製作費含む）は毎週800万円～1000万円のレンジと言われていた。数字だけを比較すると、「国際の権利金は格段に安いな」という印象を受けるだろうが、東京のローカル局だった12チャンネルの200万円と、全国に約30局をネットしていた日本テレビ、NETテレビのプロレス中継とを比較するのは無理がある。当時の200万円は12チャンネルにとって例外的な高額で、他のレギュラースポーツ番組には許されていない特別待遇、まさに「白石部長の独断」だったと言って過言ではない。その独断が通るほど、社内における白石氏の発言権は絶大だった。

架空のIWA世界タイトルマッチ

吉原社長と白石氏による中継開始準備が着々と進む中、8月31日に国際プロレスから以下のような発表があった。

「8月16日にコロラド州デンバーでIWA世界ヘビー級選手権が行われ、チャンピオンのビル・ロビンソンが挑戦者スーパースター・ビリー・グラハムに敗れて王座を失いました。新王者のグラハムは、9月15日に開幕する新シリーズに参加します」

その後、9月3日付の東京スポーツにはロビンソンとグラハムが対戦している写真が掲載された。「ロビンソンIWA王座転落」という見出しでセンセーショナルに報じられているが、このデンバーでのタイトルマッチは実際には行われておらず、ロビンソンとグラハムは当日、別の会場で違う相手と戦っていた。

2人がコンタクトしている写真は、この2ヵ月ほど前にカナダのウィニペグで行われた6人タッグマッチのワンシーンをゴング編集長の竹内宏介氏が吉原社長の要請を受けて現地カメラマンから取り寄せたもので、東スポに掲載される前に同誌にも3カットがカラーで掲載されている。

99年、ロビンソンが高円寺に住んでUWFスネークピットジャパンのコーチ業に専念していた時期に、このグラビアを本人に見せて真相を聞いたことがあるが、「グラハムとは、絶対にシングルマッチなどやっていない。これはシックスメン（6人タッグ）の写真だ」と怒りの表情で語ってくれたことを思い出す。昭和時代のプロレスヒストリーでは、このような「アレジド・マッチ（架空試合）」がいくつも捏造されており、このロビンソンvsグラハムのIWA世界戦もその一つであった。

しかし、6月3日の王座決定戦で木村に完勝したばかりのロビンソンをグラハムを架空試合で貶める必要はなく、

「ロビンソンはグラハムとの防衛戦が予定されていたが、負傷により急遽欠場を余儀なくされ、タイトルは挑戦者に移った」という形で十分だったように思う。インターネットの発達した現在であればバレバレだったろうが、いずれにせよ番組開始にあたっての周到な御膳立てが施された結果、グラハムはいきなり「新IWA世界ヘビー級チャンピオン」として9月開幕の『スーパー・ワイド・シリーズ』に初来日した。

この時点で、国際に所属していた選手は以下の通りである。

【日本陣営】

ラッシャー木村、グレート草津、マイティ井上、アニマル浜口、寺西勇、田中忠治、大位山勝三、稲妻二郎（ジェリー・モロー）、米村勉（天心）、スネー

ク奄美、若松市政（将軍KYワカマツ）

【海外遠征中】

鶴見五郎、デビル・ムラサキ、八木宏（剛竜馬）、ミスター珍

このシリーズでグラハムの防衛戦は3回組まれたが、挑戦者として抜擢を受けたのは意外にもそれまで〝第3の男〟的な存在だった井上だった。木村でも草津でもなく、ここで井上を売り出すのは大きな賭けだったが、これは12チャンネル側ではなく、吉原社長の強い意向が通って決定している。

「吉原さん自身に、〝木村じゃ持たない〟という感覚があったようですね。ウチで最初に放送したロビンソン戦も相手が巧くやってくれたから何とか持ったけれども、木村より井上の方が勢いがあるし、サマーソルトドロップをやったりして動きもいいということで吉原さんは上に持ってきたんだと思います。白石さんは、〝井上だと小さいし、エースは力道山を彷彿とさせるイメージを持った木村の方がいいんじゃないか？〟と言っていましたけどね。これはプロレスラーの本能的なもので、吉原さんの中では〝試合を上手く組み立てていくのは井上だろう〟という考えがあったんだと思います」（田中元和＝『実録・国際プロレス』）

井上は10月7日、越谷市体育館における3度目の挑戦でグラハムに勝利。デビューから丸7年、晴れて第9代IWA世界ヘビー級王座に就いた。

「社長から（グラハムへの挑戦者として）指名された時、嬉しいというより〝なんで自分が？〟という気持ちしかなかった。その後、3回防衛して、7ヵ月後にマッドドッグ・バションに負けたんですが、その時は悔しさではなく、〝ホッした〟というのが本音でした」（井上）

吉原社長は74年末のゴング誌のインタビューで、

「井上を抜擢したのは、ホースト・ホフマンとの試合（7月9日＝刈谷市体育館）が素晴らしかったからです。あれは私の中では今年のベストバウトでした」と語っており、7月の段階で「井上起用」を決めていたことは間違いない。

私も、あの段階で井上を起用したことは正しい選択だったと思う。木村は6月3日の特番でロビンソンに完敗したばかりだったので、いわば〝冷却期間〟が必要だったからだ。

結果的に井上の王座期間は半年であり、「木村時代に移る前のワンポイントリリーフ」だったことになるのだが、それでも9月時点での人選的には井上で間違いなかった。草津という選択肢もないことはなかったが、間違いなく幹部の一人として自分から辞退したのだろうし、12チャンネルからの猛反対もあったろう。

レギュラー初回の視聴率は5・6％

話は前後するが、12チャンネルのレギュラー放送は9月23日にスタートした。

日大講堂からの生中継で、カードは草津＆木村vsグラハム＆バロン・フォン・ラシクのIWA世界タッグ選手権とファビュラス・ムーラvs小畑千代のIWA女子世界選手権だったが、注目された視聴率は5・6％。白石氏が当面の目安と宣言した8％には及ばなかったものの、民放5局のパワーバランスが「3強（日本テレビ、TBSテレビ、フジテレビ）、1弱（NETテレビ）、番外地（東京12チャンネル）」と呼ばれていた時代ゆえ、ゴールデンタイムの5・6％は社内外で「まずまず」との評価を得て、その後も年末にかけて6％前後の安定した数字を続けていった。

4週間のオフを経て、11月4日から12月1日にかけて『ワールド・チャンピオン・シリーズ』が開催された。4週間の中規模なシリーズではあったが、前半から中盤にかけてAWA地区のトップ4人、世界ヘビー級王者のバーン・ガニア、世界タッグ王者のニック・ボックウィンクル&レイ・スティーブンス、ビル・ロビンソンが特別参加したことで注目を集め、早くも新エース井上の真価が問われる舞台となった。

まず開幕戦の11月4日、後楽園ホールで井上はスティーブンスを2−1で破り、IWA王座の初防衛に成功。11月20日、蔵前国技館ではAWAが誇る黄金カード、ガニアvsロビンソンが実現（AWA世界選手権）し、1−1から両者カウントアウト（ダブルKO）の引き分けとなったが、本場のハイレベルな攻防は文句なしの名勝負となり、マスコミ、ファンから絶賛を浴びた。

翌21日にはガニアと井上がそれぞれのベルトを賭けてAWA&IWAのダブル世界タイトル戦が大阪府立体育会館で行われ、これも1−1の引き分けで両者ともに防衛に成功している。スティーブンス、ガニアとの連続タイトルマッチを乗り切ったことで、井上はひとまずエースとしての体面を保ち、吉原社長も安堵の胸を撫でおろすこととなった。

この時、井上はニック・ボックウィンクルとは11月20日の蔵前大会においてノンタイトル戦の45分3本勝負で対戦し、2−1で勝利している。正直、確かに「AWAの3強が新エースの井上に花を持たせた」という雰囲気も若干感じた。しかし、あの年末シリーズの井上には本当に鬼気迫るものがあった。25歳の若さと気迫は、ガニア（48歳）、スティーブンス（44歳）、ニック（40歳）の老獪さを立派に耐え抜いていたと思う。そこは素直に絶賛したい。

「マイティ井上の人気がじわじわ上昇」

この時代のプロレスを詳細に報道していたのは夕刊の東京スポーツだったが、朝刊紙の中ではデイリースポーツのプロレス記事が質、量ともに一歩抜きん出ていた（次点が日刊スポーツ）。この年の11月13日付に「常時20％の視聴率も」、「復活する全盛時代の旗手に」という興味深い見出しの記事があるので原文のまま引用してみよう（写真は10月25日、後楽園ホールで行われた猪木vsジョン・トロス戦）。

プロレス人気のよみがえりは、テレビ視聴率にもはっきり表れている。特にことし、春にストロング小林をねじ伏せ、秋には大木金太郎に悔し涙を流させた〝戦う男〟アントニオ猪木の新日本を放映しているNETは、20％に迫る好成績。全日本のNTV、国際の東京12チャンネルもまずまずで、各局とも「プロレスはドラマに比べ、製作費は安上がりだし、打率（視聴率）もコンスタント」と信頼している。

プロレスの興行団体にとって、テレビは切り離せない。強力な宣伝媒体であると同時に、中継料を払ってくれる、大きな収入源でもあるからだ。今春、TBS系のテレビ中継がご破算となった国際が、その後、興行上の大ピンチを招いたことが、そのへんの事情をよく物語っている。それだけに全日本・馬場、新日本・猪木もオーナーの立場上、「テレビの数字（視聴率）は気になる」（馬場）わけだが、茶の間のファンは、やはりリング内外、いろいろな話題の絶えない猪木に関心があるとみえて、評判は各団体の中でもトップ。

新日本・NET系は全国25局のネット。放送開始後二年になるが、「視聴率は最初から好調です。平均18％をマークしていますが、猪木と小林、大木の試合など、どちらも軽く20％出ましたし、これから常時20％台というのは夢じゃありません」とNET運動部。

この話、手前ミソ的なものではなく、人気は全国的という感じ。北海道では「25、26の数字が出ることもあり、平均視聴率は23％くらいです」（HTV東京支社）。また沖縄でも「20％から25％」（OTV東京支社）といった調子で、猪木や坂口は茶の間でもモテモテ。

新日本のテレビ中継の評判がいいのは、「試合の内容がテクニカルなラフ・ファイトで、よそとは見ごたえが違う」とNET。「猪木、坂口といえば今や世界的な人気レスラー。それに呼ぶ外人レスラーがシークにラッド、マクガイヤー兄弟に巨漢のアンドレとカラフル。視聴者に好まれる条件が揃っています」。スポンサーに喜ばれているせいもあって、NETは中継料も一試合四百万円と気前よく出している。

馬場の全日本・NTV系は「平均12％台」とかで、いま一つ盛り上がりに欠けている。NTV系には、コメディアンでもある魔王デストロイヤーがおり、新星ジャンボ鶴田、御大馬場と揃っているのに、視聴率で新日本・NET系に負けているのは、「ナイター中継のときなど、放送は午後十一時台になりますし、そのハンディもあるようですね」（NTV運動部）。

つまり、新日本・NET系みたいに常時放送となれば、視聴率のアップは確実というわけだが、ネット数は全国32局で、この点ではトップ。「数字は振るわなくとも、見ているファンはウチが一番多い」と、馬場はそれほど落胆していない。NTVの中継料も約三百万と悪くない。

八月から東京12チャンネルで登場した国際は、後手のハンディは否めない。女子プロレスとの抱き合わせ中継ながら「視聴率は平均6％」（12チャンネル運動部）で、勝負はこれからというところ。これは一つには、ストロング小林という看板スターを失った後遺症も原因のようだが、それでも新エース、IWA世界チャンピオンのマイティ井上の人気がじわじわ上昇。このため吉原社長など「来春ごろまでには、もちろん10％台にアップさせます」と表情も明るい。放送エリアが関東一円のせいか、一説には中継料も百万を割っているそうだが、時々サンテレビ、三重テレビなどでも中継しており、内容の充実があれば、視聴率ふたケタ突入の可能性は十分ある。

上記のデイリーの記事を補足すると、各団体への中継料に認識の誤りがあり、放送権利金の数字だけを抽出していたようだ。当時の関係者の声を総合すると、新日本、全日本は製作費なども団体への直接ペイメントが多く、グロス金額で1000万円近くを支払っていたことは間違いない。

ただし、それ以外の視聴率や団体内部の状況については、74年秋時点における3団体の情勢を概ね正確に集約していると思う。ちなみに、12チャンネルの中継が初めて視聴率＝10％の大台に到達したのは翌75年の7月で、放送開始から10ヵ月を要している。

73年度『東スポ選定プロレス年間賞』

インターネットで「プロレス大賞」を検索すると、「74年（昭和49年）が第1回で、その表彰式は翌75年1月5日に開催された。それが恒例となり、以降、この表彰式は馬場、猪木がマスコミを前で顔を合わせる唯一の場となった」とある。

都内のホテルに3団体すべてのレスラーが集結して大々的に表彰式が開催されたのは、確かに74年度が初めてだったのだが、実はその1年前に『東京スポーツ選定プロレス年間賞』というのが制定されていた（表彰式はなく、紙面における制定のみ）。

73年12月28日付の東スポは、「遂に馬場を抜いた猪木」という大きな見出しで各賞を以下のように制定している。

最優秀選手賞＝アントニオ猪木
新人賞＝ジャンボ鶴田
敢闘賞＝ジャンボ鶴田
技能賞＝マイティ井上
殊勲賞＝アントニオ猪木＆坂口征二（タッグで受賞）

特別賞＝吉村道明（同年3月に引退）

馬場の名前がないので「随分、猪木を贔屓《ひいき》にしているな」という印象を受けるが、この73年に猪木はジョニー・パワーズからNWF世界ヘビー級王座を奪取し、坂口とのコンビでルー・テーズ＆カール・ゴッチに勝った（『世界最強タッグ戦』＝東京スポーツ主催）ことが評価されたものだ。

井上が技能賞を受けた理由として、本文に「井上は秋の『第5回ワールド・シリーズ』で草津を破っており、従来のアクロバティックな技に加えて、一つ一つの動きにメリハリを利かせて技巧派に変身している。総合的な技の切れ味についても文句がなく、今年の技能賞に最もふさわしいレスラーと判断された」とある。

馬場の名前がない中で、国際プロレスのレスラーが登場しているのは快挙だ。井上の存在感が、このあたりからクローズアップされてきたことがわかる。

74年の『第1回プロレス大賞』は以下の面々だった。この時期は東京スポーツが独自に制定しており、他のマスコミ各社からの選考委員は入っていない。

年間最高試合賞＝アントニオ猪木vsストロング小林（3月19日＝蔵前国技館、NWF世界ヘビー級選手権）
年間最優秀選手賞＝アントニオ猪木
最高殊勲選手賞＝ジャイアント馬場
敢闘賞＝ストロング小林
技能賞＝ジャンボ鶴田
新人賞＝藤波辰巳
特別賞＝マイティ井上
努力賞＝山本小鉄、マシオ駒、寺西勇

注目は年間最高試合の選考だったが、9試合が一時選考にノミネートされている（1月の鶴田vsブリスコ、3月の猪木vs小林、4月の猪木vs坂口、6月の猪木vsタイガー・ジェット・シン、8月の猪木vsゴッチ、10月の猪木vs大木、11月の井上vsガニア、12月の馬場vsブリスコ、12月の猪木vs小林）。

唯一、国際から食い込んだ井上vsガニア戦は二次選考には進めなかったと書いてあるが、年間を通して名勝負を連発した猪木、1週間ではあったがNWA世界ヘビー級王座を奪取した馬場の実績が光った年だったので、公平に見るとやむを得ぬ落選だった。

翌75年1月5日、東京プリンスホテルでの表彰式には受賞者全員の他、吉原社長、新間氏、ザ・デストロイヤー、グレート小鹿らが一堂に会して、東京スポーツの井上博社長から賞状、トロフィー、賞金を授与された。3団体すべてのレスラーが無制限に招待され、立食形式の「アルコール付き無礼講パーティー」が行われるのは3年後で、そこからは〝宴会部長〟の荒川真（ドン荒川）が本領を発揮し、ステージで大活躍。一触即発の関係も多いライバル団体間の殺気立つ雰囲気を、巧妙にホンワカムードに導く役目を果たすようになった。

前年12月13日、小林との再戦を終えた猪木から馬場に対して挑戦状が送付されて間もない時期だったことから、「猪木がパーティーの席上で馬場を殴る」という噂がまことしやかに流れたが、結局トラブルは何も起きていない（ただし、馬場、猪木ともにカメラマンからの握手ショット要請を拒否）。

国際プロレスの存在感は非常に希薄で、馬場と井上、猪木と井上のツーショットを求めるカメラマンは残念ながら、いなかった。

露呈した「コスト削減」の問題点

NETの『ワールドプロレスリング』と日本テレビの『全日本プロレス中継』には、それぞれ毎週、猪木、坂口、あるいは馬場、鶴田、デストロイヤーが必ず登場した。

一方、12チャンネルは経費節減のために「一つの大会を2週に分けて放送する」という方式を採用していたから、木村、草津、井上、浜口、女子がどちらかの週に登場した。

12チャンネルは、この2年前からキックボクシングの中継も初めていたが、同番組もコスト削減のため「2週撮り」の方式を採っていた。

「キックはTBSが沢村忠をエースに13％ぐらい取っていて、ウチは藤原敏男や島三雄で2週に分けても、6・7％ぐらいを取っていたんですよ。だから、（TBSと同じく）1週撮りで内容を濃くしていたら、10％ぐらいになっていたはずなんです。国際プロレスにしても1週撮りだったら、それぐらいの視聴率を取る力はあるんですが、2週撮りだと6～7％ぐらいかなと。それでも従来の番組の平均視聴率は上回るわけですからね」（田中元和＝実録・国際プロレス）

「1週撮り」の場合は、ほぼ男女オールスター（井上、木村、草津、寺西、浜口、小畑、佐倉、ガイジン勢）が登場して非常に豪華なメンバーが揃う。この場合は、贔屓目なしに質、量ともにメジャー2団体の中継に負けていなかったと思う。

だが、「2週撮り」になると、すべての試合がノーカット放送となるので、「1週撮り」の時にダイジェストだったレベルの試合がダラダラと流される弱点が散見された。

さらに初回（9月23日）以外はすべて録画中継だったため、2週目以降の放送は実際の試合日から10日以上、下手すると1ヵ月も経過した時点でオンエアされており、すでに新聞や雑誌で結果が報道されたものばかりだった。基本的に生中継だったNET、日本テレビに比較して、「臨場感」あるいは「連続ドラマ的なストーリー作り」という点で見劣りしたことは明白な事実だった。

逆に「2週撮り、しかも結果のわかっている古い試合で6％前後取っていたのだから上出来」という好意的な見方もできるかもしれない。たとえばガニアvsロビンソンという黄金カードを11月20日の大会当日に生中継していれば、目標の10％は可能だったかもしれないが、2人の試合はアメリカで60分フルタイムがザラだっただけに、放送時間に入らないリスクを考えると、「録画で6～7％」という安全なプランが優先されたのも仕方がない。

一番問題だったのは、この歴史的ビッグマッチに実数で1500～2000人しか観客が集まっていないことだ（主催者発表は4500人）。開催の記者発表が10月11日だったから、前シリーズの最終戦（同月7日）の後であり、テレビ実況中継の中で「世紀の一戦」が一度も宣伝できずに当日を迎えた、いいわば最悪のパターンだった（11月4日の中継で短いテロップが画面下に流されたのみ。11日、18日は別番組で放送なし）。

2週撮りだと「とっくに終わった試合の録画中継」が多くなり、「集客のためのストーリー作り」、「テレビと興行のコラボレーション効果」がほとんど期待できない。具体的には、NET、日本テレビで必ず放送内にあった「さて、○○シリーズも、いよいよ後半戦です。明日からは東北、北海道で連戦です。会場は…」というオンタイムの興行PRができなかった。

皮肉にもその弱点が、この蔵前国技館のガニアvsロビンソン戦で早くも証明されてしまい、このあたりが翌年からの大きな課題として残された。

第二章

1975年

（昭和50年）

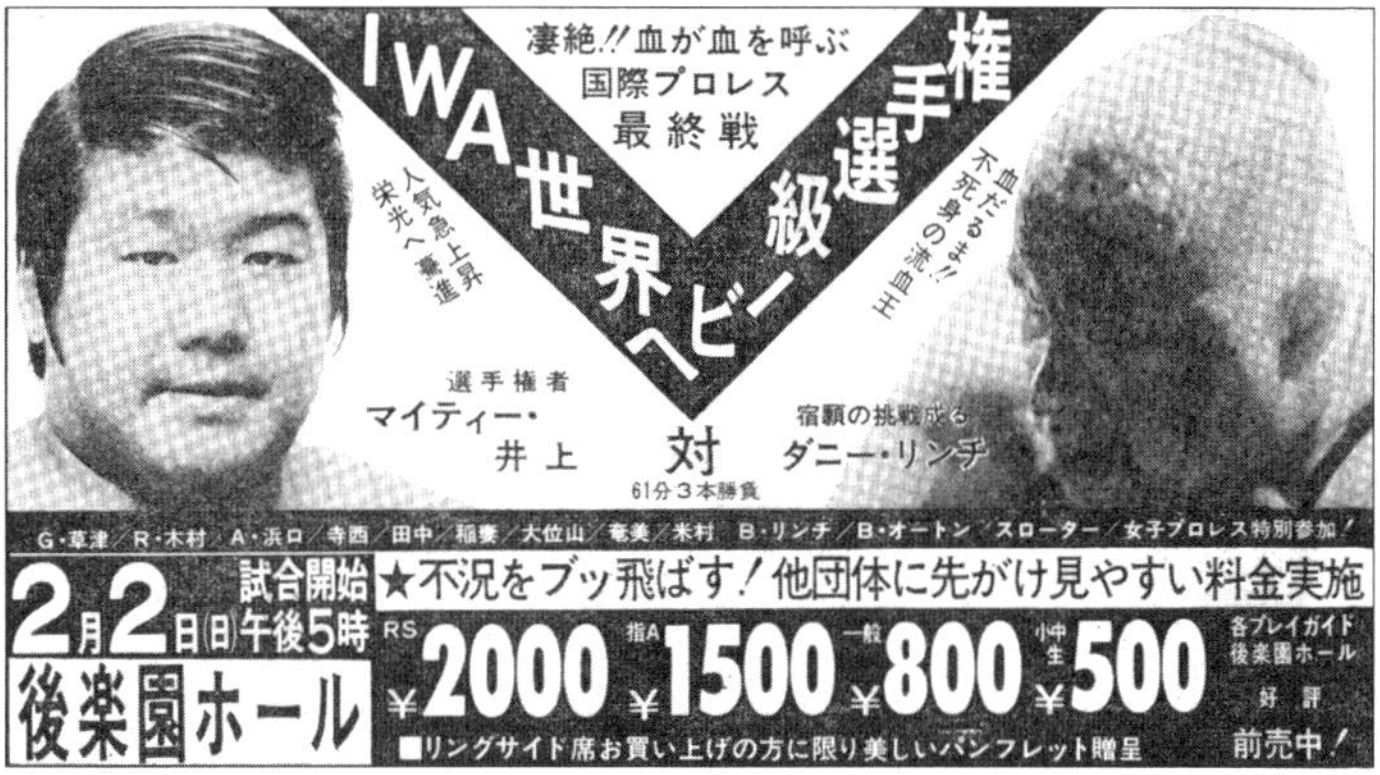

ダニー・リンチは欧州を代表する流血ファイターだったが、テクニックも優れたものを持っており、69年に国際に初来日した時には第1戦で草津をスタンディング・クラッチでギブアップさせている。広告でも大きく打たれたリングサイド＝2000円という値下げ措置は一定の効果を発揮し、観客動員のアップに寄与した。

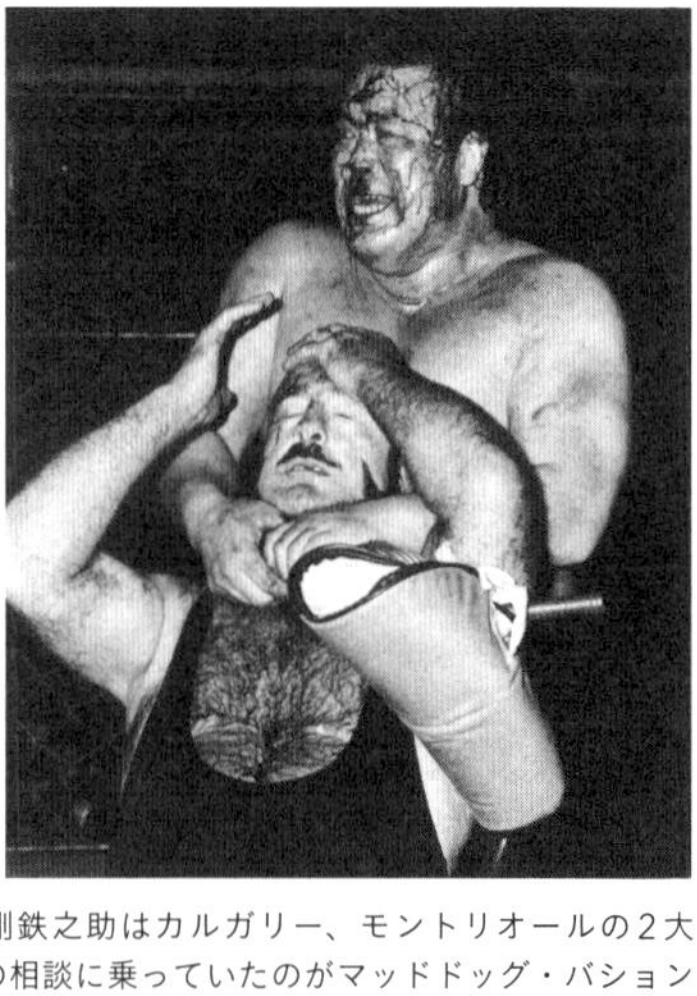

75年から国際の外国人ブッカーとなった大剛鉄之助はカルガリー、モントリオールの2大マーケットを中心に好選手を人選。その大剛の相談に乗っていたのがマッドドッグ・バションだった。最高の掘り出しものはジプシー・ジョーだったが、ザ・コンバット（ピエール・マーチン＆マイク・マーテル）やリック・マーテルの発掘も渋い功績である。

70年に木村がアメリカで修行していた時代、キラー・トーア・カマタとはカンザス地区で何度もタッグを組んでいた（木村はキンジ・キムラ、プロフェッサー・キムラを名乗り、カマタはドクター・モトとトーア・カマタを併用)。ただし、木村はマスコミに対して、「実は米国遠征時の相棒です」と語るような愚はおかしていない。

'75 BIG CHALLENGE SERIES

小畑　千代

158cm　67kg

小畑のマットにおけるキャリアは、もう17年余になる。その間ハワイに２回、東南アジアに数回遠征し、奪ったタイトルはＩＷＷＡ認定世界選手権、同太平洋タッグ選手権、日本選手権と数多い。とくに世界選手権は44年11月日本で世界の女王フェブラス・ムーラを破って獲得した輝かしいものだ。小畑は、ときに男性顔負けの猛ファイトも見せるが、その真骨頂は世界でも数えるほどしか使い手のいない難技ロメロ・スペシャルを切り札とするテクニックにある。

"東洋の魔女"小畑のカムバックは、日本の女子マット界に、新しい息吹きを吹きこむことだろう。

佐倉　輝美

153cm　55kg

"マットの女豹"と呼ばれる佐倉は小畑と同じ東京都出身の江戸っ子レスラー。キビキビとした小気味のいい動きを身上とする、鉄火肌のファイターだ。場外乱闘で自分が負傷したのも知らず、相手をＫＯしたあとで、はじめてケガに気がついたというエピソードを持つ、肝っ玉姉さんである。マットのキャリアは、小畑とほぼ同じで、小畑とコンビを結成してからでも16年余になる。ＩＷＷＡ認定太平洋タッグ選手権を小畑とともに保持したこともあり、日本女子マット界の名物コンビだった。小畑と交互に放つドロップ・キックのツー・プラトン攻撃は、金髪女子プロ群の下肝を抜くことだろう。

千草　京子

161cm　67kg

昭和27年岡山県出身の22才だが16才でプロレス入りして、マットのキャリアはもう６年になる。体力に恵まれたうえ、女性特有の柔軟さに、天性の運動神経とバネをそなえ、デビュー後たった半年で全日本重量級チャンピオンとなった卓抜した素質の持ち主。国際試合の経験も豊富で、怪力のベアハッグは、大型の外人選手に、しばしば悲鳴をあげさせたものだ。

カムバック直後の昨年10月"世界の女王"フェブラス・ムーラを破る大金星をあげたが、張り切りすぎて練習中に足首を骨折、休場した。ことしこそはと期待される日本女子マット界の星である。

国際プロレス

女子部の日本人３選手が全戦に出場したのは74年の２シリーズだけで、75年１月からは外国人女子２名は全戦参加したものの、日本人選手はテレビ収録があった関東一円の会場のみの登場に限定された。その結果、地方興行はすべてガイジン同士によるシングルマッチとなった。

IWA若手精鋭陣

田中忠治 176cm 105kg

本名・田中政克。昭和17年山口県出身。32年に14才で力道山道場に入門。日プロ時代は若手随一のテクニシャンとして鳴らした。41年東プロ参加、42年国際プロ入り。44年2月マイク・マリノを破ってIWA世界ミッド・ヘビー級選手権を獲得。46年3月初渡欧。スペインから南アフリカ、ドイツ、フランスとヨーロッパ諸国を一匹狼として暴れまわり、47年6月帰国。プロ生活18年の豊富なキャリアと、わざの宝庫といわれるヨーロッパ仕込みの高度な技術を買われ、コーチを兼任している。

稲妻二郎 177cm 105kg

本名・ジェラール・エチフィア。昭和24年フランス出身。正統派テクニシャンとして定評のあるジャック・クレイボーンの実弟。クレイボーンの依頼で46年6月第2号プロレス留学生として国際プロに入門した。ことし3月、4年ぶりに来日したクレイボーンは、稲妻の成長ぶりを見て驚き、念願だった兄弟タッグを結成して人気のマトとなり、ダイナマイト・シリーズ終了後は、兄弟タッグでカナダのモントリオールに遠征、大いに暴れまくった。初の海外遠征から帰った稲妻の活躍が楽しみだ。

大位山勝三 179cm 120kg

本名・松本勝三。昭和20年兵庫県出身。35年大相撲三保ヶ関部屋入門。43年11月入幕、最高位は前頭13枚目。現在の日本マット界では、ただ1人の幕内経験者である。45年廃業、46年6月国際プロ入門。恵まれた巨体と若さ、幕内で活躍した地力を発揮してメキメキと腕をあげ、プロレス転向1年で47年6月初渡米。悪の巣といわれるテネシー、テキサス地区で、大型悪党ファイターとして暴れまくり、48年6月帰国した。スケールの大きさは若手随一。まだまだこれから先が楽しみな大器だ。

米村勉 176cm 105kg

本名・同じ。昭和21年秋田県出身。大相撲高島部屋から、43年元プロレスラー金子武雄氏のジムに入り、ボディ・ビルのトレーナーに転向したが、その素質と根性を高く買った金子氏の推薦で、47年6月国際プロ入門。成長の早さを認められて同年9月9日初マットを踏んだ。「ブルーザーのようなレスラーが目標」の、ガンガン攻めまくる実戦派のブル・ファイターだ。昨年3月に結婚したばかりだが、スイート・ホームそっちのけで試合に、トレーニングに打ちこんでいる頑張り屋である。

スネーク・奄美 174cm 92kg

本名・栄勇。昭和26年鹿児島県出身。中学卒業後大相撲井筒部屋に入門。3年後に高校に入り直し、アマレスで全九州高校2回、全日本1回、国体に1回優勝。アメリカに遠征して11勝1引き分けと無敗の成績をあげた。47年高校を卒業して国際プロ営業部に入社。勤務のかたわら練習に励み、48年1月6日晴れてプロレスラーとしてデビューした。47、48年と2年連続して国際プロ3賞の努力賞を獲得した努力の男。両親が奄美大島の出身で、地元後援者のすすめにより、昨年9月改名した。

若松市政 180cm 95kg

本名・同じ。昭和17年北海道出身。中学卒業後「頭で勝負」と苦学して電気技師の資格をとり、技術畑に8年間勤務したのち、次は「体で勝負」と港湾荷役夫になり、2年間重労働に従事して体を鍛えあげ、47年国際プロ資材部に入社。勤務のかたわら練習生としてアマレスの基礎からやり直し、48年10月初マットを踏んだ。ガンバリズムと根性には定評のある超マジメ人間で、レスラーとして試合に出場するほか、レフリー、リング輸送の大型トラックの運転と、1人3役の大奮闘をしている。

チーフ・レフリー
阿部修

プロレス第1期黄金時代の名物男"ヒゲさん"は、いまはAWA公認の国際的名レフリー。豊富なキャリアと、つねに先端をいくフレッシュなセンスは貴重だ。興行手腕も高く買われ、ことしから営業第3部にも所属して、レスラー顔負けのスタミナで全国を飛びまわっている。

レフリー
前溝隆男

元ボクシング全日本ミドル級チャンピオン。相撲は三保ヶ関部屋、野球は高橋ユニオンズ、ボウリングはブランズウィックのインストラクターと、プロの道一筋に歩きつづけた根っからのスポーツマンだ。ことしから営業部門でも活躍している。昭和12年南太平洋トンガ島出身。

レフリー
マンモス・鈴木

33年に日本プロレスに入り、馬場、大木、猪木とならんで力道山道場の四天王といわれ、渡米武者修業もトップ。MSGにも出場した逸材だったが、病気には勝てず引退。レフリーに転向した。外人係も兼任して好評だ。特異なマスクと全身脱毛の巨体で映画でも活躍している。

リング・アナウンサー
竹下民夫

大相撲二所ノ関部屋からプロ野球スワローズ（投手・現アトムズ）を経て、35年プロレス入り。日プロ、東プロ時代はテクニシャンとして鳴らした。これも根っからのスポーツマンだ。その豊富なキャリアを買われて若手のトレーナーを兼任、営業部門でも活躍している。

埼玉県下で大躍進中の清亀グループ
出光興産販売店
埼光石油株式会社
大宮市北袋町2−319−2　TEL 0486−43−5501
清亀グループ給油所
大宮東、大宮大成、浦和東、朝霞東、所沢ニュータウン、戸田
国際プロレス会館
与野駅
大宮駅

75年5〜6月『ビッグ・チャレンジ・シリーズ』のパンフレットより。木村、井上、草津、浜口以外の選手（海外組を除く）が紹介されている。この中ではスネーク奄美の成長が目立っていた時期で、同シリーズでは覆面コンビのコマンド1号、2号を相手にテレビマッチで抜擢を受けた。

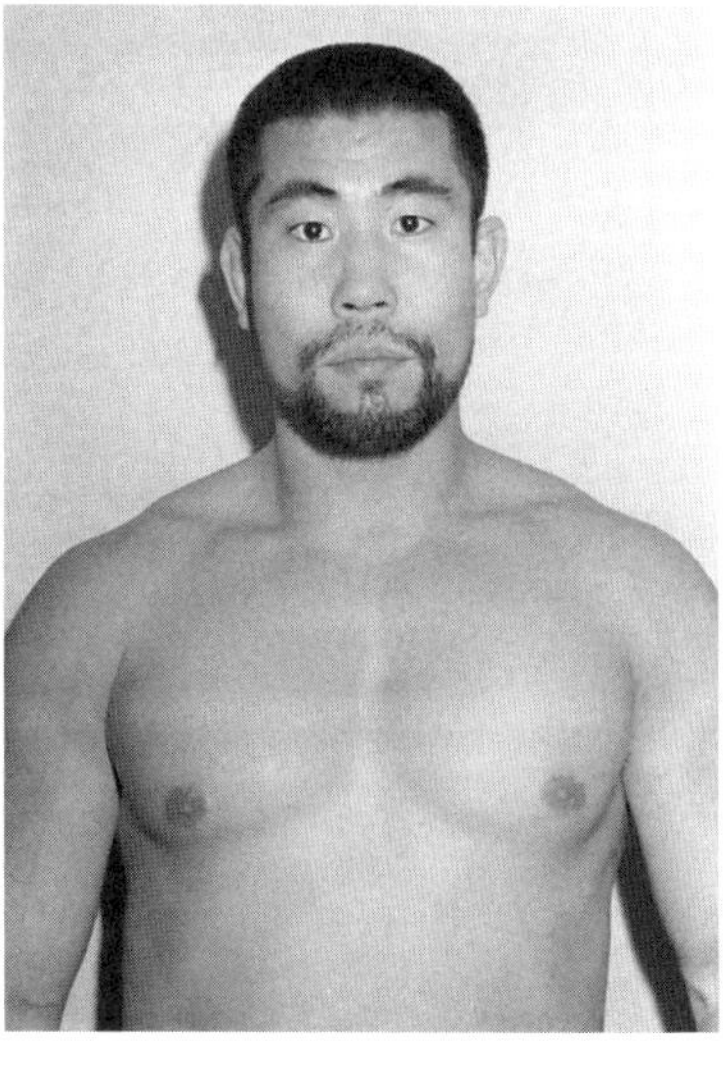

大剛鉄之助は66年に東京プロレスでデビューし、カナダ遠征直前の73年3月8日には長野市体育館でホセ・クインテロを相手に金網デスマッチも経験している（大剛がKO勝ち）。カルガリーで交通事故に遭わずに凱旋帰国していれば、全日本、新日本との対抗戦で大活躍したに違いない。

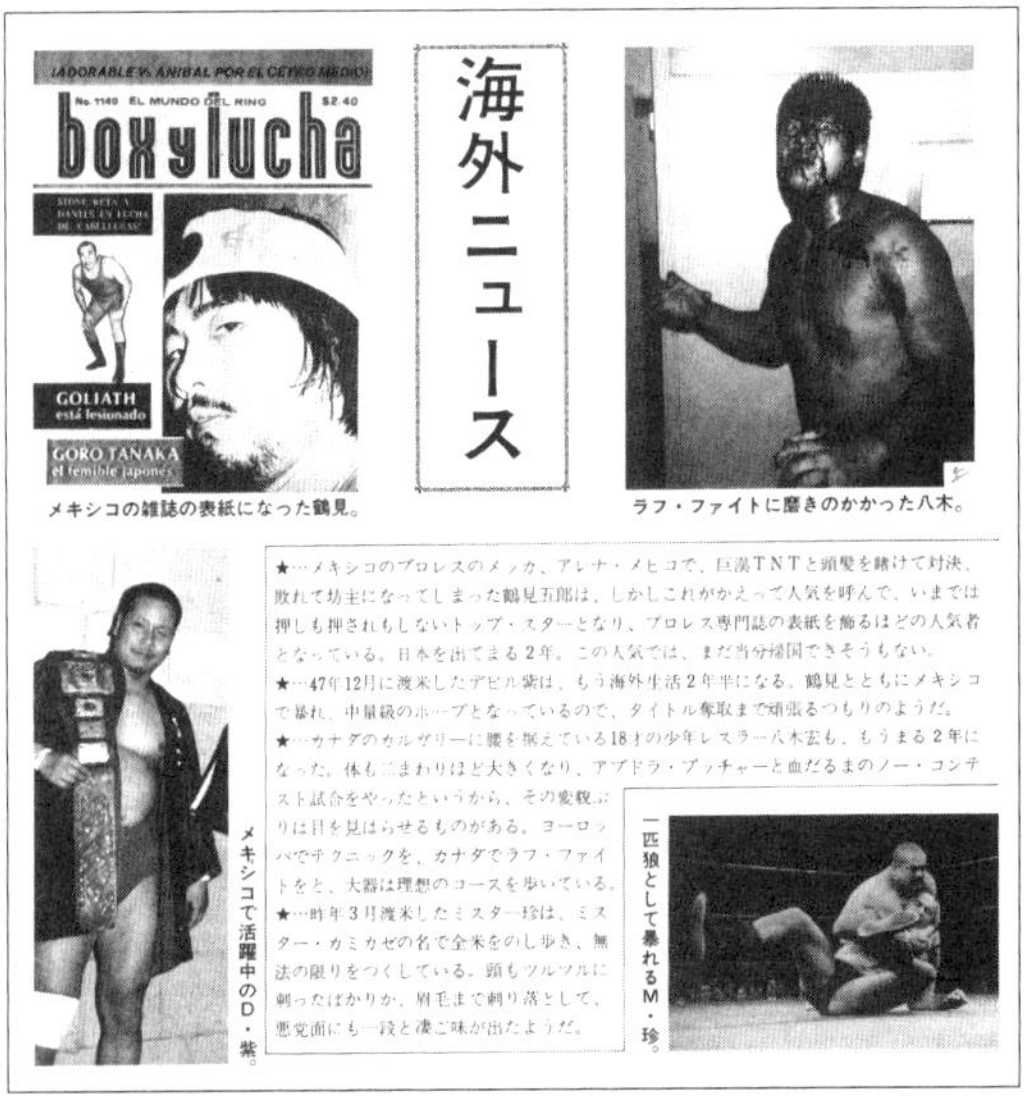

海外ニュース

boxylucha

GOLIATH está lesionado

GORO TANAKA el temible japonés

メキシコの雑誌の表紙になった鶴見。

ラフ・ファイトに磨きのかかった八木。

メキシコで活躍中のD・紫。

★…メキシコのプロレスのメッカ、アレナ・メヒコで、巨漢TNTと頭髪を賭けて対決、敗れて坊主になってしまった鶴見五郎は、しかしこれがかえって人気を呼んで、いまでは押しも押されもしないトップ・スターとなり、プロレス専門誌の表紙を飾るほどの人気者となっている。日本を出てまる2年。この人気では、まだ当分帰国できそうもない。

★…47年12月に渡米したデビル紫は、もう海外生活2年半になる。鶴見とともにメキシコで暴れ、中量級のホープとなっているので、タイトル奪取まで頑張るつもりのようだ。

★…カナダのカルガリーに腰を据えている18才の少年レスラー八木宏も、もうまる2年になった。体も二まわりほど大きくなり、アブドラ・ブッチャーと血だるまのノー・コンテスト試合をやったというから、その変貌ぶりは目を見はらせるものがある。ヨーロッパでテクニックを、カナダでラフ・ファイトをと、大器は理想のコースを歩いている。

★…昨年3月渡米したミスター珍は、ミスター・カミカゼの名で全米をのし歩き、無法の限りをつくしている。頭もツルツルに剃ったばかりか、眉毛まで剃り落として、悪党面にも一段と凄ご味が出たようだ。

一匹狼として暴れるM・珍。

75年『ビッグ・チャレンジ・シリーズ』のパンフに掲載された海外遠征組4選手の近況。鶴見五郎は同年11月に、残りの3選手も翌76年に帰国する。鶴見は凱旋帰国第2戦のキング・タイガー戦（11月3日＝後楽園ホール）がノーカット録画放送されたが、試合中に右足首を負傷し、本来の動きを出せていなかった。

6月29日、後楽園ホールで行われた木村vs井上のIWA世界戦は白熱の好勝負となり、視聴率も初の10％を記録。新日本が4月から5月にかけ、『第2回ワールドリーグ戦』で大物日本人同士による対決を全面解禁した直後だっただけに、国際も切り札カードで対抗した形だ。

本書執筆中の2019年４月22日、ビッグ・ジョン・クイン（右）が脳梗塞で死去というニュースが流れた（享年78）。75年夏の『ビッグ・サマー・シリーズ』ではギル・ヘイズ（左）とのコンビで真価を発揮し、77年にはクルト・フォン・ヘスとのコンビでIWA世界タッグ王座を奪取。80年にも木村のIWA王座に挑戦している。地味だが、存在感抜群の名優だった。

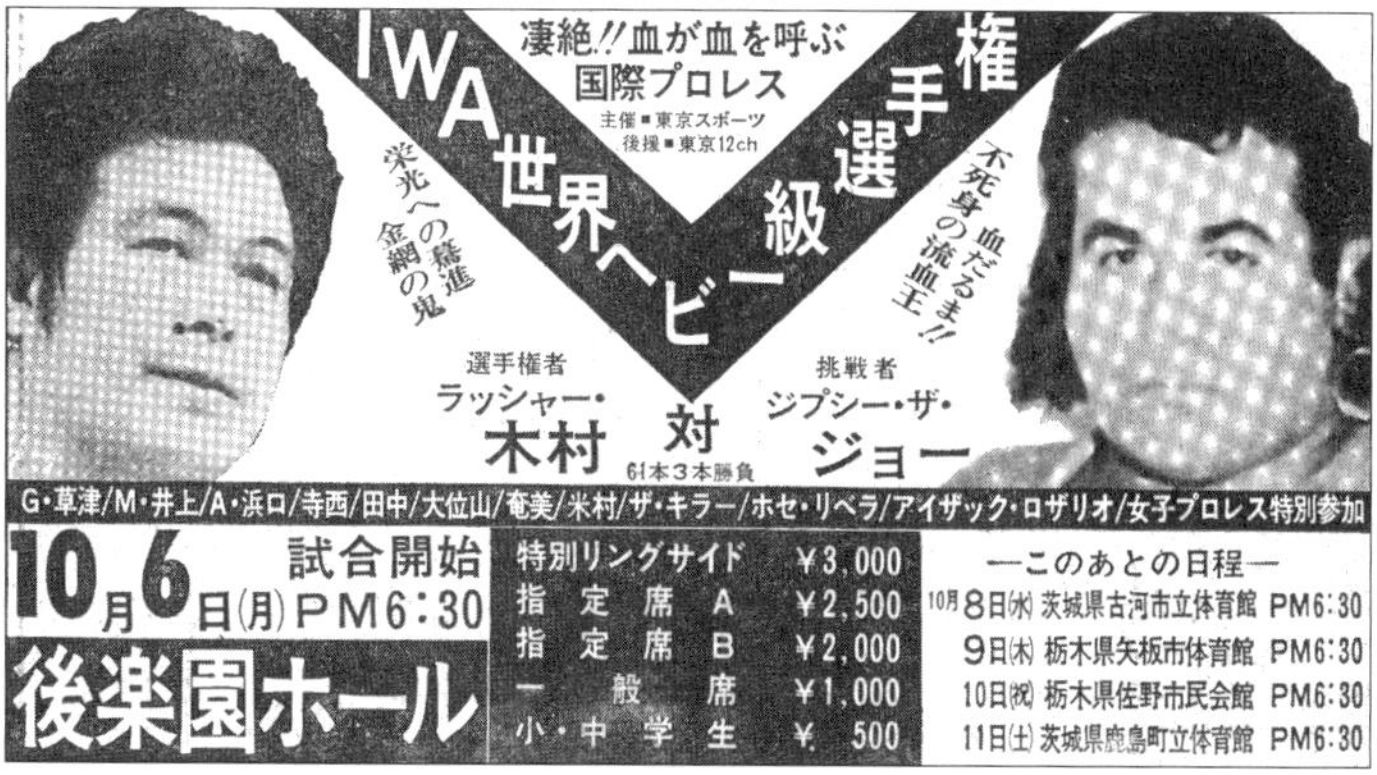

ジプシー・ジョーが木村のIWA王座に初挑戦した後楽園ホール大会の広告。この試合の３本目がリングアウト決着だったために、10月８日に古河市体育館で再戦（金網デスマッチ）が行われ、木村がKO勝ちしている。新日本のタイガー・ジェット・シン、全日本のアブドーラ・ザ・ブッチャーと並び、ここからジョーは「国際ナンバーワンのヒール」として常連になった。

全日本との対抗戦が始まった11月3日、後楽園大会の広告。ザ・コンバットの片割れマイク・マーテル(右)はリック・マーテルの実兄で、この大会でIWA世界タッグ王座を奪取している。当日のリングサイドには馬場の他に百田敬子さん(力道山夫人)の姿もあり、翌月の力道山13回忌追善興行に向けて万全の協力体制を確立していた。

12月6日、東京スポーツに掲載された日本テレビによる番組広告(『オープン選手権大会』開幕戦当日)。馬場を含め参加20選手の顔写真が、横一線に並べて掲載されている。この日は国際が年末シリーズ最終戦(伊東市青果市場)のために木村、草津は欠場し、井上のみ出場。全日本から国際に対しては、極道コンビが貸し出された。

『オープン選手権大会』のラスト２大会の広告。終盤を迎える頃には負傷選手が相次いでテンション低下が懸念されたが、千葉大会の馬場vs木村戦が残されていたことで得点争いに注目が集まり、何とか最終日まで優勝戦線がスリリングに推移した。木村vsヒロ・マツダの新旧国際エース対決が実現しなかったのは残念。

12月20日、新宿の東京大飯店で行われた納会の模様。当日の昼にはテネシー遠征からミスター珍が帰国し、この席で挨拶を述べた。国際プロレス三賞（努力賞、敢闘賞、大賞）の金一封は12月末の給料から控除されるため、レスラーたちは「東京12チャンネル特別賞」だけを期待して出席していた。

1975年の日本マット界　概要

「終わり良ければ、すべて良し」という諺があるが、この年の国際プロレスは「始め良し、中盤も良し、終わりだけダメ」という感じの1年だった。終わりがダメになったのは、「禁断の果実＝対抗戦」に手を染めてしまったからだが、それについては本編の中で詳しく触れる。

年初恒例の『新春パイオニア・シリーズ』は1月6日に開幕。この日は月曜日ということで4ヵ月ぶりにテレビ生中継となったが、番組開始以来最高の7・6％という視聴率を挙げ、幸先良いスタートとなった。

このシリーズからは、それまで5年にわたり外国人レスラーの供給源だったバーン・ガニア率いるAWAとの提携が打ち切られ、招聘ルートがカナダのカリガリー地区（スチュ・ハートの支配エリア）に変更されている。前年、カルガリーにおける交通事故で右脚切断の大怪我を負った大剛鉄之助に対し、ブッカーという要職を与えるとともに、AWAから来ていた外国人レスラーの「高額ギャラ問題」に踏み込んだのは吉原社長の勇気ある決断だった。

前月に、井上がガニア、ニック、スティーブンスと戦う試合を見ながら、吉原社長は「ここまで無理して高額のガイジンを呼ぶ必要はないな」と確信したに違いない。AWAのレスラーを呼ぶ場合、ガニアからはギャラの10％をブッキング・コミッションとして上乗せさせられていたが、その費用も年間にすると総額400万円近い負担になっていた。

1シリーズの招聘枠も、それまでの男子＝6～7人、女子＝3人から、男子＝4人、女子＝2人に縮小されたが、むしろそれまで新日本、全日本に対抗するために無理をして招聘していた「ショッパイ員数合わせのガイジン」を呼ばなくなっただけで、ファンからの苦情はまったく出ていない。国際の「身の丈に合った団体運営」は、このシリーズからスタートしたわけだが、これは視聴率ばかりでなく、他の方面でも良い効果として作用していった。

開幕戦翌日の1月7日、井上、木村、草津、浜口、寺西の5選手が高田馬場駅前のレストラン『ニューアサヒ』で緊急記者会見を開き、前年末から猪木が提唱する馬場への挑戦、その挑戦文書に書かれている「日本選手権」という文言に強く抗議した。

猪木の掲げる統一日本選手権プランに国際プロレスの選手は含まれておらず、「蚊帳の外」に置かれた主要選手5名が「吉原社長に無断で開いた記者会見」だったので翌日のスポーツ各紙もハプニング性を重視して、その模様を報道。だが、井上はGスピリッツ51号掲載のインタビューで、この件について裏では吉原社長が選手たちに対し、「ネジを巻いていた」ことを明かしている。

この後、吉原社長は、「早急に馬場、猪木との面談をする」と呼応。「馬場君、猪木君との橋渡し、統一日本選手権実現を目指す舵取り役は、自分しかいない」と自らの存在価値（中立）を抜け目なくアピールした。

IWA世界王者の井上は2月2日に後楽園ホールでダニー・リンチの挑戦を退けて3度目の防衛に成功したが、続く『ダイナマイト・シリーズ』終盤の4月10日に足立区体育館でマッドドッグ・バションに1－2で敗れ、4度目の防衛に失敗する。

シリーズ最終戦となる4月19日、札幌中島スポーツセンターでは木村とバションによる金網デスマッチが決定していたため、その試合に急遽IWAタイトルが賭けられた結果、バションを逆エビ固めでギブアップさせた木村が王座奪取に成功。第11代IWA世界ヘビー級王者となり、そこから団体崩壊まで6年4ヵ月にわたり続いた「木村時代」が幕を開けた。

木村がＩＷＡ王者となったことから、各シリーズに来日する外国人エースは流血試合、場外乱闘が得意な喧嘩ファイターがセレクトされる路線となり、５月の新シリーズに初来日したキラー・トーア・カマタの大暴れは話題を呼んだ。９月シリーズに初来日したジプシー・ジョーとともに、レギュラーとしてカマタは国際の看板ガイジンレスラーになっていく。

６月29日、後楽園ホールでは前王者の井上が木村のＩＷＡ王座に挑戦し、１－２で敗れたものの白熱の好勝負を展開。これが７月７日に録画中継されたところ、遂に10・０％の二桁視聴率を挙げて12チャンネル関係者を喜ばせた。

一方、リング外に目を向けると、３月に入り、馬場と吉原社長は都内で定期的な〝密談〟を開始している。目的は「対抗戦」及び「合同興行」のプラン作成だった。

６月６日には木村が高田馬場の『ビッグ・ボックス』で記者会見を開き、猪木へ挑戦状を送付したことを発表するとともに、その内容についても開示した。

非常に長い文章なので全文は紹介できないが、肝心な部分を抜粋すると、「今回、選手会、吉原代表の了解を得て、貴殿にこの対戦要望書を発送する。貴殿は実力日本一を呼称されていると聞くが、自分も実力日本一を任じている。自分は〝忘恩の徒〟ストロング小林君とは違い、あくまで国際プロレスを代表して貴殿に挑戦するものだ。誠意ある回答を待つ」となる。小林に対して、〝忘恩の徒〟という表現を用いている部分がやけに印象的だ。

これに対して猪木も６月12日、文書で回答している。

「先輩レスラーとしてひと事〝己を知れ〟と忠告する。自分自身は〝実力日本一〟などと思い上がったことはないし、そもそも、それは第三者が判断することだ。私が提唱する日本選手権に貴殿が参加したければ、まず国際プロレスが公表している全日本プロレスとの対抗戦において、ジャイアント馬場選手と戦い、それに勝ってから私に挑戦することを望む。馬場選手は前NWA世界選手権者であり、その実力は第三者が認めるものだ。もしも貴殿が日本選手権などと思い上がらず、私に一人の挑戦者として立ち向かってくるならば、胸を貸す。但し、興行に関する一切の条件を当方に委ねる、という条件を付ける。試合の場所、その他の条件について、貴殿側と交渉する気は全くない」

究極の「上から目線」回答だ。

これを受けた木村は6月25日、合宿中の群馬県藤岡市『かぶら川鉱泉』で記者会見を行い、再び猪木に送った回答書を公開。「無条件での対戦など受けられない。相手側にハンディを負わせなければ勝てないのなら、明確にそう言うべし。貴殿の傲慢な回答は、挑戦を回避したものと解釈する」とコメントし、猪木に見下された怒りを露わにした。

この一連の挑戦は国際プロレス独自のアクションであり、馬場と打ち合わせたものではない。吉原社長としては年末に馬場と『オープン選手権大会』、『力道山13回忌追善特別大試合』で共同戦線を張る以上、猪木に先制パンチを見舞っておこうと目論んだものだが、猪木の冷め切った反応は予想外で、逆に「国際は馬場と組まないと猪木に相手にされない」との印象を強めてしまった。

すでに猪木の耳には「馬場、吉原が協調し、年末に日本武道館で何かやる」ことは情報として耳に入ってきており、「むざむざ国際の挑発に乗るのは無駄」との判断に基づいた〝睥睨《へいげい》作戦〟だった。

ちなみに、この力道山追善興行の開催日が猪木に伝えられたのは、2ヵ月前の10月9日（猪木がルー・テーズを相手にNWF王座防衛戦を行った日の蔵前国技館の控室）であり、猪木は

「その日は無理です。他の日になりませんか？」と答えている。要するに、力道山追善興行は最初から「猪木を含めない」との前提条件で進められていたことが明白だ。猪木はすでに同日の12月11日、蔵前国技館でビル・ロビンソンの挑戦を受けるNWF防衛戦が決定しており、それは馬場、吉原社長も情報として掴んでいた。

この年、吉原社長は8月末までに4度にわたって馬場と会談を持ち、12月に開催される全日本のオープン選手権と12月11日の力道山追善興行に木村、草津、井上の主力3選手を出場させるとともに、11月3日の国際の後楽園ホール大会では浜口、寺西、大位山、奄美と全日本4選手による対抗戦の開催も決定した。

これらの思い切った戦略は12チャンネルに相談することなく吉原社長が独断で押し切ったものので、それまで二人三脚で少しずつ興行人気、視聴率をアップさせていた両社の円満な関係に、ここから少しずつヒビが入っていく。

東京12チャンネルが交わしていなかった「二重の縛り」

前項で書いたように、この75年から国際プロレスは全日本との対抗戦、あるいは猪木への挑戦状送付といった過激な方向に踏み出していく。

「踏み出していく」とするよりも、「活路を見出していく」と書いた方が正確かもしれないが、重要な問題点として、これらの方向性が「12チャンネルに前もって相談することもなく、吉原社長の独断で進められた」ということを指摘しなければならない。

わかりやすく書いてしまうと、吉原社長は常に「リング上のことは、私が決める。テレビ局の介入は許さない。テレビ局は、黙って私の提供するプロレスを中継していればいい」というスタンスで12チャンネルに接していた。

一方、日本テレビ、NETテレビは、そのような団体の身勝手を許していなかった。毎週の高額な放送料（権利金）を考慮すると、全日本、新日本はそれぞれのテレビ局の子会社的な位置付けになっており、「金も出すが、口も出す」という上下関係が明確に構築されていたのだ。

両団体ともタイトルマッチが放送される時は「特別試合料」という名目で追加の権利金も支払われるシステムになっており、ワンウィーク＝1000万円近い高額を社内予算から捻出するスキームは綿密に組み立てられていた。

それだけではない。2局は別な契約で、トップレスラーに「二重の縛り」を実施していた。

「日本テレビは、馬場、鶴田、デストロイヤーの3人と個人的な契約を結んでおり、テレビ放送料とは別にテレビ出演に関する独占契約金を支払っています。馬場ら3人は、日本テレビ以外のテレビ局に出演することができず、仮に出演する場合は日本テレビの許可を取得し、日本テレビと依頼先に出演交渉を委ねなければなりません。同様の契約が、NETテレビと猪木、坂口、小林の間に交わされており、彼らの出演はテレビの他、映画に関してもNETの管理下に置かれています。我々（12チャンネル）と国際プロレスは個人契約まで締結しておりませんから、国際のレスラーが他団体のリングに上がり、他局のテレビに映されることに対する拘束権はありません。吉原社長が馬場社長との間に対抗戦を企画し、自分のレスラーを日本テレビに登場させても、12チャンネルとしては抗議できないのが現状です。全日本との対抗戦によって国際が得ている収入金額については、我々に開示されていません」（田中メモ）

実は吉原社長が徹底的に対抗戦路線を突っ走った理由が、これだった。

吉原社長のロジックは「木村、草津、井上、浜口らを他局のプロレス中継に出したくなければ、別途に個人契約を結んでくれ。12チャンネルにそこまでやってくれる気がないのであれば、対抗戦の件で口出しするな」となる。

12チャンネルとしては週200万円の権利金だけでも社内で特例なのに、レスラー個人の契約金など出せるわけがない。局側からすれば、まさに〝論外〟の言い分にしか聞こえなかった。

対抗戦によって吉原社長が馬場（日本テレビ）から得ていた金は重要な運転資金となり、全日本の『オープン選手権大会』や『世界オープン・タッグ選手権大会』にエース陣を貸し出したり、あるいは『全日本プロレスvs国際プロレス 対抗戦』、『全軍対抗戦』、『全軍激突戦（韓国・金一道場も交えた三軍対抗戦）』などを共催した時の方が、ワンシリーズを通しての純益が普段より上回っていた。

毎シリーズの興行収益が十分でなかっただけに、12チャンネルの権利金に加えて、「対抗戦による特別収入」がなければ、75年秋以降の団体運営は完全に行き詰まっていたのである。

２０１２年に亡くなった国際番のプロレス評論家・菊池孝氏が、この時期を「タコ足経営」と称しておられたが、まさにタコが自分の足を食べて生きていく感じの綱渡り経営を上手く要約していたと思う。

〝新ブッカー〟大剛鉄之助の流血野郎路線

これも概要で触れたが、この75年から外国人レスラーの質が一変した。年間６シリーズにエースとして来た面々だけを列挙しても、ダニー・リンチ、マッドドッグ・バション、キラー・トーア・カマタ、ジョニー・クイン（ビッグ・ジョン・クイン）、ギル・ヘイズ、ジプシー・ジョー、ピエール・マーチン、マイク・マーテルと〝喧嘩屋〟、〝流血野郎〟がズラリと揃えられ、売り興行の値段をアップさせる手段、すなわち金網デスマッチの乱発路線を可能にした。

モントリオールを本拠としていた一流選手バションには、やや高めのギャラを払ったと想像されるが、それでもバーン・ガニアやニック・ボックウィンクルの半分以下だったろう。ブッカーの大剛が「ギャラが安くてタフな流血野郎」、「場外乱闘が得意なタイプ」というスタンダードで選んだ選手たちだったが、この75年に関する限り人選はパーフェクト、１００点満点だったと思う。満点の評価基準は、年間を通して好視聴率をキープできたからである。

「74年9月〜75年8月に、計31本（週）消化。平均

視聴率6・7%。9月からは年間契約本数40本、製作費52万。直近10月6日放送分の生中継（後楽園ホール）は8・7%」（田中メモ）

視聴率に関しては、当時の新日本が平均すると18〜20%、全日本が10〜13%だから、上記の12チャンネル数字は決して悪くない。

1月から9月までの間に生中継は3回しかなかったが、それで平均6・7%なのだから、「2週撮り」の弱点も徐々にクリアされつつあった。しかも、2年目は中継の回数が年間40本に増えたので、国際の団体運営資金が年間で2000万円もアップしたことになる。この上乗せは、非常に大きい。

私は7月3日、水戸市民体育館で開催された『ビッグ・サマー・シリーズ』第4戦を見に行ったが、金網デスマッチが行われなかったにもかかわらず、前年の新春シリーズの倍、少なくとも実数で3000人は入っていたので驚いた。

メインは木村vsジョニー・クインの60分3本勝負（ノンタイトル戦）で、1−1から木村が反則勝ち。クインは70年秋の日本プロレス『第1回NWAタッグ・リーグ戦』に来て以来、2度目の来日だったが、すっかり大物オーラを漂わせるトップレスラーに成長していた。

至近距離で見た魅惑の草津スマイル

完全な余談を一つお許し願う。この7月3日の前売り切符を私は水戸市内の泉町にあった『伊勢甚百貨店』という大きなデパートで購入した。6月20日頃だったと思う。

いつもは同級生の両親が経営していた南町の運動用品専門店『森スポーツ』で買っていたのだが、この時は「本日、伊勢甚で購入したお客様に限り、グレート草津選手のサイン色紙を進呈。草津選手が◯階のイベント部屋に来場」という特典が付いていた

ついに『金網デス・マッチの鬼』木村が、その得意とする金網デス・マッチでマッドドッグ・バションを破り、タイトルの海外流出を土壇場で食い止め、念願のIWA世界選手権を手中にした。苦節10余年、悲運の闘将といわれた木村の不屈のド根性は、いま花と開いたのである。本名・木村政雄。昭和16年北海道出身。33年大相撲宮城野部屋入門。39年日本プロレス入り。41年東京プロレスの設立に参加。42年国際プロ入り。44年8月初渡米してNWA世界選手権に3度挑戦。45年8月帰国。同年10月日本で初の金網デス・マッチを決行して一大センセーションを巻き起こし以後金網デス・マッチでは不敗を誇り『金網デス・マッチの鬼』と呼ばれている。47年9月渡欧。ヨーロッパを席巻して48年4月に帰国。50年4月19日M・バションを破って第11代IWA世界選手権者となった。

この段階で歴代のIWA世界王者は、初代から順にビル・ロビンソン、サンダー杉山、ビル・ミラー、ストロング小林、ワフー・マクダニエル、小林、ロビンソン、スーパースター・ビリー・グラハム、マイティ井上、マッドドッグ・バション、木村と変遷。団体崩壊までの通算保持日数では、木村が史上最長である。

から、「森には悪いが、今回だけ勘弁してもらおう」と決めて伊勢甚百貨店に飛び込んだ。

よく考えてみれば、サインは試合会場に行けば簡単にもらえるのだが、その時は「珍しいな。私服の草津を見てみたいな」と思ったのだろう。整理券をもらって草津が奥に座っている大きな部屋に入ると、そこには結構な数のファンが列を作っていた。50人以上はいただろうか、〝営業担当取締役〟草津は満面の笑みをたたえて、色紙に一人ひとりの名前を入れてサインペンを走らせていた。

20分くらい並んでいると、私の順番になった。

「お名前は？」

「厚二（こうじ＝私の本名）です」

「どういう字を書くの？」

「厚生省の厚に、数字の二です」

「難しいこと知ってるなあ」

そう言いながら草津はサインしてくれたが、私も高校3年生だから厚生省くらいは知っていた。ムッとしてもいい場面だったと思うが、あの時の草津スマイルは何とも魅力があった。

営業担当のトップを兼任していただけあって、草津には何枚もの切符を売りさばく責任があったのだろう。その時の色紙は今でも持っているが、当時は「小林離脱事件の主犯」などという内幕を知るわけもない。この日の光景は、無垢なファン時代の鮮明な記憶として残っている。

「キラー・トーア・カマタ、ジプシー・ジョー、ビッグ・ジョン・クイン、アレックス・スミルノフといった無名でもいい選手を呼んでいたわけですよ。（中略）そういうレスラーに国際の選手たちが勝っていけば、ファンも〝国際だって結構やるじゃないか〟という見方になると思うんですよ。全日本や新日本と比較されることのない独自の価値観でやっていく。そうすれば、僕はそれなりに保っていけると思っていたんですけどね。ところが、ある日突然、対抗戦がすでに決まっているんですよ」(田中元和＝『実録・国際プロレス』)

馬場と吉原社長による〝密談〟の内容

国際と全日本の対抗戦は、5月20日に赤坂のヒルトン・ホテルで基本合意に達した。

この場には百田家の代理人として山本正男(力道山に仕えていた側近の一人)も同席していたが、12月11日の追善興行について両団体の出場を確認した後は退席し、馬場、吉原社長の2人による11月以降の具体的な対抗戦スケジュールが話し合われた。両者の合意内容は、以下の3点である。

〈1〉11月3日、国際主催の後楽園ホール大会に全日本から4選手を派遣。シングルマッチ2試合、タッグマッチ1試合を実施。12チャンネルで生中継。

〈2〉全日本が12月6日から18日まで開催する『オープン選手権大会』に、国際は木村、草津、井上を派遣。その対価として、全日本はシリーズの中から仙台大会の興行権を国際に譲渡。馬場vs木村、鶴田vs木村は日本テレビが収録して放送。その対価として、12チャンネルには日本武道館の興行(12月11日＝力道山追善試合)の中から「馬場、鶴田、デストロイヤーが出ない試合」を提供する。

〈3〉年明け(76年)の3月を目途に、蔵前国技館で両団体による全面対抗戦を実施。興行収益は50：50で折半。日本テレビと12チャンネルがともに収録し、12チャンネルには「馬場、鶴田が出ない試合」の収録を許可する(デストロイヤーは不参加)。

12チャンネルの田中ディレクターが「ある日突然、対抗戦が決まっていた」というサプライズに見舞われるのは80年初頭(新日本との対抗戦時代)まで何度もあったそうだが、最初のサプライズがこの時だった。

この〈1〉〜〈3〉が「決定事項」として伝達されるわけだから、テレビ中継の中期〜長期ストーリーを熟考し、視聴率に繋げなければならない田中ディレクターにしてみれば、「冗談じゃない！　勝手に決めないでくれ！」である。

一番腹立たしかったのは、「日本テレビの既得権益」が予め担保されていたことだ。馬場、鶴田、デストロイヤーが日本テレビ以外の局に出演できないことは承知の上だったが、だからといって団体のエースである木村絡みの好カードを吉原社長の独断で馬場に提供してしまう、いわば「土下座外交」には閉口するしかなかった。

吉原社長は事あるごとに、「ウチの選手が日本テレビの全国ネットに乗ることは大きな興行メリットなのだから、その点について（関東ローカルの12チャンネルから）つべこべ言われる筋合いはない」と反駁したが、根底には「試合で負けても、内容が良ければ問題ない。選手の露出度がアップして知名度が上がるから、興行に大きなメリットとなる」という考え方があった。

田中ディレクターは機会があるごとに「それは違う。対抗戦において大事なのは勝敗であって、内容ではない」と持論をぶつけたものの、上司である白石部長と吉原社長の親友関係を知っているだけに、あまり強い意見は遠慮せざるを得なかった。

対抗戦に仕掛けられた巧妙な罠

11月3日の後楽園ホール大会は久しぶりの満員（2000人）で、熱気十分。12チャンネルも5ヵ月ぶりの生中継を実施し、8・6％の好視聴率を挙げている。生中継だと確実に1〜2％は上乗せされるが、この時は対抗戦の第1弾だったこともあり、効果が最高に生かされていた。

おそらく吉原社長は12チャンネルに対し、「こんな好カードを日本テレビにやらず、しかも生中継で持ってきてやったんだぞ」と〝ドヤ顔〟で自慢したかっただろうが、確かにこの初戦に関する限り上出来である。

肝心の試合の方も熱戦ばかりで、スネーク奄美が肥後宗典に後方回転エビ固めで勝ち、大位山勝三も桜田一男（ケンドー・ナガサキ）のペンデュラム・バックブリーカーを押し潰しての体固めで堂々の連勝。

タッグマッチでは浜口&寺西が前アジア・タッグ王者チームの高千穂&クツワダと20分引き分けになったが、4人がリングサイド最前列にいた馬場、吉原社長に延長を直訴。3分後に再開された時間無制限1本勝負で、高千穂がネックブリーカー・ドロップで浜口からスリーカウントを奪い、惜しくも国際の3連勝とはならなかった。

馬場はマスコミからの質問に、「今日は1勝2敗と負け越したが、タッグで勝ったのでウチのメンツは保ったと思う。お客さんの声援も凄くて好評だったので、今後も継続して対抗戦を組んでいきたい」とコメント。吉原社長も「8人が持てる力をすべて出し切った3試合だったと思う。今後、もっと上の選手が出てきた時に、団体の本当の実力が証明されると思う」と馬場のコメントに上機嫌でエコーした。

最初だけ吉原社長に「甘い蜜」を吸わせるのは、馬場が5月の会談から描いていたシナリオである。ここからは12月のオープン選手権を盛り上げるため、国際勢は徹底的に〝噛ませ犬〟の役割を強いられていった。

この対抗戦の4日前となる10月30日、全日本の蔵前国技館大会で、すでに木村、草津、井上3選手のオープン選手権参戦は発表されていた。当日のメインは馬場が大木金太郎の挑戦を受けた14年ぶりの一騎打ちで全日本旗揚げ以来最高の1万3000人を動員したが、馬場、大木に続き、揃って黒いスーツ姿の吉原社長、木村、井上の3人がリングイン。百田義浩リングアナが「12月6日から始まるオープン選手権に、国際プロレスから木村選手、草津選手、井上選手の参加が決定しました」とアナウンスすると、場内からは大きな歓声と拍手が起きた。11月3日、国際の後楽園大会に馬場が来場した理由は、この10月30日の返礼だった。

この後、11月5日には銀座・東急ホテルに馬場、鶴田、デストロイヤー、木村、草津、井上の6人が集まり、記者団を前にオープン選手権参加選手（全20名）の発表会見が行われた。リーグ戦の最終成績表を別掲（P85参照）したのでレスラー名の列挙は省くが、これは文句なしで「日本マット史上最高の豪華メンバーを集めたシリーズ」だった。

これだけ高額ギャラを稼ぐレスラーを集めて、スポンサーなしの黒字興行が打てるわけはない。日本テレビの補助がいくらだったかは想像するしかないが、一人あたり週5000ドル平均とすると、馬場、鶴田、デストロイヤー、アントン・ヘーシンク、大木、木村、草津、井上の8人を除いた12人には、2週間（休みなしの13連戦）のトータルギャラだけでも軽く12万ドル（1ドル300円の時代＝約3600万円）の経費を要したはずだ。

日本テレビの土曜夜8時は、TBS『8時だヨ！全員集合』とフジテレビ『欽ちゃんのドンとやってみよう！』という2大人気番組（平均視聴率はドリフ＝27％、欽ドン＝21％）に挟まれて苦戦していたため、ここで一発大逆転を目論んだ賭けとはいえ、12チャンネルからすると、3600万円は「信じられない投機金額」としか思えなかったはずだ。

吉原社長が「12チャンネルから毎週もらっている200万円なんて、微々たるもんだ。ウチは馬場との取引で、もっともらえるかもしれん」と皮算用してしまったのも無理はなかった。

吉原社長のエース木村評

この75年の秋から冬にかけては、久しぶりにプロレス界全体が好調ムードに乗って、東京スポーツをはじめ毎日のスポーツ新聞を見るのが楽しくて仕方がなかった。紙の媒体では、東スポの他にゴング、別冊ゴング、（月刊）プロレス、週刊ファイト、レジャーニューズ（週2回発行）があったが、これらも欠かさず読んでいた。

12月初め頃の朝日新聞だったことは間違いないのだが、ラテ欄の右上のコラムに「この頃、プロレス番組がやけに面白いし、視聴率も高い」という記事が掲載された。朝日、読売、毎日などの一般新聞がプロレスを扱うこと自体が非常に珍しい時代だったので、この記事は克明に憶えている。

3団体が揃ってゴールデンタイムで毎週中継されるルーティンがお茶の間に定着し、好調な視聴率にシンクロして試合そのものも充実していた時期だったように思う。パソコンもスマホもビデオもＤＶＤもない時代だから、情報を得るにはテレビと紙媒体＋生観戦しかない。高校3年生だった私は翌年の大学受験を控えていたので、7月3日の国際・水戸大会を最後に「大学に受かるまで生観戦は我慢するぞ」と心に決めていた。

ところが、9月1日に新日本が「10月9日、蔵前国技館で猪木vsテーズのＮＷＦ世界ヘビー級選手権を開催」と発表したものだから、「これを見ないと一生後悔する」と自ら朝令暮改。この10月9日の木曜日だけは午後の授業を休んで、常磐線の鈍行に乗り蔵前に行った。

12月の猪木vsロビンソンやオープン選手権も見たかったが、そこは自制心を働かせて自粛（当然ながら、親から電車賃や切符代がもらえなかった）。その代わり、3団体のテレビ中継だけは「1秒たりとも見逃すまい」と目を充血させながら見ていたものである。

12月6日に開幕したオープン選手権は4週間にわたってゴールデンタイムで放送され、それまでの『全日本プロレス中継』を2～3％上回る視聴率を挙げて健闘した。放送日と放送された主なカード、視聴率は以下の通りである。

■12月6日
ハーリー・レイスvsダスティ・ローデス、ドリー・ファンク・ジュニアvsアブドーラ・ザ・ブッチャー、ジャイアント馬場vsバロン・フォン・ラシク（生中継＝13・2％）

■12月13日
大木金太郎vsブッチャー、ザ・デストロイヤーvsドン・レオ・ジョナサン、ジャンボ鶴田vsラッシャー木村、馬場vsブッチャー（生中継＝14・2％）

■12月20日
ドリーvsジョナサン、馬場vs木村、鶴田vsドリー、馬場vsホースト・ホフマン（録画中継＝15・3％）

■12月27日
グレート草津vsデストロイヤー、ドリーvsラシク、鶴田vsホフマン、馬場vsレイス、ドリーvsホフマン、ジョナサンvsブッチャー、馬場vs鶴田（録画中継＝13・1％）

視聴率は正直である。オープン選手権はアメリカ人同士の「夢の対決」が売り物だったはずだが、やはり一般的なファン、お茶の間の関心は全日本vs国際の日本人エース対決にあり、視聴率は鶴田vs木村、馬場vs木村の放送日が特に高い。同門の師弟対決（馬場vs鶴田）が大した数字でなかったことは、馬場にとっても日本テレビにとってもショックだったろう。

皮肉にもラッシャー木村の商品価値が高いことを証明したシリーズとなったが、吉原社長を巧みに説得して木村らを引っ張り込んだ馬場の作戦はズバリ当たったとも言える。

全日本オープン選手権最終成績

<注>※印は棄権

ファン投票によるランキング(順位)	ジャイアント・馬場	D・F・ジュニア	A・ブッチャー	※ハリー・レイス	ジャンボ・鶴田	ラッシャー木村	※大木金太郎	H・ホフマン	※D・ローデス	※B・V・ラシク	デストロイヤー	D・マードック	ヒロ・マツダ	D・L・ジョナサン	P・オコーナー	※M・レスリング	マイティ・井上	グレート・草津	ケン・マンテル	※A・ヘーシンク
馬場	※	○	●	△	●	●		●	▲	●										
ジュニ	●	※	○	△	△	●		●		●				▲						
ブッチ	○	●	※	▲	●	▲					●			●				●		
レイス	△	△	▲	※			▲		●											
鶴田	○	△	○		※	▲		●				△	△				△			
木村	○	○	▲		▲	※				●		▲		●					●	
大木				▲			※					▲							●	
ホフマ	○	○			○			※			●	△	▲		△	●				
ローデ	▲			○					※				▲				○			
ラシク	○	○				○				※			▲				●			
デスト			○					○			※	△	△	▲		△	△	●		
マード					△	▲	▲	△			△	※			△			●		●
マツダ					△			▲	▲	▲	△		※		△		△		●	
ジョナ		▲	○			○					▲			※		●		●	▲	●
オコー								△				△	△		※		●		○	
レスリ								○			△			○		※	▲	○		
井上					△				●	○	△		△		○	▲	※		△	
草津			○								○	○		○		●		※	▲	
マンテ						○	○						○	▲	●		△	▲	※	▲
ヘーシ												○		○					▲	※
得点	11	10	10	4	6	6	2	6	0	2	6	8	6	6	5	1	6	2	3	0

○勝ち＝2点　●負け＝0点　▲両者リングアウト＝0点
△時間切れ引き分け＝ともに1点

75年12月20日付の東京スポーツに掲載された『オープン選手権大会』の星取表。当初発表されていた「各選手8試合」を消化できなかったレスラーが多く、対戦相手もバラバラなのでリーグ戦としての公平性は薄い。マニア垂涎の対決が連発されたことは事実だが、やはり視聴率となると木村絡みの日本人対決が好数字を叩き出したため、渋いガイジン同士の対戦は放送枠に入らないケースが多かった。

最終的な星取表を掲載したので、ご参照いただきたい。このオープン選手権は期間が2週間だったため、20選手の総当たりリーグ戦は行われていない(日程的に不可能)。

開幕前にファン投票によって「番付」を作成しておき、大相撲の本場所のように上位から公平に対戦する仕組みになっていたのだが、そもそも木村の番付は第6位、「西の関脇」である。78年に私は選考委員の一人だった田鶴浜弘氏に確認したが、ファン投票の数字は実際には反映されていなかったそうだ。

馬場が1位で東の正横綱、鶴田が5位で東の関脇だから、木村には最初から随分と失礼な番付を用意したことになる。井上の17位、草津の18位というのも非常に屈辱的なランキング(下にはケン・マンテルとアントン・ヘーシンクしかいない)であり、これを飲んだことも吉原社長の過度な「土下座外交」の失敗例だった。井上は7ヵ月前まで看板のIWA世界ヘビー級王者だったのだから、百歩譲っても10

位前後に入れておく必要があった。

リーグ戦の結果は、馬場が11点で優勝。鶴田、木村、井上は6点、草津は2点。途中帰国（棄権）となった選手が続出したために勝ち星がウヤムヤになっているが、予定通り8試合をこなした中での最下位が草津で、ブービーがマンテルだったことがわかる。

井上は公式戦で鶴田と30分時間切れ引き分けに持ち込んだことで面子を保ったが（ダスティ・ローデスには反則勝ち）、問題はエースの木村だった。

鶴田と対戦した12月13日、福井市体育館大会は生中継だった。結果は場外で延々と殴り合いの末、9分19秒に両者リングアウト。テレビではノーカットで流され、鶴田のタイミング抜群のサイド・スープレックスで後頭部を強く打ってから木村は劣勢が顕著で、「これじゃあ、とても馬場に勝てるわけがないな」と絶望的な気分にさせられた。

翌週、12月20日放送の馬場戦は千葉公園体育館大会（同月17日）の録画だったので、すでに結果は知っていたが、6分53秒、馬場の河津掛けで、あっさりとスリーカウントを奪われて完敗。5分過ぎにブッチャーが乱入し、両者に襲いかかって木村は額を叩き割られたが（馬場は無傷）、そのハンディキャップを抜きにしても馬場の圧倒的な優勢が明白な試合だった。

「国際プロレスのエースであるラッシャー木村について報告します。彼は4月にマッドドッグ・バションに勝ってＩＷＡ世界ヘビー級チャンピオンになって以来、団体の看板として視聴率の面でもリーダー役となって頑張ってくれていると感じます。誠実な人柄から人望も厚く、団体内における信頼感も非常に高い人物です。営業担当重役の草津も、木村にはいろいろな場面、局面で気を遣っており、月に一回行われる営業会議にも、レスラーで組織される選手会の中から、木村だけには出席を仰いでいます。

ところが吉原社長は常々、木村の試合内容については、期待を裏切るという低い評価をしています。

具体的には、

①相手が大物だと萎縮しているような印象を与えがちで、マイナスイメージが顕著に出てしまう悪癖がある。

②練習量は多くスタミナはあるのだが、長時間の試合が組み立てられない。間《ま》の取り方が下手なので、技と技の繋ぎが巧くやれていない。一本調子の試合運びになって寝技に入るタイミングが掴めず、殴る、蹴る、打つの動作が多くなる。アントニオ猪木のように寝技で持たせる60分フルタイムの試合ができないことは、エースの器量として痛いと指摘。

③決め技に入るまでのパターンにバリエーションがない。畳みかけるような連続技がないので、殴ってからいきなり大技に入る不自然さも難点である。

④過去、1970年に金網デスマッチで右脚複雑骨折の重傷を負い、半年ほど欠場したことがあるため、右脚を攻撃されると極端にダメージが倍加している。長い黒タイツを着用して弱点をわからせないようにしているが、下半身のモロさが致命的な場面を多く見せるようになってしまっている。

まず①についてですが、吉原社長は相手が馬場、鶴田になった年末の試合を振り返って、これを言いました」

「悪い表現ですが、木村は自分が吉原社長のモルモット的な立場にあるという認識（忠誠心）を非常に強く持っています。従って、木村は吉原社長の決定を必ず実行しています。木村本人が吉原社長に対して、マッチメーク上のことを問うことも一切ありません。

②については意見の分かれるところで、木村は一本調子だからこそ魅力あるレスラーだ、という声もあります。ただ、団体の2番手、3番手であればそれも許されることで、エースであれば相手がどんなタイプの選手であっても柔軟に対処できなければ力量不足と評価されます。テクニックを主体とする選手が相手だと試合内容が乏しいケースが散見しますが、そのあたりを注意して、テレビ放送時の相手を厳選しています。

③は、大凡②と同じ内容なので割愛します。

④は吉原社長が最も気にかけていることで、木村にとって時限爆弾になっています」（田中メモ）

上記の文章から明白なように、12月17日、千葉大会における馬場vs木村の試合を田中ディレクターはじめ12チャンネルの中継スタッフ全員は血の涙を流す思いで見ていたのだ。

テキサス・アウトローズの登場も却下

12月11日、日本武道館での力道山追善興行では、2局（日本テレビと12チャンネル）のテレビクルーが「同会場でダブル実況収録」を行った（ともに録画放送）。

これは『実録・国際プロレス』にも「田中メモ」にもないが、「吉原社長が日本テレビと馬場の圧力に屈した歴史」を語る上で重要だと思われるにつき、書き残しておきたい。

この日本武道館大会については、5月20日の馬場・吉原会談で概要が決定しており、木村絡みの2試合（鶴田戦、馬場戦）を日本テレビに譲渡する代わりに、12チャンネル側に90分の番組収録が許された。

当初、日本テレビは大木金太郎vsアブドーラ・ザ・ブッチャーの頭突き世界一決定戦と馬場&デストロイヤーvs鶴田&ドリー・ファンク・ジュニアの異色タッグ戦を収録し、「あとの試合については12

チャンネルが収録しても良い」という合意だったが、大会の詳細が煮詰まってきた11月中旬の段階で、馬場から「12チャンネルに提供するカードは、こちらが決定する」と通告してきた。

12チャンネル側からは早い段階で「木村&草津vsテキサス・アウトローズ（ディック・マードック&ダスティ・ローデス）」というカードを依頼してあったが、これは完全に却下。当時、馬場と親密な関係にあったヒロ・マツダがNWA世界ジュニアへビー級王者だったことで、井上が挑戦するタイトルマッチを強制され、しかも木村にはバロン・フォン・ラシク、草津にはホースト・ホフマンとのシングルマッチが割り当てられた。

せっかく月曜の午後7時半〜9時という良い時間帯を用意したにもかかわらず、この3カードでは12チャンネルが90分特番を組む意味がない。しかも、自局の2番手である井上がNWAジュニア王座を奪取できる見込みが限りなく薄い試合なのだから、尚更だった（井上は1－2で敗戦）。

12チャンネル内部では一時は特番を撤回して抗議に出ようという意見もあったが、結局は馬場（日本テレビ）の押し付けを飲んで4試合（上記3試合＋ドン・レオ・ジョナサンvsサムソン・クツワダ）を収録の上、12月15日に放送している。視聴率は6・8％と当時の平均を下回っており、「押し付けカード」の苦渋を反映した数字になっていた。

馬場と日本テレビは吉原社長に対し、「この力道山追善興行でガイジンレスラーを供給しているのは全日本。だから、テレビ放送権を譲るとはいえ、全日本が招聘している大物ガイジンの価値を貶めるカードは組めない」という申し渡しを行っていた。マツダもマードックもローデスも全日本にとっては「大事な看板ガイジン」で、彼らはオープン選手権のような特別な豪華シリーズでない限り最高待遇のトップガイジンとして呼べる選手であり、12チャンネルで木村、草津、井上に負けたら今後の商品価値は激減してしまう。それが言い分だった。ラシク（木村の逆エビ固めでギブアップ）、ホフマン（草津と場外乱闘の末、両者リングアウト）までが〝国際相手に負け、あるいは引き分けを許しても良い範囲の選手〟だったわけだが、この措置を丸呑みした吉原外交の稚拙さは糾弾されても仕方ないところだった。

しかし、レスラーのプライド、さらに12チャンネルのやる気を無視した吉原社長は、それでも対抗戦をやめようとはしなかった。

全日本から興行権を譲渡された12月15日、宮城県スポーツセンター大会（オープン選手権第9戦）は国際が手打ちでやった時の3倍近い収益を上げる大成功（超満員）に終わり、吉原社長は「馬場と巧く付き合っていけば、新日本にも対抗できる。今後はテレビだけに依存しなくとも、やっていけそうだ」という感触を持ってしまった。

身の丈経営がやっと落ち着いたばかりなのに、性急に「背伸び」を始めてはいけない。76年から、その「ツケ」は各所で顕在化していく。

第三章

1976年

（昭和51年）

76年3月28日、蔵前国技館で開催された『全日本プロレスvs国際プロレス 対抗戦』のパンフより。2団体が正面から激突する対抗戦は56年7月の東亜プロレス（大同山又道）vs国際プロレス団（木村政彦）、同年8月の東亜vsアジアプロレス（月影四郎）以来、20年ぶりだった。

両団体対抗戦！開催のご挨拶

●インターナショナル・レスリング・エンタープライズ

〈代表取締役〉吉原　功

昨年12月、国際プロレスがジャイアント馬場選手に発した、ラッシャー木村との再戦要望書がきっかけとなって、ここに全日本プロレスとの対抗戦を実現する運びとなりましたが、国際プロレスとしては、この対抗戦の実現に決して満足するものではなく、あくまでもこれは木村との再戦を実現する手段と考えております。

馬場選手は再戦要望書に対して、ノラリクラリと解答を避け、非公式に「鶴田と先に決着をつけろ」などと発言しておりました。この発言は決して彼のいう通り筋の通ったものとは思われませんが、しかし馬場選手を追いつめ、その重い腰を上げさせるには、その言質をとらえて逃げ場をふさぐ以外に方法はないと判断し、木村－鶴田戦の実現に踏み切ったものです。

木村が鶴田選手に勝てば、馬場選手は木村との再戦を受けねばならぬことになるでしょう。それでも馬場選手が立ち上がらなければ、馬場選手と全日本プロレスの命運はすでに尽きた、と私は考えざるを得ません。"手段"としての対抗戦ではありますが、国際プロレスは日本マット界に新しい時代を画するため、社の浮沈を賭けて戦います。

●全日本プロレスリング株式会社

〈代表取締役〉馬場　正平

国際プロレスとの対抗戦の実現はファンの皆様にも喜んでいただけるものであり、現在の日本マット界にとっても非常に意義あることと信じていますが、私にとってただ一つ残念なことは、この実現に当っての国際プロレス側との話し合いに、いささか感情的なものが介在したことです。

対抗戦実現のきっかけとなった私に対するラッシャー木村の再戦要望書は筋違いのイチャモンであると、私は思っています。そのために、あくまでもこれに固執する国際プロレス側との話し合いは、しばしば行き違ったまま、対抗戦開催の日を迎えてしまいました。もっと話を煮つめて、お互いにすっきりした感情で対抗戦を戦いたかった、というのが現在の私の心情です。

しかし事がここに至った以上は、もはや全力を挙げて戦うのみです。この対抗戦の成功が再度の対抗戦実現に結びつくか、あるいは国際プロレス崩壊の導火線となるか、また私と木村選手の再対決へとエスカレートするか、すべては対抗戦終了後に、まったく新しい事態として迎えることになるでしょう。それが日本マット界の新しい夜明けとなることを私は期待しております。

ジャンボ鶴田の十番勝負はファン投票でベスト15がランキングされており、木村は第9位だった（この時の得票数ランクはガチ）。ちなみに1位はブルーノ・サンマルチノ、2位がテリー・ファンク、3位がロビンソン、8位が猪木、10位がアンドレ、11位が大木、15位がテーズ。

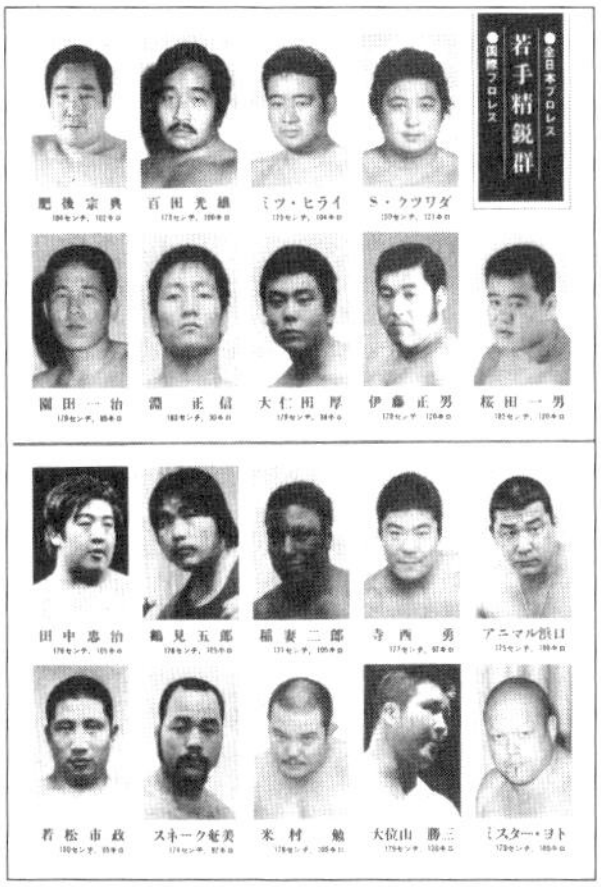

海外遠征中で対抗戦に出場できなかった選手は、全日本では高千穂、佐藤昭雄、ロッキー羽田の3人で、国際はムラサキ、剛の2人だった。馬場としては自分と高千穂抜きで4勝4敗2分だったのだから、OKだったろう。

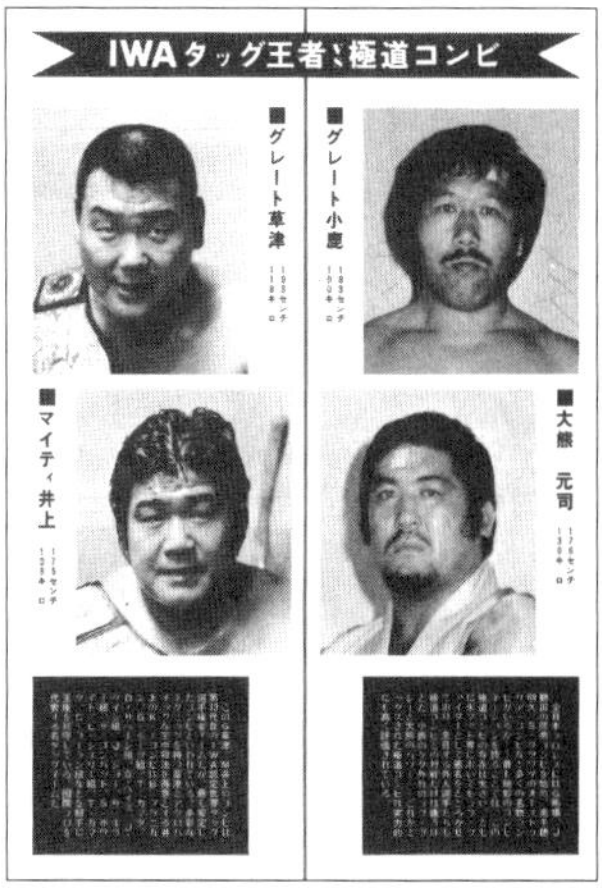

草津は国際移籍前の日本プロレス時代に前座でシングルマッチ25試合をこなしており、小鹿とは1分、大熊には1敗、高千穂明久とは1敗2分という結果が残っている（通算0勝10敗15分）。

●本日のカード

メイン エベント	ジャンボ鶴田	3/60	ラッシャー木村
セミ ファイナル	グレート小鹿	1/45	グレート草津
	大熊元司		マイテイ井上
第8試合	サムソン・クツワダ	1/30	寺西勇
第7試合	肥後宗典	1/30	アニマル浜口
第6試合	ミツ・平井	1/30	田中忠治
	桜田一男		大位山勝三
第5試合	園田一治	1/20	稲妻二郎
第4試合	大仁田厚	1/20	鶴見五郎
第3試合	伊藤正男	1/20	米村勉
第2試合	百田光雄	1/20	ドクター・ヨト
第1試合	淵正信	1/20	スネーク・奄美

◎ルール
全ての試合は、PWFルールを使用、ただし、リングアウトは20カウントとする。

全10試合のカード。それぞれの個性が生かせる妥当なマッチメークと言える。メイン以外では鶴見と大仁田厚の対戦が注目されたが、5分過ぎに鶴見が豪快なシュミット流背骨折りで快勝し、実力差を見せつけた。

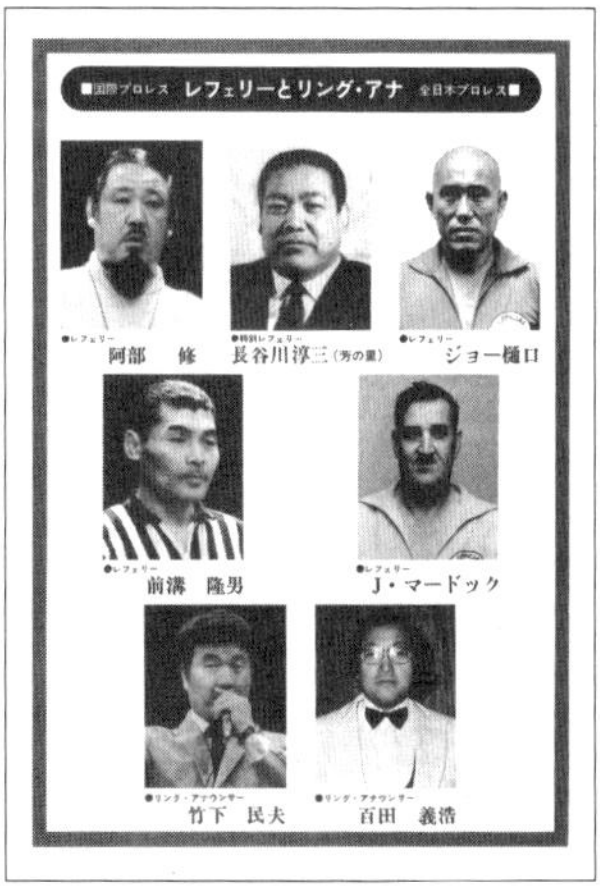

2年後の馬場vs木村戦同様、この時の鶴田vs木村戦のレフェリーにも芳の里が起用されている。吉原社長と親友関係にあったので妥当な人選ではあったが、不慣れなモタモタ感が散見した。

トピックス

成功だった対抗戦

対全日プロ 3・28 蔵前決戦

国際プロレス対全日本プロレスの、日本マット史上初の団体対抗戦は、3月28日午後6時から東京・蔵前国技館に9800人の大観衆を集めて行われた。

当日は両団体のファンが東と西に真二つに別れ、垂れ幕を吊り、旗を打ち振っての激しい応援合戦を展開、吉原・馬場両代表を先頭にしての両団体選手入場式のころから、早くも野次の応酬が始まって、ふだんのプロレス会場の雰囲気とは違った異様なムードが盛り上った。場内の対抗戦ムードは、第一試合から喧嘩腰となり、第一メーン・エベントの木村対鶴田戦で最高潮に達し、リング・サイドでファン同志の小ぜり合いが見られたばかりか、ついにはリングに飛び上るファンまで現われた。だがいずれも自分のひいきする団体が可愛いくての暴走とあって吉原・馬場両代表とも、かえって感激の面持ち。団体対抗戦はファン対抗戦ともなって、場内の興奮ぶりは、かつて例を見ないほどだった。

対抗戦全成績

国際プロレス vs 全日本プロレス

（○印が勝者）

★20分1本勝負

○スネーク・奄美	体固め 9分50秒	渕　正　信
ミスター・ヨト	反則 7分2秒	百田光雄○
米　村　勉	体固め 10分8秒	伊藤正雄○
○鶴見五郎	体固め 5分39秒	大仁田　厚
○稲妻二郎	体固め 5分35秒	園田一治

★タッグ・マッチ30分1本勝負

田中忠治・大位山勝三	0 — 1	ミツ・ヒライ・桜田一男
田　中	体固め 11分34秒	桜　田○

★30分1本勝負

○アニマル・浜口	あばら折り 8分25秒	肥後宗典

★60分3本勝負

ラッシャー・木村	1 — 1	ジャンボ・鶴田
○木　村	片エビ固め 13分27秒	鶴　田
木　村	体固め 6分34秒	鶴　田○

ダブル・フォール，4分53秒

★30分1本勝負

寺　西　勇	体固め 17分7秒	サムソン・クツワダ○

★IWA世界タッグ、アジア・タッグ選手権試合 60分3本勝負

IWA世界タッグ選手権者		アジア・タッグ選手権者
グレート・草津・マイティー・井上	1 — 1	グレート・小鹿・大熊元司
○井　上	体固め 9分42秒	大　熊
井　上	体固め 7分52秒	大　熊○

両者カウント・アウト、5分15秒

欧州の一匹狼

デビル・紫

47年12月に渡米した紫は、もう海外生活3年4ヵ月になる。スタートのテネシー地区から、WWAの本拠インディアナポリス、北上してカナダのモントリオールからカルガリー、それから一気に南下してメキシコに入りさらに南下してグアテマラに遠征、昨年8月には大西洋を飛び越えて、スペインで鶴見と合流、ドイツのベルリン・トーナメントで上位入賞を果たし、年末にはスイスに飛んで、ここで正月を迎え、現在はスペインで活躍中だ。

48年正月はテネシー、49年正月はインディアナポリス、50年正月はメキシコ、51年正月はスイスと、渡り歩いたマットの数は、日本の現役レスラー中最高だろう。42年プロ入りした紫はキャリア9年のうち、半分近くを海外で送った、異色の一匹狼だ。

76年4～5月『ダイナマイト・シリーズ』のパンフに掲載された対抗戦の戦績と総括。浜口vs肥後の決まり手が「あばら折り」になっているが、実際はカナディアン・バックブリーカーである。この日はザ・デストロイヤーが背広姿で鶴田のセコンドについていたが、全日本軍の一人として試合に出てほしかった。

渕正信とスネーク奄美（栄勇）はアマレス時代に国体のマットで対戦経験があり、プロになった後もライバル関係を維持。翌77年11月26日に大曲圏民体育館で再戦（『全軍対抗戦』第2戦）し、渕が逆さ押さえ込みで雪辱している。78年の『全軍激突戦』では両者の対戦がなかったので、79年のオールスター戦で決着戦を見たかった。

上田馬之助は自分の参加を認めてくれた返礼として、このシリーズにリップ・タイラーとエディ・サリバンの2人をブッキング。タイラーはガルフ・コースト一帯に顔が利いたため、これ以降は多くの選手を国際に送り込んだ。この夜、上田は鮮やかなコブラツイストでサリバンをギブアップさせ快勝。

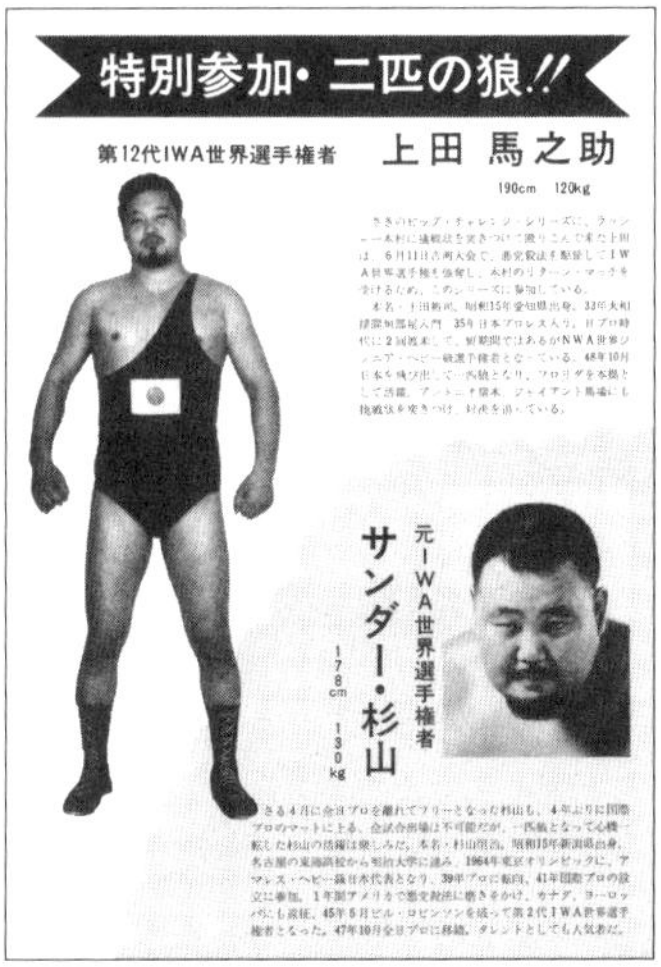

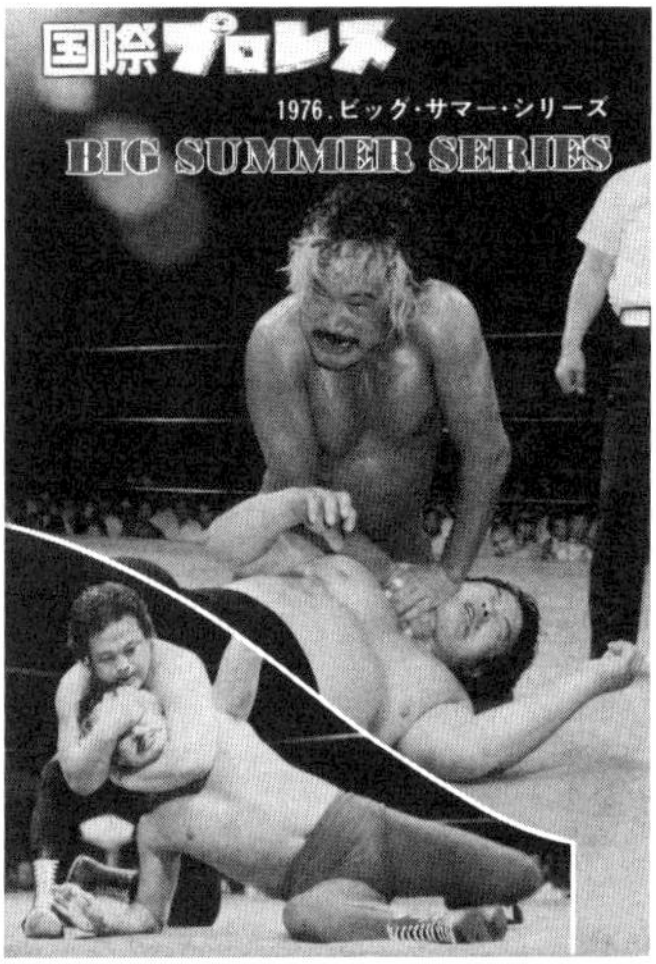

76年7月『ビッグ・サマー・シリーズ』には継続出場の上田に加えて、久しぶりにサンダー杉山も参戦。杉山はこの年の2月21日、後楽園ホールで馬場と口論になり、試合直前に会場から出奔（テリー・マーチン戦）。馬場の命令で小鹿が2試合連続で出るという“内輪揉め”のハプニングがあったことから、去就が注目されていた。

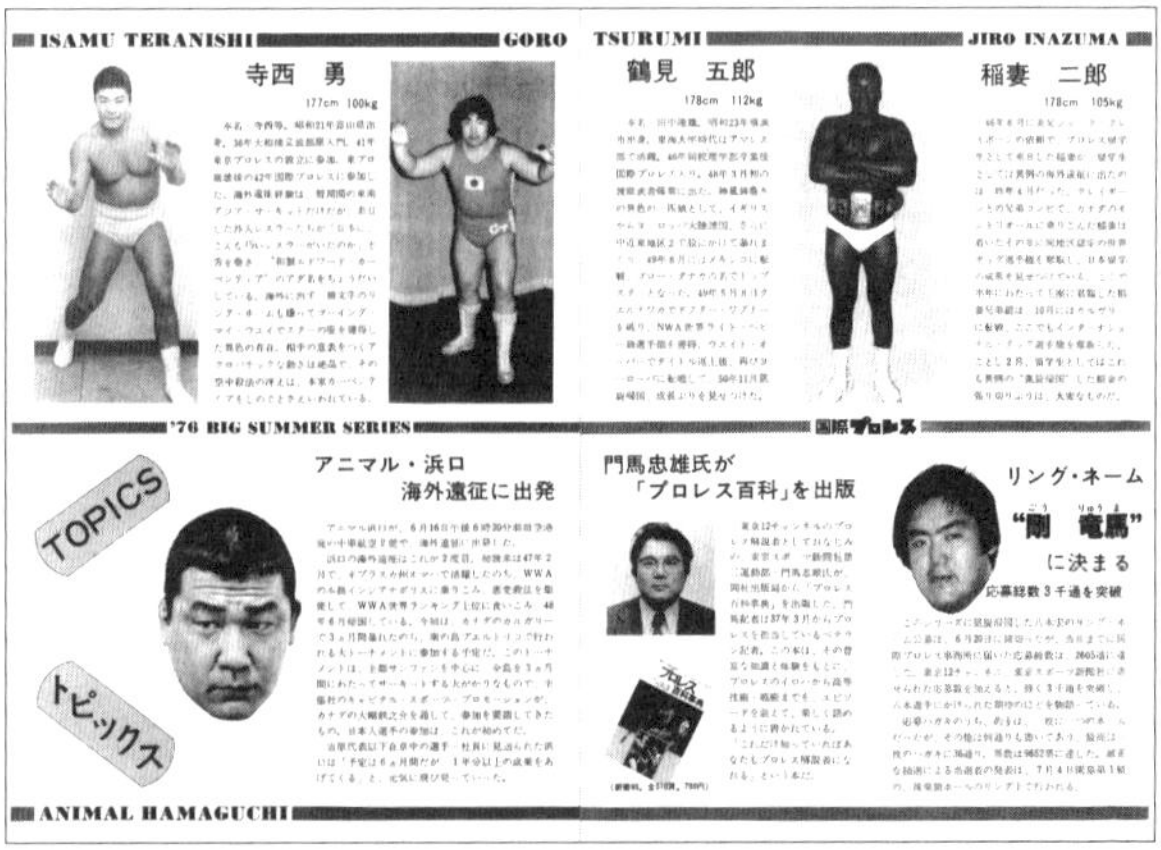

『ビッグ・サマー・シリーズ』のパンフより。このシリーズには剛竜馬が凱旋して稲妻二郎と帰国第1戦で対戦したが、結果は20分時間切れ引き分け。誰の目にも「まだトップグループに起用するのは無理」と判断され、以降は中堅扱いに留まる。浜口はカルガリー、プエルトリコに8ヵ月の短期遠征。

76年9～10月『ビッグ・ゴールデン・シリーズ』のパンフより。7月28日、銚子市民体育館で上田に金網デスマッチによる報復を期した木村だったが、レフェリーKOの末に没収試合。同月31日にスーパー・アサシンを破ってIWA王座には返り咲いたものの、上田に“勝ち逃げ”を許した形となる。

『ビッグ・ゴールデン・シリーズ』に招聘された6人のガイジンレスラーは粒が揃っていた。イギリスから初来日したピート・スチュワートは上手く売り出せば、ダイナマイト・キッドに近い人気者になっていただろう。72年に新日本を離脱した関川哲夫が「ミスター・セキ」として4年ぶりに凱旋。

76年最後の『勇猛シリーズ』には、1年ぶりにジプシー・ジョーが来日。前シリーズから残留したギル・ヘイズ、ザ・コンバットとともに好ファイトを見せた。「自分勝手に帰国した」と批判されて窮地に追い込まれていたデビル・ムラサキも新聞広告では“凱旋帰国”となっている。

この広告の上帯に「首都をゆるがす6年ぶりの決着戦」とあるが、これは70年12月12日、台東体育館で行われた木村vsオックス・ベーカーの金網デスマッチ（東京における初開催）を意味している。通路周辺が狭い後楽園ホールでは金網を設置する手間がかかって、セミファイナル終了後に30分の休憩が設けられた。

77年『新春パイオニア・シリーズ』のパンフより。76年の名場面を列挙したページだが、プロレス大賞の年間ベストバウトを獲得した3月28日の鶴田戦が外されているのは謎だ。（引き分けだったことを恥と解釈したか？）。浜口は9月いっぱいまでカルガリーにおり、10月からプエルトリコに転戦。帰国時にはワンショルダーのタイツに変身していたが、「プエルトリコでカルロス・コロンがやっていたので、これはいいなと思った」と語っている。

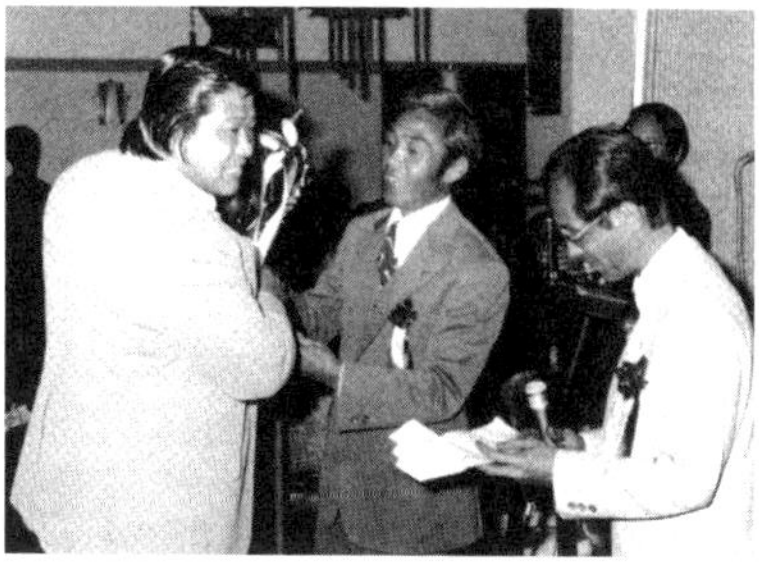

12月6日に新宿で行われた納会の模様。ここから悪名高き「国際プロレス三賞」が廃止されて「東京12チャンネル四賞」に代わり、受賞レスラーの給与から天引きされるシステムはなくなった。トロフィー、金一封のプレゼンターはすべて白石部長が担当。「ベストファイト賞」に輝いた井上の笑顔が印象的だ。

1976年の日本マット界　概要

日本中がロッキード事件で混乱の極みを呈したこの76年上半期、日本のプロレス界はアントニオ猪木の異種格闘技路線（格闘技世界一決定戦シリーズ）に話題を独占され、全日本、国際の2団体は粛々とシリーズを消化していく他に対抗する術《すべ》を持てなかった。

事実、猪木vsウイリエム・ルスカ戦が帝国ホテルで発表された1月7日以降、6月26日の猪木vsモハメド・アリ戦まで、東京スポーツ以外のスポーツ新聞が国際プロレスの話題を掲載したのは、3月28日の蔵前国技館大会（全日本との全面対抗戦）だけである。

木村のIWA世界王座防衛戦でさえ、翌日に結果のみが寂しく掲載されるだけだったのだから、それまで3団体の報道を公平に楽しんできた私は急激な変化に戸惑うしかなかった。

6月に木村が上田馬之助にIWA王座を奪われた試合は翌日の東スポでさえ、結果のみの掲載である（写真は1枚もナシ）。とにかく国際に関する限り、毎週の12チャンネルの中継を欠かさず見ていないと、何が起きているか把握するのが非常に困難な「情報過疎」の状態だった。

あの時期の私の正直な気持ちは、完全な〝アンチ猪木〟。「ビル・ロビンソンを相手に名勝負を見せてくれたばかりなのに、何が悲しくてルスカやアリに走る必要があるんだ？」という感じだった。東スポ、ゴング、月刊プロレスがルスカ戦、アリ戦に大きくページを割くものだから、それまで詳しく掲載されていたアメリカマット情勢や国内団体の中堅・若手情報ページが激減し、「読みたくもない記事（ルスカ、アリ関連など）に金を払っている」的な歪んだ感情も持った（元々、かなり性格は歪んでいるが）。

ボクサーとしてのモハメド・アリは大好きで、12チャンネルやNETの衛星中継は欠かさずに見ていたのだが、プロレスと交わることに異常な嫌悪感を覚えたのかもしれない。とにかく「猪木が負けなければ、それでいい。引き分けで上等。とにかく早くアリ狂騒曲が終わってほしい」と願っていたものだ。

この76年に木村がIWA世界王座を賭けて対戦したのは、セーラー・ホワイト、キラー・トーア・カマタ、ジ・アンダーテイカー（ハンス・シュローダー）、上田馬之助、スーパー・アサシン（ロジャー・スミス）、ワイルド・アンガス、ギル・ヘイズ、ジプシー・ジョーの8人。上田との2連戦、ジョーとの後楽園ホール初の金網デスマッチ以外は大きな話題にならなかったが、いずれも内容的には決して悪くなかった。

何より3月の鶴田とのシングルマッチがプロレス大賞の年間最高試合賞に輝いたことは快挙であり、今思えば35歳の木村がレスラーとして最も輝いていたピーク・イヤーが、この76年だったように思う（国際の選手が同賞年間ベストバウトを獲得したのは、これが唯一）。

1年を通して、12チャンネルの視聴率も安定的に推移した。

■2月2日＝木村&大位山vsエル・サイクロン&ウィンター・ホーク（10・5％）

■2月9日＝木村vsセーラー・ホワイトのIWA世界戦（8・3％）

■4月5日＝草津&井上vsグレート小鹿&大熊元司のIWA世界&アジア・タッグ戦（8・0％）

■4月19日＝小畑vs佐倉による女子部ラストマッチ（11・7％＝この時間帯で放送されてい

た74～81年期の最高視聴率）

このように上半期は絶好調の数字を連発し、難関である夏場も、

■8月9日＝井上vs上田（7・6％）

■8月16日＝木村vsスーパー・アサシンのIWA金網デスマッチ（8・0％）

■8月23日＝草津&井上vsブラック・ロッキード&ザ・UFOのIWA世界タッグ戦（8・6％）

と、『全日本プロレス中継』との差を2％前後に縮小していたから、「日本テレビ、何するものぞ」とばかり、12チャンネル中継スタッフの鼻息も荒かった。

「76年10月より、権利金200万円、年間制作本数46本、製作費80万円」（田中メモ）

前の年は年間40本だったから、3年目は6本の増加だ。国際プロレスの権利金収入は年間1200万円の上乗せという計算だから、それまでの「自転車操業」も一区切りという感じの収入増である。

この年の4月、日本大学を卒業して新卒採用で営業部に配属された根本武彦さん（当時22歳）は「自分は何年ぶりかの新卒採用だった」と述懐しているが、おそらくTBS全盛時以来、4～5年ぶりのことだったと思われる。

リング上に目を向ければ、4月12日の後楽園ホール大会を最後に女子部が廃止された。これを経営的に言うと、「それまで1年半、小畑、佐倉、千草、ガイジン（2名）に支払っていたギャラと巡業コストがゼロになる」ということである。経費削減、所属男子レスラーの士気向上と

いう点では、このリストラ（廃止）に勝る施策はない。年間コストにしたら、2000～3000万円の削減だろう。

それまで草津はマスコミ関係者に対して、「なんでウチが女子のレスラーに大金を使う必要があるんだ？　彼女たちにはテレビ（12チャンネル）が直接、支払えばいいじゃないか。ウチの金庫から払う価値はないよ」と事あるごとに愚痴をこぼしていた。女子部の存在を「厄介者の小林を追放した後に入ってきた新たな厄介者」という風にしか感じていなかったから、4月の廃止案を聞いて「よし！　これで俺の意見がすべて通る体制になったぞ」と高笑い（？）。視聴率推移を俯瞰する限り、確かに女子部廃止による大幅な数字の低下は認められない。

小畑、佐倉の言い分は「私たち2人の試合（4月19日放送）が11・7％で、それまでの最高視聴率。その後も、これを超える数字は出なかった」だったが、ならば女子部を残し、以降も10％超えを継続できたのかといえば、現実的には無理だったろう。

11・7％という数字が仮に75年中に出ていたら「女子部継続」の判断は十分にあったろうが、廃止決定後、しかも最後の放送で出た数字とあってはトゥー・レイト、あまりにも遅すぎた。

上半期のスポーツ中継に関して面白いのは、5月25日に行われたモハメド・アリvsリチャード・ダンの世界ヘビー級選手権が12チャンネルで放送されたことだ（ミュンヘン＝アリの5ラウンドTKO勝ち）。

NETが6月26日の猪木vsアリ戦に全力を注いでいた時期で入札を控えたため、12チャンネルが安い価格で放映権をゲットしたのだが、火曜昼の生中継（12時半～14時）で5・4％、当日夜の録画中継（7時半～9時）で8・1％の視聴率を挙げている。猪木vsアリ戦の1ヵ月前にしては物足りない数字で、国際プロレス中継の平均視聴率と大差なかったことは意外である。

女子部の廃止によって人件費に余裕が出てきたため、この76年にはミスター珍（カルガリー）、剛竜馬（バンクーバー）、デビル・ムラサキ（西ドイツ）の3人を海外遠征から戻している。

1月5日、珍（ミスター・ヨト）の帰国初戦はセミファイナルという大抜擢（ウィンター・ホークと組んで、浜口&鶴見に反則負け＝生中継）。剛は7月4日、セミ前の特別試合（稲妻二郎と20分時間切れ引き分け＝翌日に録画中継）。この2人については平均的な凱旋マッチだったが、あまりにも惨い扱いをされたのがムラサキだった。

『実録・国際プロレス』のインタビューでは語られていないが、食道ガンで亡くなる2年前の2015年9月、恵比寿で開催されたトークショーの席で本人が驚くべき事実を語っている。結論から書くと、ムラサキは会社の指示ではなく、「自分の判断」で日本に帰国したのだ。

「海外に出て3年10ヵ月も経過していたのに、会社からは一度も連絡がなく、金の振り込みもなかったし、帰国の指令も来ない。このままだとレスラーとして日本に戻ることはできないな、と感じていた。絶望的になっていた時に、ニュルンベルグの街角で何気に買ったロト（宝クジ）が大当たりした。日本円で約70万円。もう何も迷うことなく航空券を買って、日本へ帰った。帰国したのは10月16日。17日に早速（高田馬場の）会社に行って吉原社長と草津さんに挨拶したが、草津さんからは〝どうして無断で帰ってきた〟と強く非難された。社長は何も言わなかったが、結局、帰国の時に自分で立て替えたつもりの航空運賃は支払われることがなかった」

39年も経過していたのだから、トークショーでムラサキがわざわざ作り話をしたとは到底思えなかった。会場で聞いていた30人くらいの観客も、同様の驚きだったろう。

「帰国第1戦も前座（第3試合）だったし、80

年5月に内蔵を悪くして引退するまで、草津さんは一回もセミ、メインで使ってくれなかった。無断で帰国して、何度も旅費を要求したことが、そんなに常識を外れた行為とは思えない。草津さんを飛び越えて社長に直訴するまではやらなかったが、やっても結果は同じだったろう。レスラーを辞めた後、すぐに営業に回してもらったことはありがたかったので、それでどうにか自分を納得させたが、今でも70万円を戻してほしい。ただ、自分が営業に回ってすぐに草津さんが右脚を複雑骨折して、営業専任（の上司）になったのには参った」

悲しい話ばかり書くのも気が引けるのだが、このムラサキ談話はあまりにも重い。ある意味、76年の国際プロレスを象徴するようなエピソードだと感じたので、あえて本書で紹介した次第である。

上田馬之助に〝勝ち逃げ〟され、大剛鉄之助を〝排除〟

この76年の4月、18歳の私は大学に合格して水戸を離れ、東京での生活を始めた。

母方の叔父が新宿区牛込の甲良町というところに住んでいたので、3畳の部屋をタダで提供してもらえたのはありがたかった。甲良町は最寄りのバス停が「牛込柳町」（当時は排気ガス汚染度のワースト地点として有名）で、そこから「秋葉原駅西口行き」に乗り、水道橋の後楽園ホールまで僅か10分程度の至近距離。絶好のロケーションに恵まれて、私のプロレス人生はここから第2幕に入っていった。

受験が終わったのが3月8日、合格発表が20日だったので、11日には自宅から近い水戸市民体育館で開催された木村vsキラー・トーア・カマタの金網デスマッチ（IWA世界戦）を見に行った。テレビ収録がないので会場照明だけの暗いリングだったが、カマタの異常な頑張りと大流血で観客席は大いに盛り上がり、ほぼ満員となった会場の隅で吉原社長と草津がニコニコ談笑していた姿を思い出す。

4月8日の入学式までには余裕があり、牛込の叔父に挨拶する必要もあったので、3月28日の早朝に水戸から東京に出て、夕方には木村vs鶴田の決着戦を見に蔵前国技館へ急いだ。

『全日本プロレスvs国際プロレス 対抗戦』は3月10日に記者発表があったばかりで、前売り期間が極端に短く、「半分埋まれば御の字かな？」と思っていたが、意外にも大盛況。2階席の上の方に少し

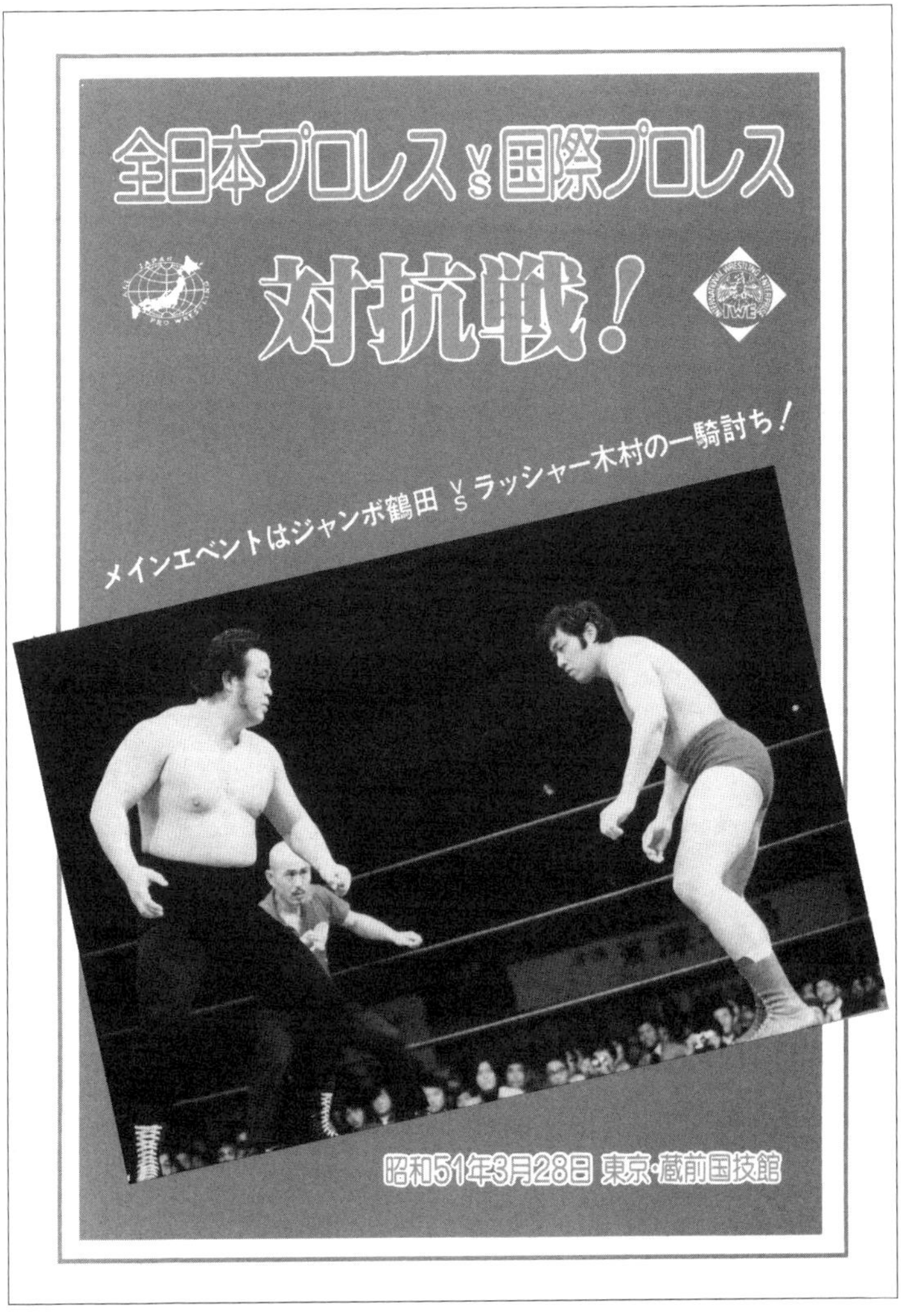

通常の国際のパンフレットは左開きだったが、この対抗戦のパンフは全日本が制作したため右開きの体裁になっていた。開催発表から大会当日まで2週間しかない異例のビッグマッチだったものの、前売り券は飛ぶように売れて、広い蔵前国技館に満員の観客が詰めかけた。馬場が出ていたら、札止めだったか？

空席があったが、ほぼ満員の観客（発表は9800人）で埋め尽くされていたのだから驚いた。

会場内は南側に国際、西側に全日本の応援団が陣取り、第1試合から笛、太鼓付きの派手な応援合戦が繰り広げられた。2階席の前の方にいた私はレスラーが発するシャウト、罵声のやり合いが聞こえないので「高校野球じゃないんだから静かにしてくれよ」と思って見ていたが、リング上で戦っている国際のレスラーは「こんな熱い応援は滅多にないな」と感じて燃えていたかもしれない。

この日、メイン（日本テレビ側の収録時間の都合で実際の順番は8試合目）で組まれたのが鶴田vs木村だったので、馬場は出場していない。馬場は3月10日の記者会見で「木村が私との再戦を要求しているが、オープン選手権で鶴田と引き分けているので、まずは鶴田との試合をやってもらいたい。鶴田に勝ったら、もちろん再戦に応じます」と発言。吉原社長がこれを了承したことで対抗戦興行が実現したわけだが、馬場が「俺と互角に戦える選手は国際にはいない。鶴田で十分」と考えていたことが明白に読み取れる。

しかも、吉原社長の合意も得ずに、両者のシングルマッチは〝ジャンボ鶴田試練の十番勝負〟の2戦目にされてしまった。これについては11日に吉原社長、木村が強硬にクレームをつけたが、結局は押し切られた（結果は1－1からダブルフォールで引き分け）。

そればかりではない。当初は草津&井上のIWA世界タッグ王者チームに小鹿&大熊が挑戦する試合が予定されていたが、開催2日前の3月26日、ソウルで呉大均&洪武雄を破りアジア・タッグ（復活）王座争奪戦に勝った極道コンビが「俺たちのベルトも賭けたい」と言い出したため、前日になって泥縄式にダブルタイトルマッチになったのだ。せめてここでは「世界とアジアでは格が違うし、ダブルタイトル戦はおかしい。アジアなんて不要だ」と正論を放ってほしかったが、ここでも馬場の要求が通ってしまったのだから話にならない。

テレビ放送の配分は、当然ながら鶴田vs木村を日本テレビが取得。12チャンネルにはタッグのダブルタイトル戦（第10試合）と、その前（第9試合）の寺西vsクツワダが割り当てられたが、これまた露骨な不公平としか言いようがなかった。

オープン選手権では井上と鶴田が30分時間切れ引き分けだったので、国際としては「鶴田vs井上」、「馬場vs木村」の再戦がベストだったのだが、全日本側の2人は日本テレビとの個人契約により他局には出られない。やむなく妥協した結果がこの組み合わせだったわけだが、翌日のスポーツ紙で「4勝4敗2引き分け、互角だ」と喜ぶ吉原社長の写真を見ながら、非常に空しい気持ちにさせられた。

国際番記者だった菊池孝氏は、この3月28日の夜は徹夜で吉原社長と酒を飲んだそうだ

「あの晩は3軒か4軒ハシゴしたが、すべて吉原さんのオゴリ。とにかく儲かったと喜んでいた。〝ガイジンを呼ばなくても蔵前が満員になったのは、初めてだよ〟と上機嫌だった」

そう菊池氏は述懐していたが、80年代後半期に「日本人だけで興行を打つこと」が常態化した前例として、新たなビジネスモデルを開拓した記念すべき興行だったことは間違いない。

新IWA世界王者・上田が勝手に欠場

5月23日、後楽園ホールで『ビッグ・チャレンジ・シリーズ』が開幕したが、この日から5年間、崩壊する前の81年6月シリーズまで私は国際の後楽園興行には必ず足を運ぶようになった（最後の81年8月シリーズに後楽園大会はなかった）。

試合開始の1時間くらい前に入場したので、厚かましく12チャンネルの田中ディレクターに「いつも見ています」と話しかけてみた。「今、忙しいんだ」

と邪魔者扱いされることは覚悟していたが、田中さんの対応は誠実だった。確か常連ガイジン選手の評価を話してくださったと記憶しているのだが、放送開始ギリギリまで私の素人質問に付き合ってくれたのには感激した。

この日はゴング編集長の竹内宏介氏が初めて解説者として放送席に座った中継でもあり、田中ディレクターによるヘッドマイク使用法の説明を聞きながら、竹内氏が神妙な顔でソワソワしていた姿も懐かしい。

猪木vsアリ戦を1ヵ月後に控えて、国際がシリーズの目玉に据えたのは上田馬之助だった。日本プロレスが崩壊して丸3年。4月25日で日本テレビとの3年契約が切れたことで、晴れてフリーとなった上田は吉原社長にコンタクトを取った。「手土産」として同じガルフ・コースト地区を主戦場にしている巧者コンビのリップ・タイラー&エディ・サリバンを帯同したことも好印象を持って歓迎され、上田は久々に日本のリングに上がることができた。

木村、草津にとっては日本プロレス時代の先輩で、吉原社長から「上田を呼ぶことにした」と聞かされた時は間違いなく苦い顔をしたであろう。上田は日プロ時代、道場のスパーリングでは無類の強さを誇っており、木村、草津が真正面からガチンコを挑んで敵う相手ではない。

そのあたりを百も承知で登場させてしまうところが吉原社長の器量（エグさ）であるのだが、鶴田と「年間ベストバウト」をやって木村の評価がアップしたばかりだったので、凶器による攻撃だったとはいえ、上田への敗戦（6月11日＝古河市体育館、IWA王座転落）は非常に勿体なかった。

この時、木村がリベンジを果たしていれば問題はなかったのだが、上田は木村との初防衛戦（7月28日＝銚子市民体育館）を没収試合でクリア。タイトル預りのまま、シリーズ最終戦の再戦（7月31日＝越谷市体育館）は「肩の負傷」を理由に棄権し

76年6月11日、古河市体育館で木村からIWA王座を奪取した上田は新日本への鞍替え工作を開始した。自伝『金狼の遺言ー完全版ー』(辰巳出版)では、この時の心境や経緯は語られておらず、さらっと吉原社長への感謝の気持ちを書いている。本心は墓場に持参した。

てしまったので、木村に対して「勝ち逃げ」した形となる。

菊池孝氏は7月下旬から国際の巡業に付いており、この時期の裏話を2011年2月、中落合の自宅で次のように語ってくれた。

「ベルトが移動した後、7月25日に秋田県の鹿角で興行があったんだけど、上田は試合後に〝急用ができた〟と言って東京に帰ったんだ。翌日と翌々日を勝手に欠場したもんだから、吉原さんが怒ってね。上田がエースガイジンみたいな存在だから当然だよ。この26日と27日、上田は新日本から呼び出しを受けて、8月以降のシナリオを打ち合わせていたわけだけど、そんなことミエミエじゃないか。だったら、どうして28日の銚子で木村にベルトを戻さないのか？　銚子はノーテレビで、越谷がテレビ収録だったことで予定を変更できなかったんだろうけど、あの場面は臨機応変、なんとしてもベルトを銚子で取り戻す必要があったんだよ」

マイティ井上は、このドタキャン事件を今でも怒りに満ちた口調で非難する。

「人間的に、上田さんを悪く言う人はいない。誰もが温厚な優しい人だと褒める。しかし、あの時に上田さんがやったことは、ストロング小林とまったく一緒ですよ。この業界でメシを食っている人間として、許される行為ではない。日本で上がるリングがない状況を吉原さんに救ってもらった人ですよ？　その恩を上田さんは仇《あだ》で返した。最低の行為ですよ」

上田は8月5日、新日本のリング（蔵前国技館＝猪木vsシンのNWF戦）に乱入し、そこから新日本の常連としてビッグブレイク。結果的に国際プロレスは5月から7月の3ヵ月間、まんまと上田の〝噛ませ犬〟をやらされてしまった形になった。

吉原社長が大剛のマッチメークに介入

この年の11月18日、大剛鉄之助が3年8ヵ月ぶりに日本の土を踏んだ。

交通事故で右脚を失ってから初めての帰国で、ジプシー・ジョーやキラー・トーア・カマタ、ワイルド・アンガス、ギル・ヘイズ、ザ・コンバットなどの「ギャラは安いが、確実に客を呼べるレスラー」を続々と発掘した功績を認められての凱旋だった。

この時は年末にカルガリーに戻ったが、翌77年には4ヵ月、日本に滞在し、吉原社長と草津から権限を与えられた上で、12チャンネルで放送されるカードのマッチメーカーを務めている。

「大剛にマッチメークの権限を与えた当初は、特に問題は起きていませんでした。外人選手たちはすべて大剛の意向に沿ったストーリーを尊重し、日本人レスラーも大剛の指示に従っていました。ところが、半年くらい経過したあたりから、吉原社長の介入が始まり、大剛に従う選手への圧力を強めていきました。吉原社長は団体内部において権力が小さくなることに危機感を感じ、再び自分と草津選手にマッチメークの役目を戻しましたが、この時に所属選手から聞かされた苦情は数に限りがありません。

もちろん、大剛の性格そのものにも問題があり、もともとマッチメークに向いた性格とは言えません。とはいえ、社長として一旦重い決断をしたわけですから、ある程度の期間は目を瞑らない限り組織としてのバランスが保てません。ブッカーを頻繁に変えることで、組織全体に動揺をもたらしました。大剛は自分の考え方、シリーズの盛り上げ方を入念に12チャンネルのスタッフと打ち合わせる人物でしたので、双方の意向が入った試合が放送されたと思いますが、短期間で吉原社長の単独権力体制に戻ったことで、期待された成果が出ていません」（田中メモ）

大剛がマッチメークをやっていた時期（77年夏〜秋）には全日本プロレスとの対抗戦プランはなく、要するに自分が直々に招聘した〝流血ガイジン〟を巧みに演出して、中継の視聴率をアップさせることに集中できる時期だった。

大剛からすると、自分がブッキングしてきたガイジンだから、「俺がボスだ。言うことを聞けよ。上手く働けば、またすぐに呼んでやるぞ」という圧力もかけやすい。12チャンネルの側からしても、何かにつけて勝手な外交をやる吉原社長よりも、テレビ番組を面白く制作することが可能だった。

実際、76年から77年にかけての視聴率は7〜8％で安定しており、2週撮りの割合も徐々に少なくなってきていた。

ところが、吉原社長は大剛に高い評価が与えられることに不満を持った。帰国のたびに大剛と何回も酒を飲んでいた菊池孝氏は、両者の間に亀裂が生じていく様子が目に見えるようにわかったという。

「草津以外の人物にマッチメークをやらせるというのは、それまでの吉原社長では考えられない大きな決断だった。選手の間にも、良い方向の刺激になったと思う。それがごく短い期間で終わって、再び草津がやるようになったから巡業に失望感が蔓延していた」（菊池）

団体におけるマッチメーカーは、すべてのレスラーから信頼感を委ねられる必要がある。一時的な措置であったにせよ、吉原社長が大剛に権限を委譲したことは一定の刺激になったかもしれないが、それは「あれ？　社長も草津さんベッタリじゃないんだな」と思わせるためのジェスチャー、カモフラージュに過ぎず、化けの皮はすぐに剥がれて、「団体の根本的な問題解消には、ほど遠い処置」と12チャンネルのスタッフや選手たちは眉をひそめた。

〝聖地〞で初の金網デスマッチ開催

国際プロレスはワンシリーズに1回、後楽園ホールで興行を打っていたが、76年最後の『勇猛シリーズ』は10月24日（開幕戦）と12月3日（最終戦前日）の2回開催している。

81年の団体崩壊までの間、残念ながら国際の後楽園大会が「札止め」になったことは一回もない。ただし、「90％以上は埋まっているな」と感じたことが4度あった。その最初の「90％以上」が12月3日、同会場初開催の金網デスマッチだった。

カードは木村vsジプシー・ジョーの看板対決で、しかもIWA王座が賭けられているのだから、これで客が入らなければ言い訳が立たない。私はいつものように開場と同時に5時半頃ホールに入り、営業の根本さんや12チャンネルの田中さんと立ち話をして時間を潰していたが、6時過ぎには南側の客席がほぼ埋まっていたので「さすが金網は強い」と再確認。根本さんがホッとした表情で南側を眺めていたことが思い出される。

地方では毎日のように行われていた金網デスマッチだったが、前述のように意外にも後楽園開催はこの日が初めてだった。単純に「毎回、金網にすれば満員になるのに、なぜやらなかったの？」と思われるかもしれないが、後楽園ホールとなると他団体のフロントやマスコミ関係者全員が来場するので、滅多なカードは組めない。

たとえば、この『勇猛シリーズ』では井上vsピエール・マーチン、田中忠治vsギル・ヘイズ、鶴見五郎vsマイク・マーテル、鶴見vsジョー、剛竜馬vsジョーなど大部分の会場で金網デスマッチ（「非公式」を含む）が組まれているが、いずれも「特に因縁のない組み合わせ」であり、ましてや後楽園でやる必然性はまったくなかった。木村とジョーは開幕から2度、IWA王座を賭けて引き分けており、「最後の後楽園で金網決着」というストーリーには一定の説得力があった。

翌日の東京スポーツは「凄絶！東京金網戦の全貌」と見出しを付けて1面トップでこの試合を報じたが、木村のIWA王座防衛戦を東スポが1面で報じたのは、これが最後となった。テレビでは3日後の12月6日に録画中継されたが、8・1%とまずまず合格ラインの数字を記録している。

「タッグ日本一決定戦」論争

12月8日、新日本の横浜文化体育館大会で、坂口征二&ストロング小林がラリー・ヘニング&パット・パターソンを破って北米タッグ王座の5度目の防衛に成功した。坂口と小林は試合後の控室で、「シングルの日本王座統一、日本選手権というのは状況的に難しいが、タッグならば可能だと思う。他団体のタッグチャンピオンに呼び掛けて、来年（77年）には是非、実現したいと思う」と発言したが、これが翌日の東京スポーツ、デイリースポーツでセンセーショナルに掲載された。

同月15日付の東スポでは、IWA世界タッグ王者だった草津と井上のコメントを大きな写真入りで掲載している。見出しは「草津・井上はいつでも戦う」、「S・小林いうじゃないか！『タッグ日本一決定戦』望むところだ」、「早急に正式文書で来い、吉原社長も待ってる」。

久しぶりにマスコミのインタビューを受けた草津のコメント部分を要約すると、以下のようになる。

「新日本から、はっきりと具体的なものが出てくれば、すぐに対応したい。去年6月に、ウチの木村選手が猪木選手に挑戦した時も曖昧な対応しかなかったので、今度は先方にキチンとした手続きをしてもらって、絶対に実現させていきたい。なにより、2年前にウチを出ていった小林が、こんな発言をしているというのは面白い。蒸し返すわけではないが、あの時に、なぜ我々の誰とも対戦せずに団体を飛び出したのか、改めて問い詰めたい気分だ。覚悟があって発言したことだろうから、口ばかりじゃなく、きちんと筋を通して動き出せよ、と言いたい」

国際プロレス離脱後の小林について草津が語ったのは、おそらくこれが最初で最後のはずである。

この時点で日本マット界にはIWA世界タッグ、北米タッグの他に、全日本管轄のインターナショナル・タッグ（馬場&鶴田）、アジア・タッグ（高千穂&クツワダ）、それに新日本バージョンのアジア・タッグ（坂口&小林）が存在した。

猪木が絡んでいないのでシングル王座統一よりは現実味を帯びていたが、問題は全日本バージョンのアジア・タッグ王者の存在だった。草津&井上は3月28日の全面対抗戦でIWA世界&アジアの両王座を賭けて小鹿&大熊と対戦し、1－1から両軍リングアウトで引き分けていたので、草津の強気コメントにはまったく説得力がなかったのだ。

馬場&鶴田と対戦する以前の問題として小鹿&大熊を撃破しなければならず、草津のコメントは前提としてそこにも言及するべきだったが、「都合が悪い」と感じていたからか、そこは踏み込まずに隠蔽している。せめてストロング小林個人を継続して挑発し、小林だけでも引っ張り込めていれば面白い因縁対決も見えてきただろうが、そのあたりの覚悟もなかったように思う。結局、76年の暮れを沸かせたタッグ統一問題は、またしても短期間で雲散霧消してしまう。

猪木vsルスカ戦、猪木vsアリ戦の『格闘技世界一決定戦』でプロレス界は大いに沸いた1年だったが、やはり一般的なファン層の興味は「まずは日本一の決定」にあり、馬場、猪木の派手な活躍に隠れて話題の少なかった国際にとって、このタッグ問題あたりは絶好のニッチトピック、最高のアピールチャンスだった。

11月で19歳になった私は、猪木vsルスカの再戦（12月9日＝蔵前国技館）を観戦した翌日から大晦日まで、吉祥寺の『山本海苔』の工場で梱包のアルバイト。プロレス生観戦の資金作りに集中して、下宿に帰るとバタンキュー（今は死語か?）の毎日を過ごしていたが、テレビで放送される3団体の中継だけは絶対に見逃すことがなかった。

ビデオのないこの時代、「プロレス中継を見過ごしてまで外出すべき娯楽」には依然として出会っていない。一台50万円くらいする高価なビデオデッキが出始めたのもこの頃だったが、少なくとも同じ大学に通っていた友人で、それを持っている裕福な輩はいなかった。

第四章

1977年

（昭和52年）

77年3月初旬に国際プロレスから郵送されたダイレクトメール。12チャンネルの「後楽園大会ご招待」に応募していたファンに漏れなく投函されていたものだが、3月26日の蔵前国技館大会を満員にするために営業部隊が考え出した苦肉の策だった(当日の発表は8200人で、格好はついていた)。

★第6回ワールドリーグ戦
★第1回IWAタッグトーナメント
優勝決定戦

◎当日、本状を窓口にご提示ください。

拝啓 皆様お元気でお過しのことと存じます。ようやく春らしくなって参りました。日頃絶大なる御支援をいただき選手一同心からお礼申しあげます。

国際プロレスは創立満十周年を迎え私も共に歩んで参りました。今年こそIWA世界王座の防衛記録を更新し、併せてワールドシリーズ二連覇の栄冠をも勝ちとり皆様のご期待に報いたいと念願いたしております。就きましては来る三月二十六日(土)午後六時三十分 蔵前国技館 の最終戦に御来場いただければ入場券(指定B以下)の半額を私自身が負担をいたしますので何卒ご観戦の上全選手にご声援いただきたくお願い申しあげます。ご来場を切にお待ちいたしております。

敬具

昭和五十二年三月十五日

この第6回大会が最後の「IWAワールド・シリーズ」となったが、参加メンバー、試合内容ともに充実しており、ファンの関心は高かった。バションとジョーの喧嘩試合が最大の焦点となり、2人は別冊ゴングの表紙を飾る。だが、国際の招聘ガイジン選手が同誌の表紙になったのも、これがラストとなった。

同じく前年7月に凱旋した剛竜馬は日本陣営代表の一人に選ばれたが、シングルではキューバン・アサシンズ1号に勝ったのみで目立った活躍はできていない。単調な試合リズムとスタミナ不足が顕著だった。

このページの4枚の写真はいずれも77年3月14日、岡山武道館で撮影されたもの。前年10月に凱旋したデビル・ムラサキだったが、『第6回IWAワールド・シリーズ』の日本陣営代表には選抜されなかった。

参加外国人が多かったため、このシリーズの若松市政は主にレフェリーで活躍。「この時期、前座のマッチメークは田中忠治さんがやっていた」と証言しているが、田中は同年8月に退団する。

ジャック・クレイボーンを攻撃する鶴見五郎。鶴見は公式リーグ戦でクレイボーンと引き分け、アサシンズ2号に勝利。ライバル的存在だった大位山勝三には敗れたものの、独特の存在感を発揮した。

IWAワールド・シリーズの歴代優勝者は、ビル・ロビンソン（68、70年）、モンスター・ロシモフ（71年）、小林（72年）、木村（73、77年）。12チャンネル時代には1度しか開催されなかったのが残念だ。

77年には『ダイナマイト・シリーズ』が2回開催されているが、これは最初の5～6月時のポスター。菊池孝氏によると、11月の方は『ゴールデン・シリーズ』の予定だったが、営業が誤って「ダイナマイト」と勘違いし、ポスターを刷ってしまったという。

77年7月10日が投票日だった「第11回参議院議員選挙」には、国際のメインレフェリーだった阿部修が全国区で出馬。プロレス界を挙げて応援していたような広告だが、実態は不明。残念ながら落選した阿部はレフェリーを引退し、福岡で飲食店を開いた。マイティ井上によると、「還暦くらいで亡くなったと聞いた」という。

北米支部だより

設立一周年記念パーティー

H・レイス、V・ガニアら出席

大剛が自主興行

大忙しの大剛支部長

9～10月『スーパー・ファイト・シリーズ』のパンフより。北米支部（大剛）を特集したページで、NWA世界王者ハーリー・レイス、バーン・ガニアも参加した「カルガリー・スタンピード」の盛況ぶりも掲載。翌78年4月にダイナマイト・キッドが移住し、同地区はジュニア王国に変貌した。

6～8月『ビッグ・チャレンジ・シリーズ』にはザ・サモアンズが初来日。前年暮れに全日本に参戦していたミスター・ヒトが、ここから2年間、国際にスポット出場する。バションの息子マイクが「モーリス・バション・ジュニア」を名乗り初来日した他、後半戦にジプシー・ジョーも来るなど大いに盛り上がった。

9月7日、大阪府立体育会館で2年ぶりに木村vs井上のIWA世界戦が行われ、木村が2-1で返り討ち防衛。この試合のテレビ中継から菊池孝氏が解説として登場し、好評を博した。菊池氏は吉原社長とも非常に懇意で、この時代のパンフ記事のほとんどを担当している。

11月『ダイナマイト・シリーズ』のパンフにはアレックス・スミルノフの活躍が大きく掲載され、次回はエースとして呼ぶ伏線を作っている。モントリオールで活躍していた時期に大剛と知り合い、ロシア人キャラへの変身を契機に自ら国際行きを売り込んだという。

11月3日、浜口、鶴見の2人が全日本のリングに乗り込んだ時の新聞広告。右下には『全軍対抗戦』6興行の日程が打たれているが、これが「団体対抗戦」になるという発表はされておらず、アジア・タッグ抗争がエスカレートした結果、「急遽、フルメンバーによる対抗戦に変更」というストーリーを作った。

この時期の全日本は毎週土曜夜8時からの時間枠で放送されており、金曜夜8時の新日本に視聴率では約5%の差をつけられていたものの、興行成績では遜色ない数字を出していた。馬場vs木村の大将戦の3ヵ月前である。

『全軍対抗戦』のパンフより。11月6日に極道コンビからアジア・タッグ王座を奪取した井上&浜口を軸に対抗戦がマッチメークされ、このシリーズに関する限り国際側に大きなメリットをもたらしたが、12月にリベンジされた。

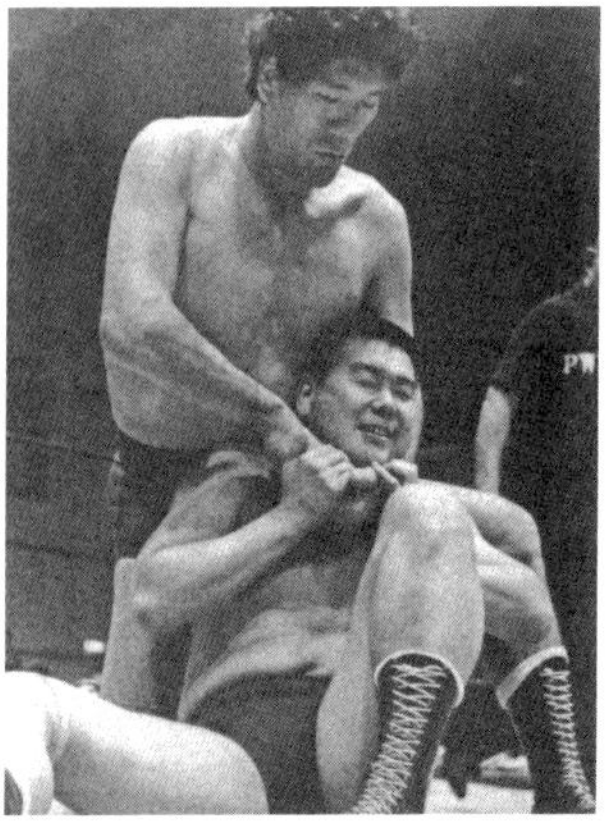

草津が国際のエースに指名された67年暮れ、偶然に顔を合わせた馬場に対して「あなたが日本プロレスのエースならば、私も国際のエースです。互いに頑張りましょう」と言った…という伝説は本当だろうか？

11月27日、宮古市宮古ボウルで鶴田にフォール勝ちした木村は、晴れて馬場への挑戦権利をゲットした（すでに翌年2月18日、蔵前国技館は予約済み）。UNヘビー級王座を保持していた鶴田にとっては、人気面で大きなダメージとなった。

木村が日本プロレスでデビューした65年2月、馬場は2度目のアメリカ修行から帰国して連日メインを務める“絶対エース”として君臨。馬場からすると木村は完全な格下で、対等扱いは不本意だった。

原進（阿修羅・原）のプロレス転向記者会見は『全軍対抗戦』開催期間中の11月29日に行われたが、木村以下、全所属選手が背広姿で同席を命じられるなど破格の超大物扱いだった。

77年暮れ、サムソン・クツワダが馬場夫妻に秘密で新団体結成の動きを進めており、それが発覚して解雇となる。パートナーを失った形の高千穂と井上を組ませるアイディアは馬場の発案で、吉原社長が快諾したもの。

『世界オープン・タッグ選手権大会』のパンフより。このコンビは69年にヨーロッパ・タッグ王座を奪取したことがあり、その時は「KKコンビ」と呼称。72年に小林と草津が組んでIWA世界タッグを奪取した時も「KKコンビ」だった。

12月15日、蔵前国技館におけるオープン・タッグ最終戦の新聞広告。公式戦参加選手のうち、井上、羽田、テキサス・レッド（レッド・バスチェン）の写真がない。木村の写真はあるが、当日は出場しておらず、草津はシングルでロビンソンにフォール負けを喫している。

幻のIWA世界ヘビー級選手権

■ 77年3月14日　岡山武道館
ラッシャー木村 vs クルト・フォン・ヘス

岡山在住の梶谷晴彦氏撮影による貴重な「幻のIWA世界選手権」証拠写真がこれだ（公式発表はノンタイトル戦＝詳細はP181参照）。挑戦者となったヘスは74年に新日本で猪木、坂口征二を相手に互角以上に戦っており、挑戦資格的には問題ない。あえて隠蔽する理由もないと思えるが、「タイトルマッチ乱発」の誹りを怖れたか？

1977年の日本マット界　概要

猪木vsアリ戦は一般新聞や朝刊スポーツ新聞に「世紀の凡戦」、「茶番劇」などと書かれ、主役だった猪木は再起不能と思われるレベルのバッシングを受けた。一部で「これで、もう猪木は終わりだ。新日本は潰れる」的な風評が立つには立ったのだが、その後も依然として日本のプロレス界は猪木を中心にして展開されていった。

アリに負けたわけでも、ボクシングに負けたわけでもない。「もう一回やれば、おそらく猪木が勝つだろう」という楽観がそうさせたのだと思うが、それまでプロレスファンだった輩が「もう見ない」とプロレスを見捨てたという話はまったく聞かなかった（実際に、なかったと思う）。

私は特に猪木ファンでも馬場ファンでもなく、強いて言えば「ガイジンファン」だったので、猪木の動向に一喜一憂することはなかった。ただ、残念なことにアリ戦の後の猪木は試合のリズム、組み立てが非常に雑になり、オーセンティックなプロレスラーとしての魅力が急減したことは指摘できる。

フィニッシュに持ち込む過程では「客ウケ」だけを狙ってアリキックを連発し、脈絡なくブリッジが効いていないバックドロップでフォールを奪う。地方興行のほとんどがこのパターンになり、言葉は悪いが、「手抜き」、「体力温存」が露見してきたのは、この時期である。

アンドレ・ザ・ジャイアント、スタン・ハンセン、タイガー・ジェット・シン、ジョニー・パワーズ、パット・パターソンらを相手にNWF王座の防衛戦をこなし、ザ・モンスターマン、チャック・ウェプナーを迎撃して格闘技路線も継続したが、77年の猪木は明らかに停滞していた。

逆に言えば、全日本、国際が巻き返す絶好のチャンスだったのだが、こちらも相変わらず常連の人気ガイジンを呼んで粛々とシリーズを消化するだけで、「打倒・猪木」に繋がるような新規策を打ち出せていない。いずれもテレビ中継の視聴率が安定していたことで、企業経営的にあえて「冒険」に踏み切る理由がなかったということか。

この年の11月25日から12月15日にかけて行われた全日本との『全軍対抗戦』、『世界オープン・タッグ選手権大会』については本編で詳しく述べるとして、1月から11月にかけての国際プロレスは比較的順調な人気を継続していた。

10月には12チャンネルとの契約更改が行われ、権利金が30万円アップの230万円、製作費も10万円アップの90万円になる（1年間の放送本数は46本で、これは据え置き）。平均視聴率も7・6%と悪くなく、12チャンネル局内でもゴールデンタイムの主力番組の一つとして完全に定着している。

ちなみに、この年の11月14日、日本武道館で開催されたキックボクシングのビッグイベント『格闘技大戦争』（タイガーマスクに変身する4年前の佐山聡が出場した伝説のイベント）は12チャンネルが『国際プロレスアワー』を休んで特番の生放送をしたが、視聴率は6・5%と国際中継の平均を下回っている。ただし、12月20日の火曜午後8時〜9時に録画放送されたケン・ノートンvsジミー・ヤングのプロボクシング・ヘビー級ノンタイトル12回戦が11・1%だったので、必ずしも「格闘競技の中継では国際プロレスが常にトップ」というほどでもない。

この時期の民放視聴率トップは日本テレビで、8月29日から9月4日の「ゴールデンタイム週間平均視聴率」がなんと24・8%。これは民放史上最高数字として、大きな話題となっていた。土曜の夜8時〜9時で12〜14%に喘いでいた『全日本プロレス中継』は、肩身が狭かったはずである。

77年に木村のIWA世界ヘビー級王座に挑戦したのは、リップ・タイラー、ワイルド・アンガス、キラー・トーア・カマタ、ジプシー・ジョー、マイティ井上、ボブ・エリス、キラー・ブルックスの7人。2月から3月にかけて『創立10周年 第6回IWAワールド・シリーズ』も開催され、ここでも木村が決勝でマッドドッグ・バションを破り優勝している。

新顔として秋のシリーズに招聘したアレックス・スミルノフが予想外の活躍を見せて、翌年からジプシー・ジョーと並ぶ外国陣営のエースにのし上がっていったのも嬉しい誤算で、リング上の光景は極めて活気に満ちた1年だった。

5月には高杉正彦（当時21歳）、11月には原進（当時30歳）と久しぶりに有望新人の入門もあり、9月4日の高杉デビューに伴って前座カードにも新風が吹き込まれていった。

新人の入門及びデビューは、ファンに対して「団体の運営、並びにレスラーたちの新陳代謝は順調ですよ」というイメージを強く刷り込むことができる。高額の契約金が支払える台所事情ではなかったにせよ、ラグビー界の大物選手だった原のスカウトは一般新聞にも大きく取り上げられ、獲得に成功した元ラグビー日本代表の草津は安堵の胸を撫でおろした。

同年12月13日付のデイリースポーツ3面に、「レスラー原の二週間」と題した記事が掲載されているので、原文のまま紹介する（書き手は大加戸康一記者）。

二週間前の十一月月二十九日、原はプロレス転向を発表した。華やかなフットライトを浴びて、元ラグビーの選手がテレくさそうな表情であいさつに立ったのが印象的だった。「自分より大きく、強い選手とばかりやってきた。勝つことも大事だが、そんな選手を引っくり返すことを喜びとし、また信条としてきた。今後はとにかくトレーニングに精神を集中して…」一語一語、区切るように語った原。

それから四日後の三日から、基礎トレーニングを始めた。専属コーチとなった中堅レスラー、アニマル浜口の指導で「まずレスラーとしての体格、体力づくり」から――。

四日の早明ラグビー見学後、昔のラグビー仲間と語り合った。「これからもラグビーを気楽に見にいきたい」と言っていた原にとってはうれしい一日だった。そして五日、二度目のトレーニング。翌六日から九州の実家へ帰り、改めてあいさつ回り。高校時代の友人、学校関係者、そして長崎県森山町に住む両親にも。プロレス入りの発表の朝、初めて両親に打ち明けたほどだから、完全な事後承諾である。

父親・茂春さん(56)「自分のやりたいことをやってきた。今回も本人が一人で決めたこと。これからは自分の責任でやってくれ、というしかなかった」

田舎へ戻ってきてほしいと望んだ夢は、まずラグビーで壊され、いままたプロレスに奪われた。「やめろといっても、やめる人間じゃないし…」茂春さんはあきらめたようだ。

十日夜、帰京。そして十二日午後、東京・新宿区百人町の大久保スポーツ会館で基礎練習を再開。

アニマル浜口「格闘技(ラグビーのこと)をやっていたし、素質も十分。一芸に秀でた者はやはりすばらしい。いまの練習に励む初心を忘れなければいいレスラーになれると思う」

原は一年間のブランクを取り戻すのに必死だ。「後には引けない。ラグビーをやってきたし、なにもやっていない三十歳じゃない。今は一年前の体力に戻すこと」という。ベンチプレス、バーベルなど筋力トレーニングに汗を流す。

国際プロ・鈴木営業部長「今は彼の体を見極める段階。浜口の指導で〝肉体改造〟のうちどこから取り掛かるか、そして各界のアドバイザリースタッフのうち、どの種目に最初に預ければいいか気を使っているんです」

吉原国際プロ代表の「普通の人間が三年かかるなら一年で」という言葉を受けて、スタッフは綿密なスケジュールを組む。期待の大きさは、ラグビー以上かもしれない。ラグビー、プロレスの両方のファンを満足させることが原の宿命でもあろう。そのスタートはすでに切られた。

その後の「阿修羅・原」を思い起こすと、国際プロレスの命運を握った存在だったことがよくわかり、かつ非常に示唆に富んだ内容である。翌78年の正月シリーズから、後楽園ホール大会のたびに妻の雅子さんや長男の進一郎君（当時6歳）、長女の里奈子ちゃん（当時5歳）の姿をよく見たものだったが、原の波乱に富んだプロレス人生は、まさにここから始まった。

当時、基本的にマスコミの圧倒的リーダー格だった東京スポーツは「ケーフェイ・コード」を遵守した記事で埋められていたので、朝刊のデイリースポーツには「本音」、「舞台裏」が書かれることが多かった。この記事などは典型例の一つである。

かといって、貧乏学生の私は朝刊スポーツ紙を買うほど裕福ではないので、デイリーやスポニチは専ら「クズ籠からの拾い読み」だった。当時は、まだコンビニに新聞が置いていなかったし、コンビニ自体もあまりなかった。新聞を買いたければ、駅に行かなければならない。すべての駅に5～6個のゴミ箱が設置してあり、「恥ずかしい」という意識さえ捨てれば、東スポはじめ、ほとんどのスポーツ新聞は拾って読めたのだ。

ツバや痰が付着していることもしばしばだったが、読んだら捨てればいいだけのこと（さすがに、ゲロ付着の場合は躊躇したが）。一度、美人で人気があった同級生の女性にゴミ箱漁りの現場を目撃されてバツが悪かったが、それ以降は開き直ることができた。あの光景を思い出すと冷や汗ものだが、当時は女性に好まれることより、日々のプロレス情勢を少しでも多く知ることの方が重要だった。「ゲロスポ時代」の思い出は尽きない。

国際に話を戻すと、この年の4月13日から8月22日までマイティ井上がカナダに遠征している。マスコミに発表された〝表向きの理由〟は「ワールド・シリーズに優勝できなかったから、自分を鍛え直す意味で海外遠征を申し出た」だったが、人気女優・西尾三枝子さんと恋愛関係にあった井上がわざわざ海外マットを志願するのは不自然だった（9月に婚約発表、12月に挙式）。本書の書き下し段階で本人にゆっくり話を聞く機会があったので、この時期の国際とカナダ遠征について詳しく聞いてみた。

――77年のカナダ遠征は、そもそも井上さんが希望したのですか？

「いや、違います。あれはブッカーだったカルガリーの大剛さんから吉原社長に申し入れがあったわけです。要するに〝俺がブッキングしている先のIWEには、こんな素晴らしいレスラーが大勢いるんだぞ〟という見栄を張りたかったわけですよ。スチュ・ハートはじめ、モントリオールやニューブランズウィックのプロモーターに対してね」

――井上さんは西尾三枝子さんと婚約していたわけで、行きたくない時期だったのでは？

「まあ、年末の結婚式は決めていましたし、それまでは国内にいるより久しぶりに海外に出るのも悪くないな、と考えましたね。72年に帰国してから、4年以上経っていましたしね」

――カナダ遠征中の4ヵ月間は、国際からギャラは出たのですか？

「まったく出ません。国際の場合は、海外に行っている選手には金は出しませんでしたね。

自分で稼ぐしかない」

――カルガリーでのギャラは、どれくらいでしたか？

「大体、週に1000ドルくらいですね。カルガリーだけでなく、エドモントン、リジャイナ、サスカトゥーンとか週に5～6試合はやってました。モントリオールやニューブランズウィックにも行ったたし、結構稼ぎましたよ。帰国した時は、手元にほとんどなかったですけど（笑）」

――モントリオールに行った理由は？

「大剛さんが視察したいというので、同行しました。ターザン・タイラーとかトニー・プグリシーと試合をやりましたね。〝国際にレジェンドみたいなレスラーを送ったらどうか？〟というアイディアが出されたらしくて、モントリオールにグレート・アントニオがいるというので会う目的もあったんですよ。バカバカしいデモンストレーションなんですが、アントニオが我々の前で子分みたいなレスラーを殴りつけてね。強いところを見せつけるわけです。まあ、意外と背も小さいし、大剛さんもその時は契約しなかったんでしょう。結局、アントニオは、その年末に新日本に来ましたけどね」

――7月の『カルガリー・スタンピード』ではバーン・ガニアとシングルで対戦（30分時間切れ引き分け）しましたし、国内にいるより稼ぎは良かったと感じましたか？

「まあ、市内にアパートを借りて住んだり、そういう細かいコストがありますからね。安達（勝治＝ミスター・ヒト）さんの奥さんがいい人でね。安達さんと同じ車で試合場に行く時は、必ず弁当を作ってくれて。ありがたい差し入れでしたよ。同じ大阪の生まれというのもあったけど、安達さんとは手が合いましたね。あのカルガリー遠征で一番良かったのは、安達さんと知り合ったことですよ」

――安達さんと大剛さんの関係は、どんな感じだったのですか？

「カルガリーで安達さんと初めて顔を合わせた時の第一声が〝井上さん、あんたは大剛さんと仲がいいんか？〟でしたよ（笑）。大剛さんのことは好きじゃなかったから正直にそう言ったら、安達さんも嫌いらしくてね（笑）。そこから一気に仲が良くなったというのもありました」

──安達さんは77年6月から79年5月まで国際のシリーズに何回も参加しましたが、井上さんも推薦したんですか？

「推薦ということでもないですが、彼はレスラーとしても素晴らしいものを持っていたと思いますよ。リングに上がれば、ハーリー・レイスにだって平気で〝ユー、サノバビッチ〟と言って思いっ切り殴る、蹴るをやっていましたから。なんたって度胸がいい。カルガリーにいた選手の育成は、安達さんが一番やっていたと思いますよ。スチュ・ハートの信頼も厚かったですから。まだ新日本へのブッキングを始める前なので、レスラー兼トレーナーとして大剛さんとは上手く（仕事を）棲み分けていた時期でしたね。私が日本に帰った後、確か原の面倒も見てくれましたし」

──その当時、国際でのギャラは、いくらぐらいでしたか？　まだ遅配は始まっていなかったですか？

「確か1試合、4万か5万でしたね。カナダに行った頃は、まだ遅配はなかったと思いますね。帰ってきてからですよ、遅配になってきたのは。この年の年末くらいかなあ？　しかも、封筒の中に7割くらいしか入っていない。経理の担当に聞くと、〝残りは次のシリーズのギャラの時に〟となる。それが毎回繰り返されて、7割が6割、6割が5割…そんな感じでしたね。最後の年（81年）は遅配じゃなくて、無配でしたね（笑）」

──年間140試合くらいでしたから、仮にワンマッチ4万としても、年間560万円ですね。

月給にすれば約46万円で、当時の金額としては悪くなかったのではないですか？

「レスラーだから、出費も派手でしたからねえ。独身ならなんとかやっていけましたが、所帯持ちはそれだけでは食っていけませんでしたよ」

「給与遅配の始まりが崩壊の第一段階」と定義するならば、国際プロレスの崩壊は77年の暮れから始まったと書いて差し支えないだろう。

土下座外交の再開で、団体のイメージが急降下

新宿区牛込甲良町における下宿生活も1年が過ぎた。叔父宅で賃貸料金はタダだったが、毎日の通学時間（市ヶ谷～国分寺～小平）が片道1時間以上かかり、交通費が大きな負担だった。そこで77年3月、私は小平市にあった大学の寮に移る。だが、これは都内の主要会場から遠ざかるということであり、プロレスファンとして「都落ち」を意味した。

経済的な面を見れば、当時の私は「平均的な大学生」だった。住居費、食費を合わせて、1ヵ月＝2万5000円もあれば足りた。週4回、家庭教師のアルバイトで4万円が入り、水戸の実家から毎月3万円の仕送りをもらっていたので、収入としては合計7万円。生活費を差し引くと、プロレスに費やせる金額は大体3万円という感じだったと思う。

試合を生観戦するだけでなく、東スポなどのスポーツ新聞やプロレス雑誌も買わなければいけないので、3万円だと国際、新日本、全日本の都内の興行すべてに行くことはできない。その範囲で国際には必ず行っていた理由は、正直に言えば「タダで入れた」からである。これは非常に大きい。

だが、まだ20歳の貧乏学生に「顔パス」が許されるわけもない。偶然、会場入り口で田中さんや根本さんに会えば、「おお、来たか。入れよ」と無料入場が許されたとは思うのだが、それはあまりにも厚かましく、絶対にしたくなかった。

当時（確か76年4月から）、国際の後楽園ホール

大会は往復ハガキを出せば、必ず復便に「ご招待」とスタンプが押されて戻ってきたから、金を払う必要がなかったのだ（興行の2週間くらい前に、テレビ中継内で「無料招待」とテロップが流れる）。

　では、「タダならば、後楽園ホールはいつも満員だったのか？」と聞かれるとさにあらず、それでも余程のビッグマッチでない限り、南側の上の方には2〜3列の空席があった。新日本や全日本の後楽園大会しか行っていなかったファンには想像もつかないだろうが、国際の後楽園大会（通常はシリーズ開幕戦）は常にゆっくり座って見られる観戦環境としては最高の興行だった。ちなみに『第6回IWAワールド・シリーズ』中の3月25日、横浜文化体育館大会は根本さんにタダで入れてもらった（ビッグ・ジョン・クイン&クルト・フォン・ヘスvs浜口&寺西のIWAタッグ・トーナメント決勝戦）。

　有料だろうが、無料だろうが、満員でなかろうが、毎月のように行っていれば、当然のことながら愛着が生まれる。いまだに私が国際に限りない郷愁を感じているのは、「貧乏時代にタダで入れてくれた」ことを恩に感じている部分が大いにある。

　この年、1月から10月までは「後楽園で開幕し、関東一円の中規模会場での最終戦にタイトルマッチを行い、それをテレビ収録」というルーティンが続いた（3月の『IWAワールド・シリーズ』だけは最終戦が蔵前国技館だったが、これもハガキを応募して無料観戦）。このルーティンは決して悪くなかったのだが、概要のマイティ井上へのインタビューで触れたように、吉原社長は秋頃から資金繰りに苦しみ始めていた。

　必然的に、〝悪魔〟が耳元で囁いたのだろう。「またぞろ、全日本との対抗戦でガッポリ一時金を稼ぐ時期が来たぞ」

　不謹慎な喩えだが、一旦止めていた麻薬に再び手を出してしまったようなものだ。

東京スポーツ新聞社は自社主催と銘打った新日本、全日本の興行時には独自のポスターを作製し、主に営団地下鉄の掲示板に貼っていた。国際のビッグマッチを後援したのはこの時だけだったが、「トースポ嫌い」だった吉原社長も蔵前を満員にするために頭を下げざるを得なかった。

〝策士〟馬場と日本テレビの思惑

まずは11月3日、全日本の後楽園ホール大会でアジア・タッグ選手権が行われ、王者チームの極道コンビが2－1で浜口&鶴見を撃破した。

3日後の11月6日、今度は国際の後楽園大会で井上&浜口が2－1で極道コンビを破り、国際に初めてアジア・タッグ王座をもたらす。とはいえ、この時期に草津とのコンビでIWA世界タッグ王座を保持していた浜口がアジア・タッグにまで絡んでいるところが苦しい。選手層の薄い国際の弱みが、まずここで露呈されてしまう。

続いて11月下旬に開催された全日本vs国際『全軍対抗戦』は全6興行のうち、3つを全日本、3つを国際が主催し、それぞれの営業部が責任を持って集客した。

テレビ収録は2会場とし、日本テレビ、12チャンネルがそれぞれ録画中継。前章に何度も書いたように、馬場、鶴田絡みの試合は契約により12チャンネルは放送できない。逆に日本テレビは木村、草津、井上を画面に出してもいいのだが（吉原社長もそれを望んでいた）、わざと馬場&鶴田が大木金太郎&キム・ドクに挑戦するインターナショナル・タッグ戦を放映し、国際絡みの試合は放送していない。

理由は、この後に開幕する『世界オープン・タッグ選手権大会』で馬場&鶴田vs木村&草津という黄金カードを日本テレビが12月10日に生中継することになっていたからである。この駆け引き自体が、まず大きな失敗であった。

以下、『全軍対抗戦』の主要カードを列記しながら、検証してみる。

■11月25日　群馬スポーツセンター（全日本主催＝翌日に日本テレビで録画中継）

◎インター・タッグ選手権

大木金太郎&キム・ドク（1－1）ジャイアント馬

場&ジャンボ鶴田
※王座防衛。
天龍源一郎&ロッキー羽田（1－0）ビル・ロビンソン&ジム・デュラン
ラッシャー木村&グレート草津（1－0）キラー・ブルックス&ザ・キューバン・アサシン1号
グレート小鹿&大熊元司（1－0）マイティ井上&寺西勇
高千穂明久（18分35秒、両者リングアウト）アニマル浜口

この日は『全軍対抗戦』の録画中継なのに、全日本のテレビ中継で放送されたのは、メインとセミの2試合のみ。日本テレビは、国際勢が絡んだ試合を意図的に電波に乗せなかった。

翌週から始まるオープン・タッグ選手権の前フリ宣伝でも、国際チーム（木村&草津）は主要参加4チーム（馬場&鶴田、ザ・ファンクス、アブドーラ・ザ・ブッチャー&ザ・シーク、ビル・ロビンソン&ホースト・ホフマン）と同列ではなく、大木&ドクと並ぶ「ワンランク落ち」の順列で紹介されている。

木村&草津より格下扱いだったのが天龍&羽田、ザ・デストロイヤー&テキサス・レッド（レッド・バスチェン）、井上&高千穂による混成チームの3組だった。

■11月26日　大曲圏民体育館（国際主催＝ノーテレビ）
馬場（11分50秒、寝技式アバラ折り）草津
木村&井上（1－0）天龍&羽田
※井上が羽田をフォール。

それまで負け役を上手く敬遠してきた草津が、ここで初めて馬場にシングルで敗戦する。ただし、ノーテレビだったので草津の地位が大きく下がった

わけでもなく、「国際で馬場を相手に互角に戦えるのは木村だけ」というロジックを明確に醸成した。

■11月27日　宮古市宮古ボウル（国際主催＝ノーテレビ）
木村（21分18秒、片エビ固め）鶴田

木村がクロスチョップからのパイルドライバーで、鶴田からスリーカウントを奪った（レフェリーはジョー樋口）。これによって、馬場との再戦を確約される。翌年2月18日、蔵前国技館での大将戦（馬場vs木村の再戦）に繋がる非常に重要なステップとなった試合である。

■11月29日　大田区体育館（全日本主催＝ノーテレビ）
鶴田（18分37秒、片エビ固め）井上
木村&草津（1－0）馬場&羽田
※木村が羽田をフォール。
天龍（11分52秒、両者リングアウト）浜口

鶴田は2年前のオープン選手権公式戦では井上と30分フルタイムで引き分けているだけに、ここでのピンフォール勝ちによって「国際のナンバー2よりは強い」ことをアピールした。

■11月30日　静岡駿府会館（国際主催＝5日後に12チャンネルで録画中継）
◎アジア・タッグ選手権
井上&浜口（2－1）高千穂&クツワダ
※王座防衛。ノーカット放送。

馬場、鶴田はテレビに出せないため、中継でアジア・タッグ戦の前に放送されたのは原進の入団会見（同月29日＝高田馬場ビッグボックス）だった。折角12チャンネルで放送できるのだから、吉原社

長は小鹿&大熊を登場させ、草津、浜口あたりに勝たせなければならない場面ではあったが、この後に極道コンビがアジア・タッグを奪還する流れだったために、それができていない。

馬場としても、「高千穂&クツワダと極道コンビの両方が負けることは許さない」と強硬に拒んだことが推察される。

■12月1日　和歌山県体育館（全日本主催＝ノーテレビ）

◎アジア・タッグ選手権

井上&浜口（1－1）小鹿&大熊

※王座防衛。

以上、6興行が行われた『全軍対抗戦』はポイント制が取られた。結果は全日本が36ポイント、国際が34ポイントを獲得。全日本が僅差で勝利したが、それ自体が注目を集めることはなかった。

なんといっても木村が鶴田に完勝したことが大きく、全日本ファンからすると「次のオープン・タッグの公式戦で、鶴田が木村にリベンジしてくれるかな？」と期待感を膨らませた。

国際が主催した3興行は、どこも満員の盛況（発表数は順に4700人、5200人、5700人）。このうち、11月30日の静岡駿府会館大会はフィルム（『国際プロレスクロニクル』収録）が残っているので埋まり具合が確認できるが、確かにギッシリ満員で発表の数字は決して誇張ではない。馬場以下、全日本陣営が参加した効果をフルに享受しており、吉原社長としては笑いが止まらなかったろう。

木村&草津が勝った試合は放送されず

対抗戦が終わった翌日からは、木村、草津、井上の3人が全日本の年末シリーズ『世界オープン・タッグ選手権大会』に乗り込んだ。木村と草津の試

合を列記する

■12月2日　後楽園ホール【開幕戦】
木村&草津（1－0）ザ・デストロイヤー&ジム・デュラン
※木村がデュランをフォール。

■12月3日　愛知県体育館
◎オープン・タッグ公式戦
木村&草津（1－0）井上&高千穂
※木村が井上をフォール。

■12月4日　寝屋川市民体育館
◎オープン・タッグ公式戦
ザ・ファンクス（1－0）木村&草津
※テリーが草津をフォール。

■12月5日　広島県立体育館
◎オープン・タッグ公式戦
木村&草津（1－0）ロビンソン&ホフマン
※草津がホフマンをフォール

■12月6日　福岡九電記念体育館
◎オープン・タッグ公式戦
木村&草津（1－0）天龍&羽田
※草津が羽田をフォール。

■12月7日　福井市体育館
◎特別試合
木村（9分31秒、両者リングアウト）テリー・ファンク

■12月9日　新潟市体育館
◎オープン・タッグ公式戦
木村&草津（両軍リングアウト）ブッチャー&シーク

■12月10日　宮城県スポーツセンター
◎オープン・タッグ公式戦
馬場&鶴田（1－0）木村&草津
※馬場が草津をフォール。

■12月11日　秋田県立体育館
◎オープン・タッグ公式戦
木村&草津（1－0）デストロイヤー&レッド
※草津がレッドをフォール。

■12月12日　大分県立体育館
◎特別試合
木村（6分0秒、反則勝ち）ザ・シーク

■12月13日　高知県民体育館
◎特別試合
ドリー・ファンク・ジュニア（10分18秒、体固め）木村

■12月14日　大阪府立体育会館
◎オープン・タッグ公式戦
木村&草津（両軍リングアウト）大木&ドク

■12月15日　蔵前国技館【最終戦】
ロビンソン（12分14秒、体固め）草津
※この日、木村は出場せず。

リーグ戦は、ファンクス（14点）が優勝。以下は馬場組（13点）、ブッチャー組（12点）、大木組と木村組（8点）、ロビンソン組（7点）、デストロイヤー組（4点）と続き、井上組と天龍組が（1点）で、国際代表は大木組と並んで4位に終わる。

得点状況だけを見ると「国際チームは善戦した」との印象を受けるのだが、問題はテレビで放送されたのが負けた馬場&鶴田戦（日本テレビで生中継）

と引き分けの大木&ドク戦（日本テレビで録画中継）だけだったことにある。さらに12チャンネルにはまったく放送権利が与えられなかったことも問題で、このシリーズは吉原社長が「露骨な差別待遇」を甘受している。

これらを押し付けた「交換条件」として、馬場は吉原社長に12月10日、宮城県スポーツセンター大会の興行権を付与した。仙台はTBS時代から国際プロレスが最も得意にしている都市で、75年の章でも書いたようにオープン選手権でも超満員を記録している。このオープン・タッグ選手権でも再び超満員（発表＝6000人）の観衆を集めて興行自体は大成功し、吉原社長の「土下座外交」は表面上、短期的視点だけで見ると成功している。

「草津さんの付き人として、俺も（オープン・タッグの）巡業に付いて行きましたよ。この時の仙台はギャラ代わりに馬場さんから国際が興行権をもらったんです。（中略）宣伝カーを3台回して、営業も全員来ていたし、俺と若松さんも応援に行って必死にチケットを売りましたよ。国際はTBS時代から、東北に強い地盤があったんです。TBSはネット局が多かったですからね。その影響が残っていて、草津さんの人気は凄かったですよ。（中略）この時は全日本の大会なのに、ウチの竹下（民夫）リングアナがコールしましたよ。セミは全日本vs国際のタッグ頂上決戦だったから、俺と若松さんもセコンドに付いてね。6000人の超満員で、会社はかなり儲かったんじゃないかな。でも、木村さんと草津さんが馬場&鶴田に負けたでしょ。ここから、ガクンとウチの興行に客が入らなくなったんですよ。対抗戦って怖いですよね。負けたのが、テレビで全国に流れているわけですから。翌年から、明らかに客足が落ちました。その原因はこれ。〝仙台で儲かった〟なんて喜んでいて、実は後で損するわけですよ（苦笑）」（高杉正彦＝『実録・国際プロレス』）

全日本vs国際のタッグ頂上対決は16分20秒、馬場の16文キック2連発で草津が完璧なスリーカウントを奪われ、これ以上はないという完全決着だった。

ただし、緊迫感に溢れ、試合内容は決して悪くない。木村、草津が全国31局のネットに乗って生中継で映し出されたのだから、知名度のアップという点では申し分なかったのだが、高杉が鋭く指摘しているように致命的な敗戦になってしまった。

オープン・タッグ期間中における日本テレビの生中継はこの日だけで、視聴率は15・2％（ビデオリサーチ）。翌週の大阪大会（ファンクスvs馬場＆鶴田）が14・5％、翌々週の蔵前大会（ファンクスvsブッチャー＆シーク）が14・8％だったのだから、いかに仙台大会の日本人対決が注目されていたかが証明されている。

馬場と日本テレビは、このカードが最もゴールデンタイム向き、生中継向きかを熟知していた。だからこそ、11月の『全軍対抗戦』で国際側に甘い汁を吸わせて油断させていたのだ。「アメとムチ」という表現があるが、この時に馬場が仕掛けたトラップはまさにそれだった。

この時点ですでに翌年2月の『全軍激突戦』（大木率いる韓国軍が加わった全3興行の短期シリーズ）が決定しており、馬場は「あとは俺が木村に勝てば、国際は完全制圧できる」と計算済みであった。

もう一つ、ノーテレビではあったが、木村がバックドロップでドリーに完敗した高知大会のシングルマッチも看過できない。11月に木村が鶴田にフォール勝ちした殊勲が帳消しになってしまっているばかりか、国際の支持者を「なんだ、木村は全日本のトップガイジンより弱いんだな」と落胆させてしまった。

吉原社長が馬場と交渉していた過程で、この木村vsドリー戦は明らかに比較的容易に拒絶できたはずだ。あるいは、巡業に付いていた参謀の草津が直前でドタキャンすることだって可能だったろう。団体のエースをプロテクトせず、「まあ、地方のノーテレビだから、負けてもいいかな」という妥協は甘すぎる。

木村と似たような立場、格で参加していた大木金太郎もシリーズ中にシングルマッチを2試合やらされているが、いずれもフォール勝ちだった（ホフマンに首固め、レッドに体固めで勝利）。

公式戦以外のシングルマッチで木村を貶めるカードが組まれたら、徹底的にガードしなければならない。これを遵守できなかったのだから、フロントとしての吉原社長、草津の罪は非常に重かった。

第五章

1978年

（昭和53年）

78年2〜3月『ビッグ・チャレンジ・シリーズ』のパンフより。同年の新春シリーズは、セーラー・ホワイトとザ・サモアンズの活躍で盛り上がった。この時期のIWA世界タッグ王者は草津＆浜口。浜口は若手時代に草津の付き人を務めた他、72年のオマハ遠征時には同居生活をしており、私生活でも関係が良好だった。

2月18日、蔵前国技館『全軍激突戦』の新聞広告。中央の写真はオープン選手権の時のもの(75年12月17日)。この短期シリーズでは大木金太郎の存在が希薄だったが、キム・ドクとのコンビでインター・タッグ王座を保持しており、馬場は国際勢との絡みを出し惜しみした。

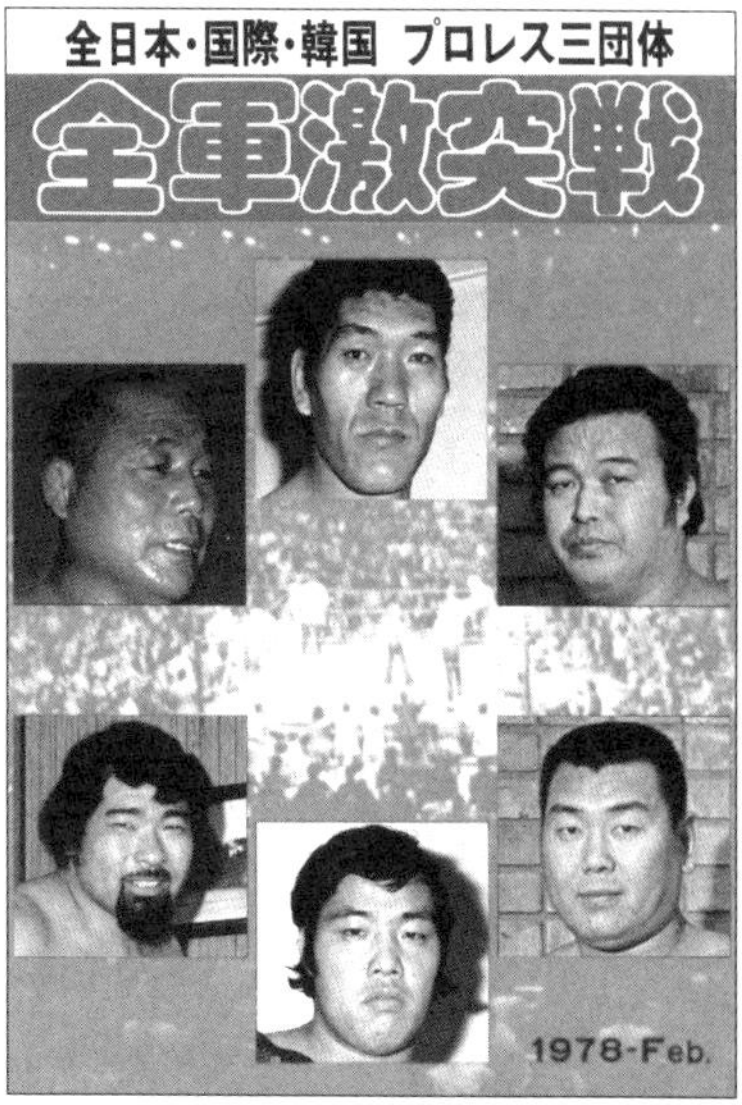

『全軍激突戦』のパンフは全日本が制作したため、表紙は馬場がトップに来るレイアウトとなった。大木＆ドクは同年5月11日に大阪府立体育会館で馬場＆鶴田に敗れ、インター・タッグ王座から転落。

『全軍激突戦』のパンフより。初戦となる2月18日の蔵前国技館大会では、高千穂＆天龍vs草津＆寺西という興味深いカードが組まれた。日プロ時代にシングルで草津と引き分けている高千穂は、意識的に草津だけを狙った。25分過ぎ、コーナーで左のアッパーを食った草津は半失神。寺西が巧くカバーして、結果は30分時間切れ引き分けに。

2月21日付の東京スポーツに掲載された馬場vs木村戦のフィニッシュシーン。誰がどう見てもロープブレイクだと思われるが、芳の里レフェリーは木村の上半身がエプロンから出ているので「死に体」と判断し、テンカウントを取って馬場の勝利とした。これは「世紀の意図的（?）誤審」と言えるだろう。

問題のシーン。馬場の長い足の〝4の字地獄〟を木村は執念でロープブレークへ…だが、レフェリーの裁定は木村のカウントアウト負け，馬場、木村の両足はガッキとからみ合っているのに…
これが問題のシーンだ!!

因縁がまた 因縁を呼ぶ!!

『全軍激突戦』のパンフに掲載された過去（75年12月～78年1月）の対抗戦スナップ集。互いの手の内がわかっていただけに、『全軍激突戦』ではレベルの高い切り返し技の攻防が目立った。また、当時の金一道場には新弟子が続々と入門しており、人数的には国際並みだった。

木村 三軍戦 裁定で異例の"TV直訴"

大絶叫「馬場、鶴田と決着

ブルックスと

2月28日付の東京スポーツより。木村は同月26日の後楽園ホール大会の試合後、馬場戦の模様が掲載された新聞を放送席に持参し、テレビを通じて「アンフェアな判定」をアピールした。放送席の杉浦アナ、磯辺建臣アナ、解説の菊池孝氏は木村の怒りと再戦要求に同調。

6月26日、大阪府立体育会館での寺西戦はエキシビション（壮行試合）だったが、実質的には原進の日本デビュー戦であり、寺西にとっては難しい15分だった。セコンドについた高杉の表情が印象的である。左の写真は筆者が同月18日に後楽園ホールで撮影したもの。

9～10月『ダイナマイト・シリーズ』のパンフより。夏の韓国遠征、カルガリー地区における原の活躍、吉原社長のカナダ視察を報告している。この時、カルガリーに加えてニューブランズウィック地区とも提携関係を成立させている。

猪木、吉原が"握手"

新日、国際の協調路線が成立

藤波、木戸が好連係 上田組を粉砕

好評発売中 プロレス特集10月号 150円

9月23日付の東京スポーツより。新日本の品川プリンスホテル大会を訪問した吉原社長は、猪木に『日本リーグ争覇戦』への協力を依頼した。すでに鶴田以下、6選手の派遣を決めていた馬場は、この紙面を見た時から吉原社長への不信感を募らせていった。この後に起こる日本マット地殻変動の端緒がこの写真だった。

『日本リーグ争覇戦』の新聞広告２種。下は11月22日付の東京スポーツだが、この時に初めてストロング小林の名前が打たれ、これを見た馬場が激怒した。小林の出場決定によって、史上初の「3団体のレスラーが総出場」する興行が実現し、翌年のオールスター戦実現への布石となる。

日本リーグ争覇戦

開催のご挨拶

全日本プロレス、韓国・金一道場を初め、フリーの日本人、日系人選手の賛同・参加を得て、ここに日本リーグ争覇戦をお贈り出来ることを、私は無上の喜びとしております。

私ごとで恐縮ですが、私がプロレス界に入ってちょうど25年、十世紀を一区切りとし、ファンの皆様への感謝の意をこめて企画したこの大会に、賛同・参加下さった各団体・選手に感謝すると同時に、今回は日程の都合から参加を見送りました新日本プロレスが、この大会の趣旨には賛同下さり、「明年こそは日本選手権戦実現」と意見の一致をみましたことを、感謝致したいと思っております。

日本マット界に、3団体協調の気運は盛り上りました。今後は不肖私が、全日、新日両団体と積極的に話し合いの場を持ち、両団体の握手を実現出来るよう、努力することをここにお約束致します。

International Wrestling Enterprise Co. Ltd
代表取締役 吉原功

53年に吉原功がレスラーとして力道山道場に入ってから25周年の記念シリーズ『日本リーグ争覇戦』のパンフより。ここでは新日本の参加は見送ると書かれているが、実際はストロング小林、小林邦昭を登場させているのだから、どう考えても馬場との提携解消は「確信犯」だったとしか思えない。

予定された『日本リーグ争覇戦』参加選手の中でミスター・セキは不参加となり、鶴見五郎が代打出場。また、シードの大木金太郎は決勝トーナメント出場を辞退した。ベスト8は木村、鶴田、井上、石川、タナカ、ホー、サクラダ、ドクで、引き分けだらけの草津は脱落。最後は木村がタナカを破って優勝。

79年『新春パイオニア・シリーズ』のパンフより。日本リーグ争覇戦はマニアの好評を得たものの興行的には不振で、11月22日の福知山大会を2日前に中止とする不祥事を起こしている。観客動員的には、78年最悪のシリーズとなった。

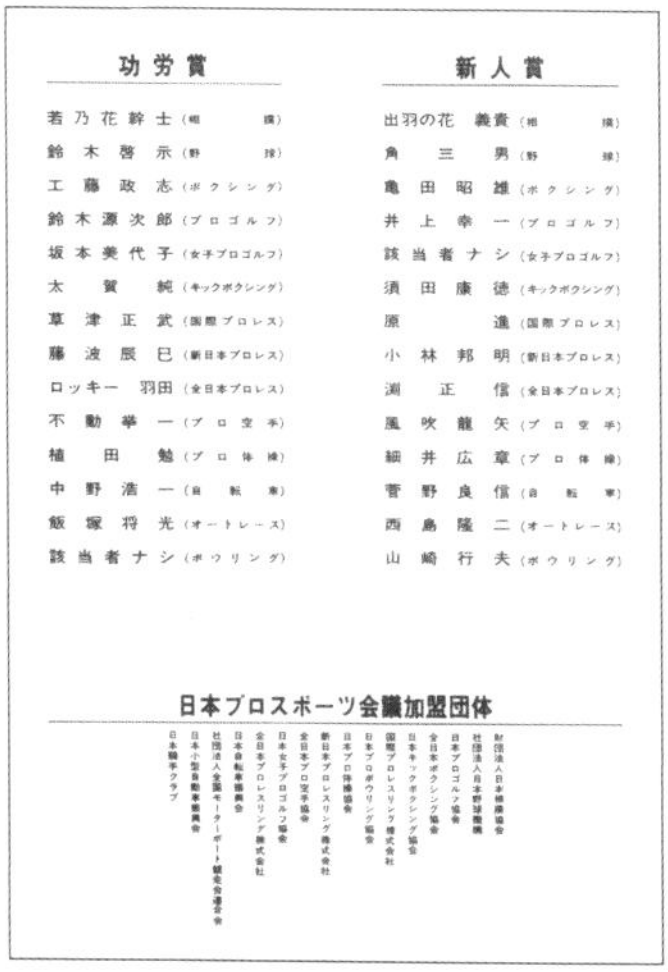

功労賞		新人賞	
若乃花幹士	(相撲)	出羽の花 義貴	(相撲)
鈴木啓示	(野球)	角三男	(野球)
工藤政志	(ボクシング)	亀田昭雄	(ボクシング)
鈴木源次郎	(プロゴルフ)	井上幸一	(プロゴルフ)
坂本美代子	(女子プロゴルフ)	該当者ナシ	(女子プロゴルフ)
太賀純	(キックボクシング)	須田康徳	(キックボクシング)
草津正武	(国際プロレス)	原進	(国際プロレス)
藤波辰巳	(新日本プロレス)	小林邦明	(新日本プロレス)
ロッキー 羽田	(全日本プロレス)	渕正信	(全日本プロレス)
不動拳一	(プロ空手)	風吹龍矢	(プロ空手)
植田勉	(プロ体操)	細井広章	(プロ体操)
中野浩一	(自転車)	菅野良信	(自転車)
飯塚将光	(オートレース)	西島隆二	(オートレース)
該当者ナシ	(ボウリング)	山崎行夫	(ボウリング)

日本プロスポーツ会議加盟団体

財団法人日本相撲協会
社団法人日本野球機構
日本プロゴルフ協会
全日本ボクシング協会
日本キックボクシング協会
国際プロレスリング株式会社
日本プロボウリング協会
日本プロ体操協会
新日本プロレスリング株式会社
全日本プロ空手協会
日本女子プロゴルフ協会
全日本プロレスリング株式会社
日本自転車振興会
社団法人全国モーターボート競走会連合会
日本小型自動車振興会
日本騎手クラブ

筆者が阿修羅・原と共に出席した78年『プロスポーツ祭り』のスナップ。下写真の中央が理事の田鶴浜弘氏で、かなりの権限を持っていた。「功労賞」の中に草津の名前もあるが、この時に帯同した選手が草津だったら筆者と国際プロレスの関わりもかなり違ったものになっていただろう。

1978年の日本マット界　概要

78年の国際プロレスは1月2日、全日本のリング（『新春ジャイアント・シリーズ』開幕戦の後楽園ホール）で仕事始めとなった。

井上&浜口のアジア・タッグ王者コンビが敵地に殴り込み、再び小鹿&大熊の挑戦を受けての3度目の防衛戦（1－1から60分時間切れ引き分け）。この日は月曜日で試合開始が午後1時だったため、12チャンネルが夜8時からディレイ中継を行った。

全日本の興行に12チャンネルの放送クルーが乗り込むのは異例のことだったが、これは馬場が吉原社長に差し出した「最後のアメ」であった。視聴率は8・3％と高く、依然として日本人対決の関心が高いことを立証していた。

1月19日に水戸市民体育館で行われた木村vsセーラー・ホワイトの金網デスマッチ（IWA世界戦）も10・1％と2年ぶりの10％超えを達成し、こと12チャンネルの視聴率に関しては極めて好調なスタートを切っている。

同時間帯の日本テレビ『紅白歌のベストテン』とTBS『水戸黄門』はいずれも毎週25～30％の視聴率を誇る看板人気番組で、NHKの90分番組『月曜特集』も平均14％と手強かった。それらに対抗して毎週8％前後、時として10％まで到達していたのだから、この時間帯における『国際プロレスアワー』の善戦ぶりは見事というしかない。

ちなみに、この年に12チャンネル運動部が手掛けたスポーツ番組の最高視聴率は15・7％（2月12日の午後8時～10時にラスベガスから生放送されたWBC世界ウェルター級タイトルマッチ、カルロス・パロミノvs龍反町）だった。

2月中旬から下旬にかけて、運命の全日本vs国際vs金一道場『全軍激突戦』（全3興行）が実施された。こちらも主要カードを列記してみる。

■2月18日　蔵前国技館
馬場（11分15秒、リングアウト）木村
大木&ドク（1－0）鶴田&羽田
※以上は日本テレビが生放送。
◎アジア・タッグ選手権
井上&浜口（2－0）梁承揮&呉大均
草津&寺西（30分時間切れ引き分け）高千穂&天龍
※以上は12チャンネルが録画放送。

■2月21日　大阪府立体育会館（ノーテレビ）
鶴田（15分48秒、反則勝ち）木村
※ドクが乱入し、そのドサクサで木村が金一道場の全震植レフェリーを突き飛ばしたため反則負け。

■2月22日　岐阜市民センター
◎インター・タッグ選手権
大木&ドク（1－1）木村&草津
※王座防衛。
◎アジア・タッグ選手権
小鹿&大熊（2－1）井上&浜口
※井上組が防衛に失敗し、王座移動。上記2試合は、いずれも12チャンネルが録画放送。

2月18日の馬場vs木村の決着戦については、馬場の名勝負を集めたＤＶＤボックスに収録されている他、何度も日本テレビのＣＳ放送で流されているので、本書を読まれている方の大半は「奇妙なフィニッシュシーン」が目に焼き付いていることと思う。

馬場に足4の字固めをかけられた木村がロープに逃げ、そのまま上半身をエプロン越しに乗り出して宙吊り状態。レフェリーの芳の里はなぜかロープブレイクを取らず、テンカウントを数えて、馬場のリングアウト勝ちを宣告した。

80年代の新日本であれば暴動が起きても不思議のない幕切れだったが、この時は座布団が数枚投げられただけで、観客が暴徒化することはなかった。

これは、あまりにもお粗末なシナリオだったと思う。誰がどう見てもロープブレイクの場面だったが、芳の里のコメントは「木村は死に体。頭のテッペンが場外マットに付きそうな位置でぶら下がっており、自力でロープを掴んでリングに戻る力はなかったので、カウントアウトにした」という不可解なものだった。

試合後、木村は「2人の足が絡まっていたので、両者リングアウトというのならわかるが、なんで私が負けになるのか」と不満を爆発させ、2月26日の後楽園ホール大会（国際『ビッグ・チャレンジ・シリーズ』第2戦）の放送席でも、わざわざ試合翌日の東スポの紙面を手に怒りの反論をしている。

前年12月10日、草津が仙台で16文キック2連発によりフォール負けしたのに続き、今度は蔵前で木村がリングアウト負け。これが日本テレビの31局ネットで全国に生中継されてしまったのだから、もはや国際プロレスに「言い訳の余地なし」であった。

馬場は、「これで俺はもう試合で国際に絡む必要はない」と思ったに違いない。ちなみに12チャンネルで放送された岐阜大会（最終戦）の2大タイトルマッチは10・1％の視聴率を記録して合格点をクリアしたが、韓国師弟コンビを倒してインター・タッグ王座を奪取するまでには至っていない。アジア・タッグ王座も極道コンビに奪回を許し、結局のところ『全軍激突戦』で国際は丸腰にされてしまった。

一方、業界のリーダーである新日本では海外武者修行中だった若手のホープ藤波辰巳（当時24歳）が1月23日、ニューヨークのMSGでWWWFジュニアヘビー級王座を獲得。2月22日に凱旋帰国してからは、ルックスの良さと切れ味鋭い斬新な技を披露して、「ドラゴン・ブーム」を巻き起こしていた。

それまでプロレスに目を向けることのなかった女性ファン、少年ファンの注目も集めて一気に「時の人」になるフィーバーぶりで、ジュニアヘビー級という新しいマーケットを築いた点も革命的な快挙だった。

その活躍を見ながら、参謀の新間寿氏は「藤波に日本人のライバルがほしい」と感じていた。ターゲットは、またしても国際プロレス。76年7月に凱旋帰国して以来、パッとした活躍がなく、前座、中堅で燻っていた剛竜馬（当時22歳）に目をつけ、3月から「引き抜き工作」をスタートさせた。4年前にストロング小林を引き抜いたプロセスの再現である。

剛は4月16日、巡業先の東広島市で選手会長の木村に「辞職」を告げてサーキットを途中で抜け、兵庫県西宮市の実家に潜伏。5月11日、全日本が興行を打っていた大阪府立体育会館に現れて「フリー宣言」を放った。その後は新間氏の指示に従ってロサンゼルスに向かい、日本のマスコミがキャッチできない隠密行動を取った。

6月30日付の東京スポーツで、タンパのヒロ・マツダ道場にいた剛が国際電話でインタビューに応じている。国際プロレスの内情について〝暴露〟的な発言をしているので、抜粋してみる（見出しは「国際にいては病気の父養えない」、「俺は殺されても藤波とやる」）。

――（中略）国際プロレスの吉原社長が記者会見をして、あなたのフリー宣言は認めない。まだ、あなたの身柄を拘束する権利が国際プロレスにある。七月二十七日の日本武道館における藤波と剛の試合は認めないという発表があったのですが。

「冗談じゃない。まだそんなことをいっているんですか。ボクだってフリー宣言する前に、個人的にですが弁護士さんに相談しています。その結果、フリーになれるという確信を持ったからフリー宣言をしたんです（中略）」

――しかし、国際プロレス側の話ではあなたは契約書にサインしている。現に昭和四十八年（73年）にサインした契約書が公開されたが？

「四十八年にファイトマネーの支払いの書類だといわれてサインしたことはあります。それ以後は一度もサインしていない。ボクはそのことも弁護士さんに相談しています。そういうことは、全部弁護士さんに相談するし、法律的にどうこうという問題も国際プロレスとやり合う用意はあります。こうなったら、ボクがフリーになりたかった本当のことをいいますが、とにかく国際プロレスにいては家族を養っていけなかった。ボクは病気の父親と三人の妹達を養っていかなければなりません。ところが昨年からファイトマネーが遅れ遅れでときにはカットされるし、とても生活できない。藤波さんみたいに大きな勝負をしてみたいという気持ちもありましたが、第一にいえることは国際にいたのでは食えない…ということです。病気の父親を養えないということです。国際プロレスはボクのそんな生きていく権利を奪おうとするんですか」

――ということは、吉原代表とか幹部に相談すればよかったのではないですか。

「父が大阪であいさつに行ったらある幹部の人にそっぽを向かれた。とても相談するムードではなかった。とにかく七月末にはマツダさんと一緒に日本に行きますし、誰の前でもいまいったことをはっきりいいます。藤波さんとの試合は絶対やります（中略）ボクはとにかく自分の信じる道を行く以外にありません」

41年前にこの記事を読んだ時、私は「ん？国際からの給料が遅れている？　そんなわけないじゃん！　剛はなにを寝ごと言ってるのかな？　原進ばかり売り出されているので、嫉妬したんだろうな」と軽く考えた。

　毎週テレビ中継されているプロレス団体の中堅選手が「食えない」という状況は想像がつかなかった、と書いた方が正確だろう。ところが、マイティ井上も証言しているように、前年からの遅配は着実に（？）常態化されていたのだ。

　剛がこれを公表してしまったことのインパクトは大きかった。ここから「国際プロレスの窮乏」は、シークレットでなくなってきたのである。

　小林離脱騒動の時は東京スポーツ新聞社から1000万円を「和解金」として受け取った吉原社長も、この剛の時は訴訟にまでは持ち込んでいない。おそらく剛の弁護士から遅配の件が指摘されて話が大きくなり、他の所属選手にまで影響が及ぶことを怖れたのだろう。結局、7月27日、日本武道館で藤波vs剛のWWWFジュニアヘビー級選手権はスンナリと実現してしまった（藤波が原爆固めで勝利）。

　続く本編で詳しく書くが、9月以降に新日本から急接近された過程で、「吉原社長にいくらかの和解金が提示された」という噂もあったが、おそらく新日本と懇意になっていく中で支払われたと推測される。

「社長として極めて不適当、不健康な方向性」

2月の蔵前国技館大会における「馬場戦完敗ショック」がようやく癒えてきた3月24日、私は横浜文化体育館の木村vsキラー・ブルックスを見に行った。IWA世界タイトルマッチだというのに空席が目立ち、実数で1000人も入っていなかったと思う（発表は2200人）。

例によって営業の根本さんのご厚意で無料で入れていただいたが、「少しでも売り上げに貢献しなければ」と思い、パンフレット（200円）は必ず4部購入していた。これらのパンフレットはアメリカのペンパルと手紙のやりとりをする際に同封すると非常に喜ばれ、向こうからも貴重な現地プログラムが同封されてきたものである。

この興行の担当だった根本さんは空席だらけの会場を見渡して苦い顔だったが、「シリーズで最高のカードなんだから、仕方ないよ。また頑張るしかないよ」と努めて明るく振る舞っていた。どの会社も同じだが、営業の最前線が笑顔と楽観を忘れてはいけない。

翌日、小平市の大学寮から国分寺市に引っ越した。新しい下宿先は1ヵ月＝1万3000円の4畳半で、便所は共同、電話も風呂もなかったが、なんといっても個室に戻れることが快適だった。

当時、こういうアパートで「電話の取り次ぎは不可」という物件が多かった。だが、ここの大家さんは、プロレス関係者や友人からの電話も嫌がらずに繋いでくれた。携帯電話が普及した今、「大家さんからの電話呼び出し」は想像もつかない大昔の風景だろう。

この「電話の取り次ぎはＯＫ」だったことは大きく、次第に国際の鈴木利夫総務部長から「○○が来日するから空港に迎えに行ってよ」といった業務連絡が来るようになり、これが後々、私の国際の「アルバイト」に繋がっていく。

さて、この78年は5月から6月にかけての剛竜馬離脱騒動で揺れた国際だったが、7月28日から8月2日にかけての韓国遠征は多少のリフレッシュになっている（鈴木部長がキーセン・パーティーの後に、ホステスと部屋に閉じこもって大事な仕事を見事に忘却。怒りの吉原社長にドアをノックされ、パンツ姿で応対した話はマイティ井上トークショーの定番）。

これは大木金太郎の招聘によるもので、木村、草津、井上、浜口、寺西、稲妻二郎、ミスター・ヒトの7人が選抜され、12チャンネルのクルーも同行して初戦（7月28日＝ソウル奨忠体育館）と最終戦（8月2日＝ソウル文化体育館）を収録した。

前者は8月7日に放送されて8・9％、後者は同月14日に放送されて8・7％の好数字を上げている。視聴率に関しては翌79年4月まで9％は出ていないので、この韓国遠征が78年後半のベスト数字だった。

日本テレビの馬場、テレビ朝日の猪木に対抗する上で、やはり大木の名前はまだまだ神通力を持っていた証拠であり、2年後の国際加入に繋がっていくのだが、それについては80年の章で詳しく書く。

吉原社長と新日本が急接近した経緯

9月7日付の東京スポーツ1面に「国際プロ吉原社長、馬場、猪木に文書郵送」という見出しで大きな記事が出た。

「国際プロレスは5日、11月3日から30日に開催される『インターナショナルリーグ・オールジャパン争覇戦』（仮称）という大規模なリーグ戦に関して、全日本と新日本の両団体に参加呼び掛けの文書を郵送した」という内容だったが、これを読んだ私は「3年前に馬場がやったオープン選手権の焼き直しだな。どうせ新日本からは相手にされないだろう。剛竜馬引き抜き問題も解決していないだろうに、なぜ文書なんか送ったんだろうか？　馬場は出場するのかな？」程度にしか気にかけなかった。

ところが、である。この文書発送がとんでもない方向に発展し、11月25日には新日本との提携路線（交流戦）がスタートしてしまったのだから仰天した。

11月2日、品川のホテル高輪で開催された『日本リーグ争覇戦・前夜祭』に馬場が鶴田、小鹿、大熊、羽田を引き連れて出席し、スピーチまでしていたのに、一体どこで、どのような手違いが発生し、それまで6年も続いていた国際と全日本の長い蜜月が終わってしまったのか？

この「ビッグミステリー」については、当時の新日本プロレス営業本部長・新間寿氏が一定の答えを出している。2016年3月に発売されたGスピリッツ39号（連載『実録・国際プロレス』第28回＝書籍版には未収録）から、この件のアンサー部分を抜粋してみる。

「剛の件で国際が東京地裁に〝新日本への出場停止〟の仮処分申請までしたんだけど、〝団体同士でよく話し合いなさい〟と却下になったのよ。それがキッカケで国際の総務部長だった鈴木利夫（リングアナ）さんは中央大学の先輩でもあるから、よく話し合うようになったんだ。そんな折り、国際から〝リーグ戦で他団体に門戸を開放する〟という文書が届いて（9月6日）、ウチはヤマハ（・ブラザーズ＝山本小鉄&星野勘太郎）を出すと即答したんだけど、〝馬場との約束があるから…〟と吉原さんが頭を下げげに、わざわざウチの会場まで来たんだよね

（9月21日＝品川プリンスホテル・ゴールドホール）。その後、今度は私が高田馬場の事務所へ行って、吉原さんと会ったんですよ。1対1で話すのは（東京プロレス時代以来）11年ぶりかな？　〝そっちがいろいろ掻き回すから、大変だよ〟なんて言われてね（笑）」

続けて、11月25日、「吉原功プロレス生活25周年記念興行」と銘打たれた国際の蔵前国技館大会（『日本リーグ争覇戦』第17戦）にストロング小林を送り込んだ経緯については、次のように語っている。

「その前に小林を吉原さんに会わせて、和解させたんですよ。だから、その大会で吉原さんは彼を使ったんだよね。（中略）確かに〝3つの団体を同じリングに上げるのが本懐だ〟と吉原さんは言っていたよ。私は猪木さんと一緒にヨーロッパ遠征に行っていたから、その3団体が出た蔵前の大会は観ていない気がする。（中略）吉原さんのことだから、（小林参戦の件を）馬場さんに断りを入れていたかもしれないけどさ。まあ、そういうことも含めて、この時点で国際の経営状態は気の毒になるほど厳しくなっていたということだよ」

また、新間氏はこのインタビューで、翌79年の年始早々に二階堂進氏（後の自民党副総裁）をコミッショナーに立てて、『日本プロレスリング・コミッション』を創った件についても触れている。

「それはテレビ朝日の三浦（甲子二）専務直々の命令だったね。その話を吉原さんに持っていったら、了承してくれて。馬場さんはどうするかということも話したけど、吉原さんが〝俺が言っても馬場は今、頭が尖っているから無理だろう〟と言うから誘わなかったんですよ。でも、私がマスコミを通じて〝全日本も賛成すべきだ〟とか余計なことを言うから、馬場さんはカッカなっちゃって（笑）。これも私から言わせてもらえば、全日本に対する嫌がらせ以外の何物でもないよね（笑）」

吉原社長と馬場が決裂した理由

本件について、私が菊池孝氏に聞いた時のアンサーも書いておきたい（2010年2月に聴取）。「11月の20日前後だったと思うけど（実際は21日）、国際の鈴木部長が〝25日の蔵前国技館に、新日本プロレスのストロング小林と小林邦昭が参戦します〟と記者発表をしたんだ。吉原さんのプロレス生活25周年を記念したイベントでもあるし、そのリング上に馬場、猪木の両雄が駆け付けてお祝いする、という〝絵作り〟をしたかったことは事実なんだよ。猪木はヨーロッパ遠征中で物理的に不可能だったんで、代理で小林になったのかもしれない。25日はシリーズの天王山でもあったしさ。小林とはいろいろあったけど、もう4年も前の話だったたし。小林としても、古巣の社長に素直な気持ちでお祝いしたいという気持ちもあったと思うよ。ところがさ、この発表を聞いた時に、馬場ちゃんが烈火の如く怒ったらしいんだ。馬場の腹心だった米ちゃん（米沢良蔵渉外部長）に聞いた話なんだけどね。馬場は米ちゃんに向かって、〝なんだ、これは！　吉原さんは何を考えているんだ！　これが本当ならば、今、国際のシリーズに貸している全選手（鶴田、小鹿、大熊、羽田、サクラダ、石川孝志）を引き上げろ！〟と言ったそうだよ。あの馬場がそこまで言うなんて信じられないよね。で、米ちゃんは馬場の命令を受けて、すぐに吉原さんに電話したんだ。そうしたら、吉原さんは〝これは私にとって記念興行だし、長いセレモニーもある。新日本が純粋なお祝いの気持ちで選手を派遣してくれるのだから、ここは素直に受け入れたい。ヤマハの時は馬場君の言う通り丁重に断ったし、この日のメイン（鶴田vs井上）を日本テレビで生中継させることも受け入れたのだから、今回の小林出場くらいは私の顔を立ててほしい〟と主張したんだ。これに馬場はカチンと来た。それまでは新日本に対してずっと共同戦線を張ってきたのに、なんで突然、手の平を返すようなことをするんだという感情だよ。裏切りだと感じたんだね。その段階（11月21日）では、まだジャンボ鶴田が参戦している時期だったから、引き上げは可能だったと思うよ。けど、それをやったら、ファンから反感を買うと判断したんだよね。だから、約束していた最終戦までは鶴田たちを参戦させていたんだよ」

新聞、菊池両氏の述懐を符合させると、どうやら事件の全貌がクリアになる。

吉原社長はストロング小林と小林邦昭の参戦について馬場に事前承認を得なかったが、それは「意図的なもの」だったと思う。相談したら、「それは絶対にやめてください」と言われるに決まっている。だから、連絡しなかったのだ。

おそらく、吉原社長は「今後は新日本と付き合っていこう」と腹を括っていた。ヤマハ・ブラザーズの国際参戦もイメージにあり、むしろ馬場がダメと言ってくることは織り込み済みだったのではないか。

「三角関係のもつれ」という比喩は不謹慎かもしれないが、実際に起きたことはそれだった。吉原社長は「これからは、どちらと付き合っていくべきか？」と天秤にかけ、〝新しい恋人〟新日本プロレスを選んだ。対抗戦によって、「また一時金が見込める」と判断したからだ。

■11月25日　蔵前国技館（発表4500人、実数1500～2000人）

羽田（11分6秒、片エビ固め）鶴見

寺西（10分18秒、原爆固め）小林邦昭

※新日本との記念すべき初の交流戦。竹内宏介氏撮影の映像がクエストのDVDボックスに収録。

ムラサキ&奄美（30分時間切れ引き分け）大位山&米村

草津&浜口（9分19秒、浜口が小鹿を体固め）小鹿&大熊

※2日後に12チャンネルが録画放送。

ストロング小林（15分59秒、リングアウト）ミスター・ヒト
※竹内宏介氏撮影の映像がクエストのDVDボックスに収録。
吉原功プロレス生活25年記念セレモニー&ベスト8選手の入場式
鶴田（16分38秒、回転エビ固め）井上
※日本テレビがノーカット生中継。12チャンネルは2日後にダイジェストの録画放送。
ミスター・サクラダ&石川孝志（1－1から両軍リングアウト）プロフェサー・タナカ&ディーン・ホー
※日本テレビが生中継したが、1本目の途中で放送時間切れ。12チャンネルが2日後に2本目、3本目を録画放送。
木村（12分33秒、リングアウト）ドク
※12チャンネルが2日後に録画放送。

11月25日の日本テレビの中継は、まず11月3日、全日本の後楽園ホール大会で行われたヘビー級バトルロイヤルの録画放送でスタートした。大熊元司が逆片エビ固めでキム・ドクを破り優勝した試合だったので、この夜のメインカード（木村vsドク）を貶めるエグいチョイスだった。

日本テレビは馬場と吉原社長の関係が悪化したため、意図的にこれを流したものと推測される。このバトルロイヤルが放送されていた時間には、リング上で吉原社長の25周年祝賀セレモニーが行われていた。続いて鶴田vs井上の生放送が入り、鶴田が回転エビ固めで勝利。その後、サクラダ組とタナカ組のタッグマッチが放送されたが、前述のように1本目の途中で放送終了となった。

12チャンネルは大会から2日後の11月27日に録画放送。草津組が極道コンビに勝った試合から入り、続いて『日本リーグ争覇戦』のベスト8による入場式が流された（入場テーマ曲は有名な「マッチョマ

ン」)。

その後の井上vs鶴田は日本テレビで放送されたばかりなので、控室にモニターを持ち込み、木村、草津らが画面を眺めながら〝つぶやき〟を入れる奇妙なアングル。スリーカウントを取られて控室に戻った井上が「レフェリーのカウントが速すぎる。こうなったら決勝には木村さんに出てもらい、この恨みを晴らしてほしい。木村さん、頼みます！」と大声でアピールする。この後は、木村がドクを破った試合が流された。

「(井上vs鶴田戦は日本テレビとの約束で)ウチが使える映像は3分だけということになっちゃって。だから、それを12分に延ばして放送しましたよ。(中略)仕方ないので、控室で解説の菊池孝さん、木村、草津、寺西が井上vs鶴田の試合をモニターで観ながらコメントしている映像を合間に挟んで、時間を延ばしました。今だから明かせますけど、あれは別撮りした映像で、それをいかにも試合中に観ているかのように編集したんです。それでラッシャーさんには、〝レフェリー(ジャック・クレイボーン)のカウントが速かった〟と言ってもらって。でも、そうしないと、こちらの面子が立たないでしょう。ことごとく、いいカードは日テレに持っていかれましたからね。本来だったら、国際側の契約違反なんですよ。ウチからお金をもらっていながら、番組のメインになる井上の試合を他局に取られているわけですから。でも、吉原さんと白石さんの関係があるから僕も強くは言えなくて」(田中元和＝『実録・国際プロレス』)

この夜の蔵前国技館は空席だらけで、ガラガラなんてものではなかった。ハコが後楽園ホールでも8割程度の埋まり具合だったろう。ストロング小林と小林邦昭の参戦発表(大会の4日前)があまりにも遅すぎたため、チケットの販売に繋がらなかったのだ。

私は最後方の升席で第1試合から見ていたが、ストロング小林vsミスター・ヒトの試合後にリングアナの鈴木部長が突然、「2階席のお客様、1階の東の升席に移動してください」と大声でアナウンスを入れた。日本テレビの生中継で、客席があまりにスカスカだと格好悪いからである。

すると、元々升席を購入して座っていた客から、「なんだよ、それは！　ふざけんなよ!!」という怒りの声が上がった。当然である。3年後の団体崩壊に至るまで、これが都内ビッグ会場でのラスト興行となってしまったが、この「1階の升席に下りてください事件」は致命傷になったと思う。

最初から2階席に幕を引いて観客が座れないような契約・設定にしていれば、蔵前国技館の使用料も安く済んだろうが、吉原社長はメンツにかけて、そのような措置を取らなかった。何事にも「武士は食わねど高楊枝」を貫いたが、さすがにこの時の野次には惨めな思いをしたのではないか。

〝未来のエース〟阿修羅・原との思い出

私は、11月25日の蔵前大会を『日本プロスポーツ会議』からもらった招待券で入場した。

これは日本相撲協会、日本野球機構、日本プロゴルフ協会、全日本ボクシング協会、日本キックボクシング協会、日本プロボウリング協会、男子プロレス3団体（国際、新日本、全日本）、全日本プロ空手協会、日本プロ体操協会によって構成されていたプロスポーツの横断組織で、最高顧問がアマチュアレスリングの最高権威だった八田一朗氏。プロレス評論家の田鶴浜弘さん（ここからは、あえて「さん」付けで呼ばせていただく）も早稲田大学卒業の陸上部OBで、顧問の役職にいた。

当然、早稲田大学レスリング部OBの吉原社長、白石局長（運動部長から昇格）とはツーカーの仲だった関係で、田鶴浜事務所（京橋2丁目、明治屋の近くにあった石黒ビル4F）に出入りしていた私は、そこで切符をいただいたという経緯だった。

当時の田鶴浜さんは73歳。『全日本プロレス中継』で解説をやっておられたが、ライター稼業もまだまだ現役バリバリで、東京スポーツに毎日、「無敵拳豪伝」（プロボクシングのヘビー級王者列伝）を長期連載していた。

私は中学生の時から田鶴浜著書の大ファンで（今でも著作は全部持っている）、神奈川県葉山町の自宅にファンレターを書いたところ、「一度、京橋の事務所に来なさい」と言われ、この年の春から勝手に弟子（もどき）になった。

〝弟子〟というと大袈裟なのだが、「無敵拳豪伝」の原稿に使うボクサーに関する英文の雑誌（50年代の『ボクシング&レスリング』、『リング』など）を和訳する仕事をいただいて、週に一回、京橋の事務所に届けていた。原稿を手渡した後、地下にある『レコ』という喫茶店で語られる昔のプロレス話（主として海外）が何よりの楽しみで、20歳の私にとっては至福の時だった。

「吉原君は日本プロレスにいた頃から、八田一朗君に可愛がられていてね。私も八田君の宴席には必ず呼ばれていた関係で、吉原君とも親しくなったんだ。彼が（66年に）日本プロレスを辞めた時も八田君に相談していたが、最初は〝自分で団体を持つ〟というような大胆な発想はなかったよ。吉原君はヒロ・マツダの兄貴分でもあったから、マツダを八田君に紹介したことがあってね。そこで〝君らで新しい団体を作ったらいいじゃないか。いろいろ応援してやるよ〟となった。国際プロレスは、八田君の鶴の一声で決まったようなものだよ」

田鶴浜さんと同じく「顧問」の肩書を持っていた方は他にも8人いたが、その中には新日本プロレスの永里高平氏もいた。永里氏も早稲田大学レスリング部のOB（吉原社長、白石氏の1年先輩）で、京橋の事務所で何度も恰幅のいい御姿を拝見したものだ。永里氏はテレビ朝日からの出向組だったので、新間氏の〝過激な仕掛け〟に直接タッチしていたわけではないが、自民党の二階堂進氏を担いで日本プロレスリング・コミッションを設立した時には、新間氏と吉原社長の間に入って上手く蝶番《ちょうつがい》の役目を果たしている。

79年1月26日、私は田鶴浜さんの命令で高田馬場の国際の事務所に赴き、5ヵ月間に及ぶカナダ、西ドイツでの武者修行を終えて日本に凱旋帰国したばかりの阿修羅・原（前年12月に改名、当時32歳）を内幸町にある日本プレスセンタービルの大会議場に連れていった。

その時に私が撮影した写真とパンフレットを別掲したが、横綱の北の湖、ゴルフの青木功、プロ野球の王貞治、広岡達朗、競輪の中野浩一ら超ビッグスターと並んで原も晴れて受賞した（なぜか新人賞）。

原は21歳の若造である私に終始、丁寧な敬語を使ってくれた。「これって、どう思われますか？新人賞といっても、去年は大阪で寺西さんとエキシビション（6月26日＝大阪府立体育会館）をやっただけなんですよ。こういうのは凄く恥ずかしいですよ」と苦笑いしていたが、吉原・白石・田鶴浜の3氏による〝早稲田ライン〟で急遽、「お手盛り受賞」になったことは薄々感づいていたようだった。

78年に大活躍した新日本の藤波辰巳は「功労賞」の一人に名前を連ねていたが、この授賞式当日は岡山に巡業中で出席していない。原が「どこにお勤めですか？」と聞くので、「まだ学生です。4月に4年生になります」と答えると、「本当ですか！　そうは見えませんよ」とお世辞を言ってくれたのをハッキリと憶えている。

もう一つ、「国際プロレスって、どう思いますか？」と聞かれたのは、ドキッとした。無難に答えた記憶があるが、原は「もっと本音を言ってくれよ」と思ったかもしれない。

授賞式は午後6時に始まり、7時くらいに隣のパーティー会場に移って懇親会となった。プロスポーツの選手たちは「やあ、やあ」、「はじめまして」という形ですぐに笑顔で打ち解けていくが、学生の私に知人がいるはずもない。親分の田鶴浜さんも他の理事や役員と乾杯の連続で、私は所在なさげに「金魚の糞」のように原の後ろにくっつき、テーブルを回って原と相手の会話を聞いているしかなかった。

さすが、世界的なラガーだっただけに原を昔から知っている（であろう）アスリートの何人かが「よお、新人さん、おめでとう」といった感じで冷やかし半分で話しかける。そのたびに原は恥ずかしそうな表情で「ありがとうございます」と受けるのだから、苦痛だったろう。

8時頃、田鶴浜さんがツカツカと寄ってきて、原に「もうすぐ吉原君も来るそうだ。まだ帰らないでくださいね」と告げ、ついでに私にも「キミにも吉原君を紹介しておくから」と言ってくれたので一気に緊張。しばらくして、濃紺のスーツ姿の吉原社長が登場した。イメージ通りの紳士で、私が「営業の根本さんには、いつもお世話になっております」と挨拶すると、笑顔で「根本君のご友人ですか。これからもよろしくお願いします」と握手してくれたので、ミーハー丸出しで感激したものである。

この時から会場で挨拶すると、いつも笑顔で応えてくれたが、この初対面で受けた吉原社長の好印象は以降もまったく変わることがなかった。田鶴浜さんと吉原社長からは二次会にも誘われ、これはさすがに謹んでお断りした。あまりにも大物、大御所過ぎてビビったからだが、「ああ、あの時に行っておけば良かった」と後悔の念も少しある。

ただ、大学生の身分でホイホイ付いていったら、逆に悪い印象を持たれる。「お誘いは社交辞令に違いない」との考えから固辞したのだが、あの場面はそれで正解だったと思う。もちろん、原は付いていったが、最後まで私に「今日はありがとうございました」と頭を下げてくれた礼儀正しさも強烈に記憶している。この日から私は高田馬場の事務所に頻繁に出入りできるようになり、国際の関係者や招聘ガイジンと対面する機会も急速に多くなっていった。

吉原社長の〝虚勢〟が生んだ軋轢

この78年12月に書かれた田中メモの中に、「12チャンネルと国際プロレスの根本的相違点」というタイトルの長文がある。大事なポイントが羅列されているので、カットせずに転記する。

「吉原社長の考えは〝プロレスは結果でなく内容である〟というもので、我々12チャンネル担当者の〝内容は勿論であるが、結果が優先する〟という主義とまったく反するものです。これまで具体的な実例で何度も意見を交換しましたが、先方は絶対にそのスタンスを崩すことはありませんでした。

たとえば、過去に国際のエースである木村が馬場、鶴田に負けたこと、あるいは全日本のオープン・タッグ戦で木村、草津組が馬場、鶴田組に負けて、最終的には4位になったことなどから、一般のファンは国際プロレスに対して〝弱い〟というレッテルを貼っています。

プロレス以外、たとえば相撲であれば、土俵際まで追い込まれながらウッチャリで逆転勝ちした力士に対し、視聴者は高い評価を与えます。土俵際まで追い込んだ方は一定の賛辞は与えられますが、やはり勝たなければ意味はありません。プロレスも基本的にはまったく同じです。

アメリカのプロレス界は衰退傾向にありますが、ファン層は内容を楽しむような傾向にあります。日本マットが将来、同じ道をたどるとするならば、吉原社長の主張するように〝内容が重視される時代〟が到来する可能性はあります。しかし、現時点において日本マットはテレビによって三団体鼎立時代となっている以上、結果が各団体の隆盛のモノサシ（評価尺度）になっているはずです。

将来、団体が整理され、強力な統一団体となり、プロレスのより以上の発展を考える時（たとえば全日本選手権大会）、〝結果より内容優先の時代〟もあると思います。しかし、繰り返しになりますが、現状下では内容優先になることは絶対に有り得ないと確信します。

国際プロレスが今後も存続するとすれば、課せられるものは他団体に追いつき、追い越すことしかありません。それが達成できた時に初めて、〝内容に重点を置く〟ことが検討できる時期になります。

この説明を今まで何度も吉原社長に面と向かってしてきました。それでもなお、吉原社長は〝結果より内容〟の主張を絶対に変えようとしません。なぜこれほどまでに持論を曲げないかといえば、過去に自分が切り盛りしてきたオープン選手権、オープン・タッグ選手権、全日本との対抗戦、韓国の大木道場を含めた三軍対抗戦の判断を否定することになるからです。もっと言えば、今後また会社のバランスシートが苦境に追い込まれた時に、再びこの手段を用いらざるを得ないからです。

この根本的な相違点から考えるに、マイナス方向の企業存続は有り得ても、本来の興行会社が取るべきプラス志向の企業存続は望むべくもありません。社長として極めて不適当、不健康な方向性と言う他はありません。

このことは、全日本、新日本との違いという側面でも指摘できます。吉原社長はプロモーターとして権力を誇示したがっていますが、マッチメーク、ブッカーの不徹底、選手との信頼感の欠如、命令系統の不鮮明、新聞、雑誌等による宣伝活動の不足、試合会場における進行の遅れ、不手際、安易な興行会場の選定、金網デスマッチに依存するプロレス本来の方向性喪失など、イメージ低下を食い止めることができていません。

吉原社長の姿勢について付記するならば、団体がテレビに依存しているのに、〝国際プロレスは、テレビによって左右されていない唯一の団体だ〟とマスコミや関係者に喧伝している点を見逃すことができません。過去に民放最大の規模を誇るＴＢＳがこの団体を切ったのは、編成上の理由もさることながら、吉原社長の融通のなさに起因するＴＢＳとの対立が原因だったという点を、すっかり忘却してしまっています。

現在の国際プロレスが12チャンネルからの権利金と一部の営業収入から成立していることを認識していないわけではありませんが、前者、すなわち12チャンネルからの収入が占めるパーセンテージに目を瞑ろうとする姿勢、それがない場合の自社の零細企業化を認めようとしない姿勢もまた遺憾です。

現在の12チャンネルの置かれている立場として、権利金、製作費が他局に比べ極端に少ない点は事実です。ただし、この金額の拠出を今後も継続するか否か、逆にもっと多くの金額でサポートするのかを真剣に検討する時期が来たことも事実です。

ファン、関係者から「2強1弱」と言われている現状下、これを是として今後も同じような支援を継続するのか、はたまた再生不可能と判断して中継断念の判断をする時期にあるのか。それを会社として見極めるタイミングが来たと言わざるを得ません」

（田中メモ）

「記録に残さないＩＷＡ世界戦」を乱発

76年から地方のノーテレビ興行で、マスコミに公表しないＩＷＡ世界ヘビー級選手権、いわゆる「幻のタイトルマッチ」が時々行われるようになった（75年にもあったかもしれないが、少なくとも井上王者時代にはなかった）。

具体的には、76年1月18日に木村が2－1でウィンター・ホークに勝った試合、77年3月14日にクルト・フォン・ヘスに1－0で勝った試合（団体発表は16分55秒　弓矢固め）、80年11月25日にキラー・カール・クラップに1－0で勝った試合で、いずれも会場は岡山武道館である。3試合とも、翌日の東京スポーツには通常の「ノンタイトル戦」として結果のみが記載された。

岡山市在住の梶谷晴彦氏（58年1月生まれ、61歳）は上記のホーク戦、ヘス戦を生観戦しており、かつ後者については写真も撮影していたので、本書で証拠として紹介した次第だ（P128〜129）。

「鈴木リングアナがハッキリとIWA世界タイトルマッチとアナウンスしましたし、木村はベルト姿でリングに上がっていました。もちろん、試合後にも木村の腰にベルトが巻かれています。ノンタイトルだったこととは別に、ヘス戦のフィニッシュはバックドロップからの体固めでした。その写真もエプロンから撮りました。なぜ、それを『弓矢固め』と意図的に偽ったのか、理由がわかりません」（梶谷）

また、80年11月のクラップ戦は当時広島在住で『プロレスファン』というファンクラブの会長だった佐々木孝治氏が目撃しており、他にも佐々木氏は74年11月11日、岡山県井原市民体育館のメインで行われたタッグマッチ、浜口＆寺西vsキューバン・アサシンズ（1号＆2号）の一戦が「南太平洋タッグ選手権」として行われ、2－1で勝った挑戦者チームの浜口組が69年当時に使用された「ヨーロッパ・タッグ選手権」のベルトを巻いた、と当時のファンクラブ誌に衝撃レポートを書いている。

岡山市は吉原社長が幼少時に住んでいたことから親族、後援者も多く、関西地区では最も興行回数が多かった土地である。『国際プロレスアワー』の中継会場は関東一円が大半だった理由からテレビ収録がされることはなかったが、だからこそ「幻のIWA世界戦」が開催可能だったわけだ。上記の3試合だけしか〝証言者〟が現れていないだけで、実は日本各地で幻のＩＷＡタイトルマッチが開催されていた可能性は極めて高い。

この他にも80年に大木がインターナショナル・ヘビー級王者として国際のリングに登場した後、石川県金沢市卯辰山相撲場で「幻のインター防衛戦」が開催されたことが目撃されている（10月５日、相手はアレックス・スミルノフ）。

スマホで写真を撮り、インターネットで暴露される心配がなかった時代だから、その点では「マスコミさえ来ていなければ、なんでもアリ」だったのだ。このあたりのモラルのなさ、安売り政策も大きな問題であり、「２強１弱」と揶揄されていた大きな理由だった。

78年の「公表されているＩＷＡ世界戦」は計８試合のみだったが、「幻」を含めると容易に10試合以上はあったと思われる。木村は無口だからマスコミのツッコミに対して終始、寡黙を貫いていたのだろうが、うっかり「いやあ、先週のヘスとの防衛戦は苦戦でした」などと口を滑らせることはなかったのだろうか？

第六章

1979年

（昭和54年）

12チャンネルは『国際プロレスアワー』に特別強化費を投入し、阿修羅・原を売り出すためにコスチュームとWWU世界ジュニアのベルトも製作。写真の斬新なマントは30万円をかけて作ったが、野性味を売り物にする原のイメージには合っていなかった。

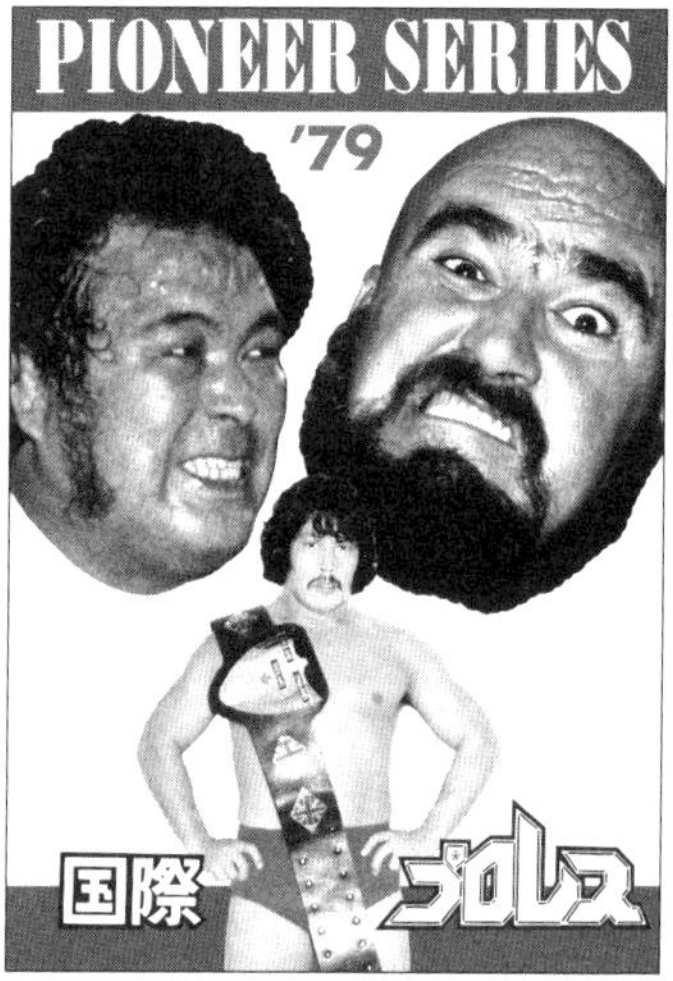

79年『新春パイオニア・シリーズ』のパンフは原を全面的にプッシュしたデザインで、それまで表紙に登場していた草津、井上、浜口らは複雑な思いだったろう。原が肩に掛けているベルトは、ノーマン・フレデリック・チャールス3世から奪取したブリティッシュ・コモンウェルス・ジュニアヘビー級王座。

ヤマハ・ブラザーズが草津＆浜口を破ってIWA世界タッグ王座を奪取した日には、寺西vs永源遙戦も組まれ、寺西が回転エビ固めでフォール勝ちしている。この段階では永源が翌年のIWA世界タッグを巡る一連の対抗戦で台風の目になることは、まったく予測できなかった。

1月29日、勝田市総合体育館で開場前に米村、寺西の練習を見学する21歳の筆者（左）。前日にコーリン・ジョイソンが負傷したため、この日の草津戦がドタキャンになったが、観客から「草津はどうした？」という不満の声が起きなかったのが寂しくもあった。

4月9日の月曜日は久しぶりの生中継となり、視聴率は9・5％という好数字を達成。この4月から『全日本プロレス中継』が土曜夕方5時半からの時間帯にシフトされたため、ここで12チャンネルは勝負に出た。新日本からレンタルされた上田、マサ斎藤は十分に本領を発揮して木村、井上を蹂躙。

5月6日、ミレ・ツルノを破ってWWU世界ジュニアヘビー級王座を奪取した原は、ここからトップグループの仲間入り。ツルノのマネージャー役を兼ねて来たジョニー・ロンドスの方が実力的には上だったが、国際側はルックス的にベターな初来日のツルノを「初代王者」として起用した。

7月19日、『ビッグ・サマー・シリーズ』北海道巡業中のスナップ。左からザ・モンゴリアン1号、テキサス・アウトロー（ボビー・バス）、ザ・モンゴリアン2号、オックス・ベーカー、ダイナマイト・キッド、アンドレ・ザ・ジャイアント、アレックス・スミルノフ。

左から上半身裸の吉原社長、アンドレ、草津、スミルノフ。上写真と同様に北海道巡業中の珍しい4ショット。長くモントリオールを主戦場としていたスミルノフはフレンチカンディアンで、アンドレとの会話は常にフランス語だった。

7月21日、新潟県村上市体育館で木村を破りスミルノフがIWA世界王座を奪取した。外国人選手がベルトを巻いたのは、75年4月のバション以来4年ぶり。木村は4日後、三島市民体育館で奪回に成功したが、村上大会がテレビ収録されたのに対し、三島大会はノーテレビだったのでタイトル奪還の印象が薄い。

8月26日、日本武道館における『プロレス 夢のオールスター戦』のパンフ。表紙レイアウトと内容編集に関しては、ゴングの竹内宏介氏に一任された。表紙の木村の顔写真が小さいのが残念だが、当時の3団体の人気バランスを考慮するとやむを得ない。会場に用意された9000冊は、30分で売り切れた。

●プロレス夢のオールスター戦 展望 PART3

小林との決着戦に燃えるR木村 浜口と井上はタッグで大暴れ!!

門馬忠雄

国際の選手は燃えています

吉原 功

新日本に移籍してからの小林には名勝負と呼べる試合がなかったが、木村との一騎打ちは久しぶりに気合い十分の接戦となり、メインイベントへボルテージをキープする重要なミッションを完遂していた。純粋なパワーでは小林が上だったが、IWA王座を4年以上死守してきた意地と執念が木村を支えていた。

9月9日の『ダイナマイト・シリーズ』開幕戦で「10月5日に後楽園ホールで世界３大タイトルマッチを開催。12チャンネルによる90分の生中継」、さらにAWA世界ヘビー級王者ニック・ボックウィンクルとNWA世界ジュニアヘビー級王者ネルソン・ロイヤルの登場が発表されると、場内からは驚きのどよめきが起きた。

東京12チャンネル
ディレクター
田　中　元　和

木村は前シリーズでA・スミルノフに敗れ、IWA世界選手権防衛記録は27回でストップした。S・小林の持つ同選手権25回連続防衛の記録は破ったが、G・馬場のPWFヘビー級38回防衛の日本記録には及ばなかった。再び記録に挑む木村の闘志に夢をかけたい。

『ダイナマイト・シリーズ』のパンフより。「世界３大タイトルマッチ」は田中ディレクター（当時35歳）の発案だったが、過去にボクシング番組で実施し、好視聴率を記録したケースをプロレスに援用したもの。勝算は十分だったという。

特報
N・ロイヤル来日宣言!!
NWA世界王者が原を襲う!?

NWA世界ジュニア・ヘビー級選手権者ネルソン・ロイヤルが、阿修羅・原と対決するため近く日本を襲うと、不気味な宣言を発している。一昨年、昨年のカルガリー・スタンピードで、２度にわたってダイナマイト・キッドと時間切れで引き分けたロイヤルは、そのキッドが日本で、原に１敗２引き分けと負け越したと聞き「原とはどんな選手だ。俺が勝負してみたい」と意気ごんでいるのだ。

ロイヤルは1931年テキサス出身。青年時代はロデオ・ライダーとして鳴らした生っ粋のカウボーイだ。過去６回来日して、その実力は定評あるところ。1976年12月６日オクラホマ州タルサでロン・スターを破り、第26代NWA世界J・ヘビー級選手権者となって２年半、世界最高峰の座に君臨し続けている。

当時、NWA世界ジュニア王座は空位になっており、国際のタイトルマッチ開催を不服としたNWAメンバーの新間寿氏と馬場は9月27日に共同記者会見を行い、試合を中止するよう勧告を行った（結局、ロイヤル本人が持参したボブ・ガイゲルNWA会長のサイン入り書類を根拠に、国際側は強行）。

新人紹介

菅原伸義

昭和29年2月10日秋田県男鹿市生まれ。県立秋田工業高校卒業後三井造船千葉造船所に勤務するかたわら、遠藤光男の経営する千葉ボディビル・センターで体を鍛え、遠藤の推薦で入門した。（181cm　90kg）

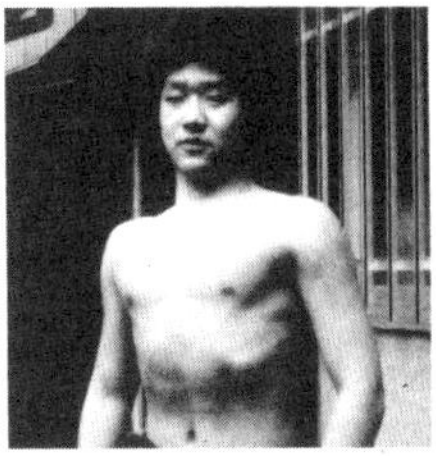

冬木弘道

昭和35年5月11日東京都生まれ。今春横浜商科大学附属高校を卒業。少年時代から熱狂的なプロレス・ファンで、阿修羅・原が新王者となった5月6日、後楽園ホールで吉原代表に入門を申し込んだ。（181cm　82kg）。

『ダイナマイト・シリーズ』のパンフに新人として紹介された菅原伸義と冬木弘道。25歳で体が出来上がっていた菅原は早速シリーズ中の9月17日にデビューしたが、まだ19歳だった冬木は基礎体力を欠き、怪我が続いて体重増加に苦心した（80年5月4日、北海道・紋別市スポーツセンターでデビュー）。

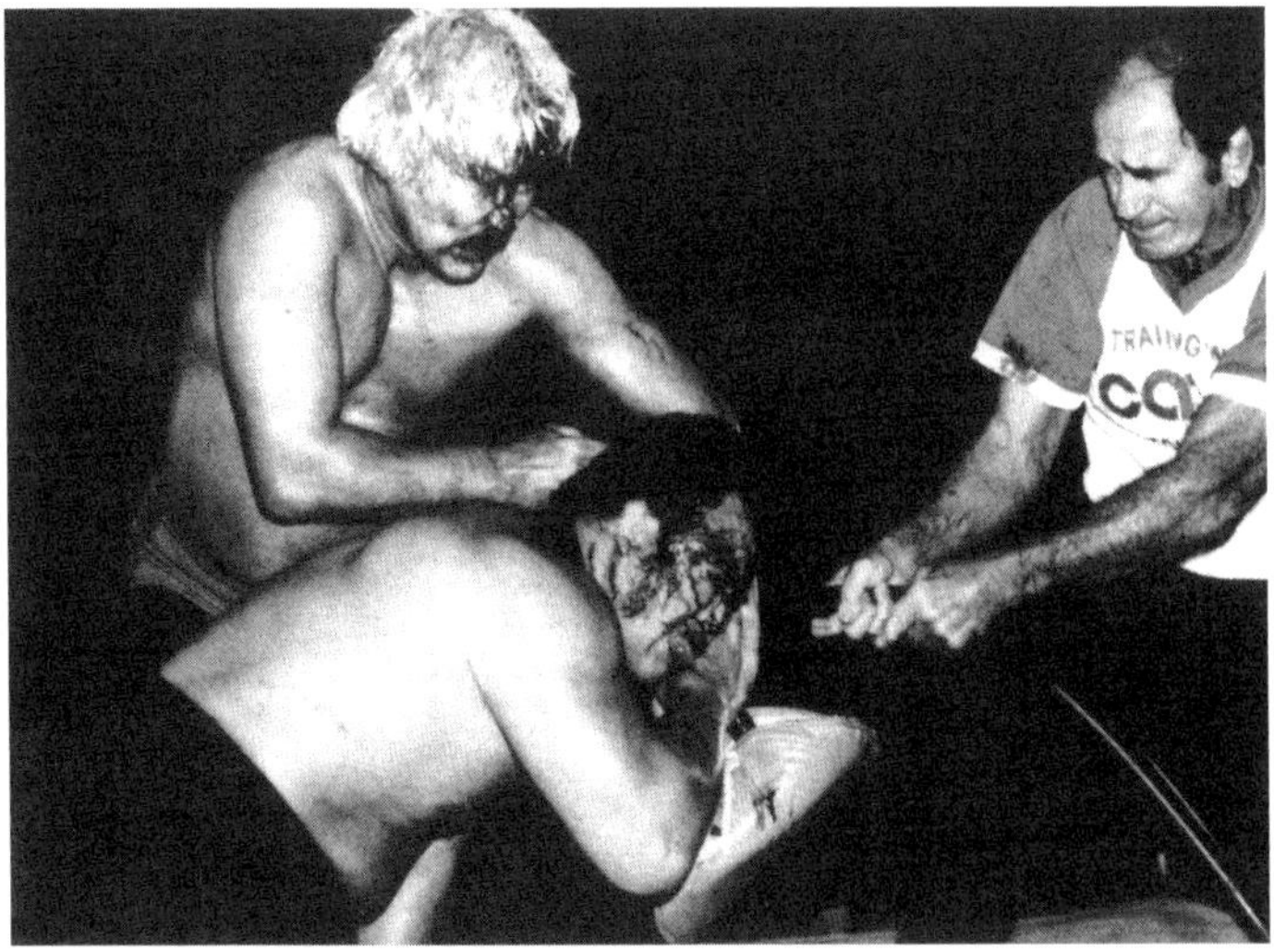

9月29日、横浜文化体育館で行われた木村vs上田のIWA世界戦。テーズは前日夜に成田着日航機で到着したが、手荷物が別便に乗せられて間に合わず、この夜はマンモス鈴木のウェアを借りてレフェリング。シューズは鈴木のサイズが小さかったため、昼間に伊勢佐木町の靴屋で31センチの巨大なジョッギングシューズを購入した。

宣伝期間は3週間と短かったが、さすがに好カード3連発とあって10月5日の後楽園ホール大会は満員になっている。ロイヤルが締めていたNWA世界ジュニアのベルトは自家製で、バックル部分に「N･R」というアルファベットが貼付されたチープなものだった。

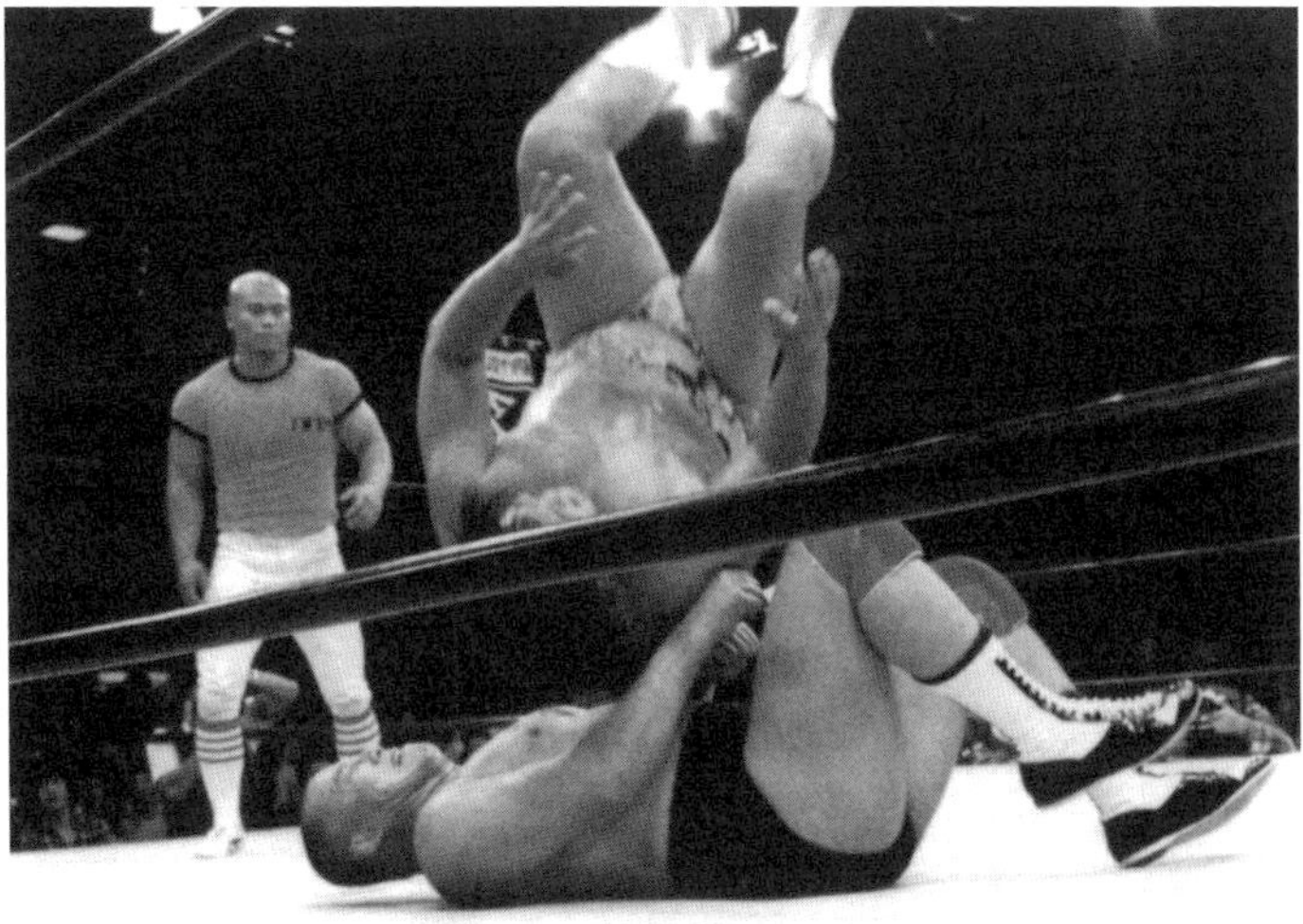

大木と上田は日本プロレス末期の73年春にインター・タッグ王者だった時期があり、この夜は6年ぶりのコンビ復活。最後は仲間割れで試合放棄となったが、翌年の大木入団を前提としたものではないだろう。この夜のみ、『ダイナマイト・シリーズ』に参加していたジョー・ルダックは全日本にレンタルされた（小鹿と両者リングアウト）。

木村vsニックのAWA＆IWA世界戦は16分30秒、木村の反則勝ち。スタンプ・ホールドで担ぎ上げられた反動でニックがテーズを蹴り、逆エビ固めで締め上げられた時にはテーズのシャツを掴んでエスケープ。2度の暴行に怒ったテーズが反則裁定を下した。

10月6日、シリーズ最終戦の沼津市体育館ではテーズ＆ニックのタッグ結成が実現し、木村＆草津とメインで対戦。因縁のテーズと草津が11年10ヵ月ぶりに激突し、会場のファンを大いに沸かせた（最後はニックと木村がダブルKOとなり引き分け）。テーズは63歳と思えぬ軽快な動きで、草津を翻弄した。

11～12月の『デビリッシュ・ファイト・シリーズ』には、豪華メンバーが揃った（クラッシャー・ブラックウェルは全日本に取られて不参加）。10月5日の世界３大タイトル戦が大成功した後だっただけに重要なシリーズだったが、雑なマッチメークが相次いで平均的なシリーズに終わった。

ラッキーなことに、筆者（22歳）は鈴木部長からバーン・ガニア（53歳）の付き添いを命令された。翌年７月、ニックを破ってAWA王座にカムバックを果たす前の無冠時期だったが、この来日の時点ではニックの後継王者として息子のグレッグに繋ぐことを明言していた。

木村は初戦でガニアに敗れIWA王座を奪われたが、３日後のリマッチで奪回。７月にスミルノフに負けて４日後に奪回した直後だっただけに、国際支持者に「またそのパターンかよ」という印象を与えてしまったのが痛い。ここは完勝したかった局面だった。

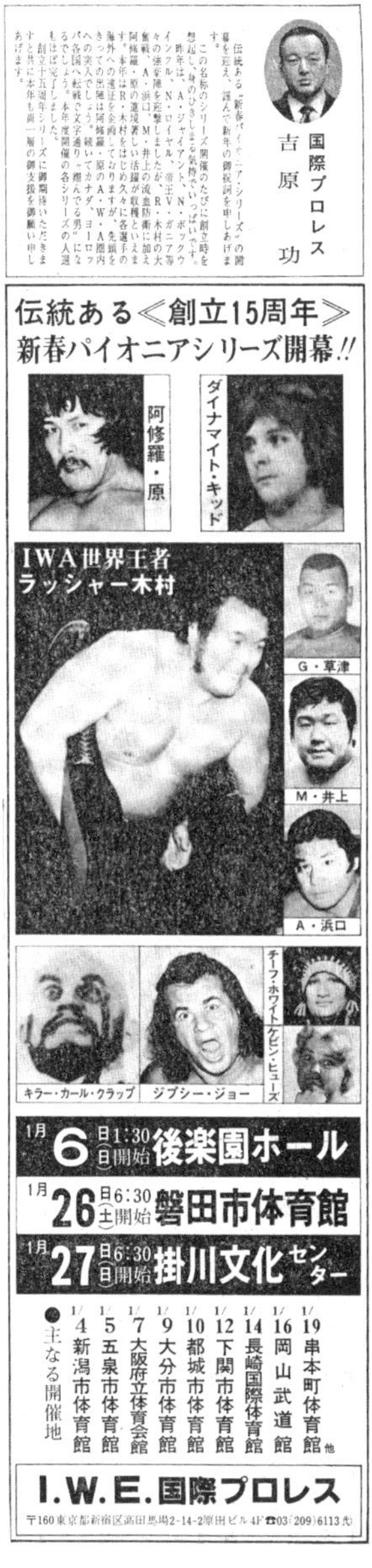

12月20日付の東京スポーツに掲載されたダイナマイト・キッドの来日を告知する新春シリーズの広告。吉原社長はキッドを日本陣営に入れてキラー・カール・クラップ、ジプシー・ジョーと対戦させる計画だったが、泡と消えた。ここでキッドが来ていたら、以降の展開は大いに変わっていただろう。

モンゴリアン・ストンパーは72年12月の日本プロレス以来、7年ぶり3度目の来日だった。新日本、全日本が呼んでいない数少ない大物の一人だったので期待は大きかったが、スミルノフと一緒に招聘したのは失敗。南部地区で大物ヒールとして活躍中だった時期である。

1979年の日本マット界　概要

東京12チャンネル運動部が総力を結集して、国際プロレスをバックアップした年――。79年を総括すると、そうなる。

この年に関する複数の「田中メモ」から、月次の視聴率と「特別強化費」の具体的な金額を列挙してみよう。これらは毎週の中継に支払われていた「権利金（230万円）」とは別の特別予算であり、下記の強化金額が年間に4回も社内稟議を通過していたのだから驚きだ。

田中ディレクターの番組に懸ける情熱が会社上層部を納得せしめたことも凄いが、当時の12チャンネルがここまでの大金をよく認めたものだと思う。日本テレビの『全日本プロレス中継』がこの年の4月からゴールデンタイムを外れ、土曜午後5時半～6時半の時間帯に移されたこともあり、12チャンネルは一気に「全日本に追いつけ」とばかり攻勢をかけた。

【1～6月】

平均視聴率7・1％。2月初旬に田中ディレクターより「4月に著名レスラーを複数招聘し、同月からの平均視聴率10％を目指す。つきましては、特別強化費の承認を賜り度し」との上申がなされる。

社内稟議の末、4月の『ビッグ・チャレンジ・シリーズ』を「東京12チャンネル開局15周年記念」と銘打つことを条件に、790万円が承認される。うち90万円は阿修羅・原の特別コスチュームとチャンピオンベルト（WWU世界ジュニアヘビー級王座）の製作費用。残り700万円が大物外国人レスラー招聘用の充当費。

本編でも詳しく書くが、700万円の全額が大物ガイジンやフリー選手の招聘に使われたわけではなく、ザックリ言って60％くらいは国際の借金返済、日本人レスラー及び社員の遅延ギャラの補填目的に使用されたようだ。

仮に利益が残らなくても、この時期の国際にとって「一度に700万円もの入金」は夢のような話だった。特別強化費を使って『ビッグ・チャレンジ・シリーズ』に呼ばれた大物は、スーパースター・ビリー・グラハム、ミレ・ツルノ、チャールズ・ベレッツ（ジョニー・ロンドス＝ツルノのマネージャー兼任）、上田馬之助、マサ斎藤の5人だったが、ツルノ、ベレッツ、上田、斎藤は新日本の新間氏がブッキングして又貸しされたもので、この時期に新日本との提携関係が非常に円滑だったことがわかる。

視聴率は4月9日（後楽園ホールから生中継＝原vsジプシー・ジョー、木村＆井上vs上田＆斎藤）が9・5％、4月30日（井上vsグラハム、木村vs上田のIWA世界戦）が9・0％、5月7日（井上＆浜口vs上田＆斎藤のIWA世界タッグ戦、木村vsグラハムの金網IWA世界戦）が10・7％と高い数字で、700万円投入の効果がフルに反映されている。

【7～9月】

4月期の好視聴率で上層部の支持体制が本格化し、7月の『ビッグ・サマー・シリーズ』用に特別強化費800万円が承認された。

この予算から招聘されたのはアンドレ・ザ・ジャイアント、ヘイスタック・カルホーン、ダイナマイト・キッド（これが初来日）の3人で、視聴率は7月23日（木村＆井上vsアンドレ＆アレックス・スミルノフ）が7・0％、7月30日（木村＆原vsカルホーン＆オックス・ベイカー、井上vsアンドレ）が8・0％、8月7日（木村vsアンドレのIWA世界戦）が8・1％と、合格ラインの数字を継続した。

9月30日の田中メモに「4月～9月の平均視聴率8・0％」とあるので、この半年間は「金をかけて豪華ガイジンを呼べば、視聴率は確実にアップする」ことを証明した形となる。ただし、すでにシリーズ日程が決められた後に豪華ガイジンのブッキングがなされたため、たとえば超大物アンドレを投入してもキャパが2000人以下の地方会場ばかりで、興行収入のアップには直結していない。

小さな会場だと当然満員になるからテレビ画面的にはOKだったのだが、アンドレが毎週のように「中学校体育館レベル」のハコに登場する絵には、さすがの国際支持者である私も首を傾げざるを得なかった。

【10月】

10月5日、後楽園ホールで「世界3大タイトルマッチ」と銘打ったビッグマッチ（AWA&IWA、NWAジュニア、IWAタッグ）を開催し、90分の特番枠（午後7時半〜9時）で11・5%の視聴率を達成する（結果的に、これが最後の10%超えだった）。

この日は金曜日で、通常であればテレビ朝日『ワールドプロレスリング』とぶつかることになるのだが、この週の同局は月曜から金曜までのゴールデン枠を『ルーツ2』（アメリカで大ヒットした黒人差別問題をテーマに扱ったドラマ）に充てており、新日本の中継は午後11時20分からの枠になっていた（藤波vs剛のWWFジュニア戦）。

この90分特番用に12チャンネルが国際に支払った特別強化費は、1000万円。特別金を使って招聘されたのはAWA世界ヘビー級王者ニック・ボックウィンクル、ルー・テーズ、NWA世界ジュニアヘビー級王者ネルソン・ロイヤル、大木金太郎、上田馬之助の5人だった。

【11月】

10月5日の快挙によって、11月の『デビリッシュ・ファイト・シリーズ』にも800万円の特別強化費が認められている。

〝AWAの帝王〟バーン・ガニアの他に、通常ならばシリーズの主役としてピンで呼ぶモンゴリアン・ストンパー、アレックス・スミルノフ、ジプシー・ジョーの3人を同時に招聘するという超豪華な布陣で10％台キープを狙った。しかし、ガニア登場前の2週は8％台だったものの、ガニアが登場した3週目は7％台に低迷し、ここでは強化費効果が視聴率に反映されずに終わっている。

シリーズ最後の山場は12月4日の後楽園ホール大会で、ストンパーが木村のIWA世界王座に挑戦するクライマックスにもかかわらず、館内はガラガラ（発表は1400人）、視聴率も7％と不振。4月から10月までの快進撃がパタリと止まって、結果的には尻すぼみの年末になってしまった。

以上、4月から11月にかけて790万、800万、1000万、800万と合計3390万円の特別強化費が投入された結果、国際の人気は一時的ではあったが浮上し、ファンから「その気になれば、新日本、全日本に負けない豪華ガイジンを続々と呼べるじゃないか」という評価を得ている。当時、マスコミに対して「特別強化費」については完全に秘密とされていたので、東京スポーツ、ゴング、月刊プロレスなどでもまったく触れられていなかった。

前年11月に火ブタを切った新日本との対抗戦については、1月から2月にかけてヤマハ・ブラザーズを迎撃してIWA世界タッグ戦が3度開催されたが、国際は2勝1敗と勝ち越したものの、内容では負けていた。

1月21日、後楽園ホールでの初戦は草津&浜口の防衛戦だったが、練習不足の草津はスタミナ切れが顕著で、浜口が孤軍奮闘。タッチプレーに勝るヤマハが浜口から2フォールを奪って、2－1で王座奪取に成功した。

さすがの草津も「俺の出番はここまで」と諦めがついたか、再戦の権利を井上&浜口に譲渡。この後、草津がタイトルマッチに絡むことは一切なくなったので、負け試合ではあったが、事実上これが草津の最後の檜舞台だったと思う。

私は同月29日、勝田市総合体育館でのヤマハの初防衛戦にも足を運んだ。勝田市（現在のひたちなか市）は実家のあった水戸市の隣で、午前中に母方の祖母の初七日があったので家に寄り、その後に会場へ直行した。

テレビ収録があったので田中ディレクターに挨拶に行き、試合は菊池孝氏と一緒に最後まで見ていたが、ヤマハの巧妙な動きで井上&浜口は終始ペースを掴むことができず、王座奪回に失敗。結局、2月23日、新日本の『ビッグ・ファイト・シリーズ』開幕戦（千葉公園体育館）でようやく奪回したものの、2本目が反則勝ちで、終わってみると「国際の最強コンビでもヤマハと互角」という印象が残った。

新日本における当時のヤマハのランクは、猪木（NWF王者）、坂口征二（北米タッグ王者）、藤波（WWWFジュニア王者）、長州力（北米タッグ王者）、ストロング小林に次ぐ6番手、あるいは木戸修の下の7番手であり、井上、浜口がヤマハと互角ということで、国際の「もう、あとは木村しかいない」という実情が明白に晒されてしまった。

全日本との対抗戦で木村と鶴田が何度も戦い、馬場が木村を倒した後の様相に酷似していたが、その時は「御大・馬場がいる分だけ、全日本が上。鶴田以下の陣容ならば、国際勢と互角」で済んでいた。しかし、このヤマハに痛めつけられた3試合では「新日本には、まだまだ上が5〜6人いる」とファンに思わせてしまった分、ダメージ的には遥かに大きかったと思う。

ここで新日本との対抗戦は一段落ついたが、それは東京スポーツ新聞社が企画した8月の『プロレス 夢のオールスター戦』に向けて、馬場、猪木、吉原社長の3氏が話し合いに入ったからだった。

この大イベントの実行委員長役を任された東京スポーツの櫻井康雄氏に内部事情をいろいろ伺ったことがあるが、最も重要なカード編成会議は新日本側（猪木、新間氏）と全日本側（馬場、米澤渉外部長、大峡正男営業部長）、そして東スポ側（櫻井氏）の3社で行われ、吉原社長に対しては「事後承認」だったという。

この時期、私は国際の営業主任だった根本武彦さんとは頻繁に会っていたので、カード編成以外の内情も同時進行で詳しく聞くことができたが、根本さんもやはり「国際は、新日本と全日本で決めたことに絶対服従。それが嫌なら、出なくていいよというスタンスだった」と証言していた。

カード編成にも口を出せないのならば、出場拒否の選択肢もあったはずだ。それができなかったのは、東京スポーツ新聞社から前売り切符の割り当てがあったからだという。

「大会に来た観客は1万6500人と多めに発表されましたが、少なくとも1万4000人くらいはいたと思いますよ。新日本さんと全日本さんには、それぞれ前売り券の3分の1が分配されました。残りの3分の1がウチとプレイガイドに充当されたんです。ウチが捌いた数は詳しく憶えてないですが、2000枚前後だったですかねえ？　とにかく、アッという間に売り切れました。2000枚だったら、仮に1枚5000円としても、1000万円ですからね。1週間くらいで現金が一気に入ってくるんだから、鈴木部長や吉原社長は喜びましたよ」（根本）

1000万円を手にした吉原社長は、内心「ニンマリ」だったかもしれない。だが、当日の試合結果を俯瞰すると、「失ったものは1000万円なんて生易しいものではなかった」ことがわかる。

■79年8月26日 日本武道館
◎バトルロイヤル（決勝は山本小鉄が大仁田厚をカナディアン・バックブリーカーで破り優勝。新日本から7名、全日本から7名、国際からはムラサキ、高杉、若松、鶴見、米村の5名が参加し、鶴見はベスト3まで残る）
荒川真（8分26秒、片エビ固め）スネーク奄美
マイティ井上&星野勘太郎（1－0）木戸修&石川敬士
※12分32秒、星野が木戸を後方回転エビ固めでフォール。
木村健吾&佐藤昭夫&阿修羅・原（1－0）藤原喜明&寺西勇&永源遙
※16分22秒、原が寺西をジャックナイフでフォール。
長州力&アニマル浜口（1－0）グレート小鹿&大熊元司
※11分8秒、反則勝ち。
坂口征二（6分34秒、片エビ固め）ロッキー羽田
ジャンボ鶴田&藤波辰巳&ミル・マスカラス（1－0）マサ斎藤&高千穂明久&タイガー戸口
※14分46秒、マスカラスが斎藤を体固めでフォール。
ラッシャー木村（12分4秒、リングアウト）ストロング小林
ジャイアント馬場&アントニオ猪木（1－0）アブドーラ・ザ・ブッチャー&タイガー・ジェット・シン
※13分3秒、猪木が逆さ押さえ込みでシンをフォール。

国際勢では唯一、草津が出場していない。当初、新日本、全日本、東スポの話し合いによって決定されたカードは坂口vs草津のシングル戦だったが、草津がこれを拒否したためだった。

当時、草津の付き人で、夏のシリーズオフには静岡県の自宅に呼び寄せられていたという高杉正彦は、オールスター戦について次のように証言している。

「あの時、夏だから俺は三島の草津さんの家に監禁されていたんですよ（笑）。木村さんからは〝大事な大会だから、道場に練習しに来い〟と電話が来るんですけど、草津さんは〝俺がいいって言うんだから、行かなくていいんだよ〟と前日まで飲みに連れ回されて（笑）。自分が出るのを断ったから、ヘソを曲げているんですよ。だから、オールスター戦の当日、俺は草津さんと一緒に車で三島から日本武道館に行ったんです。草津さんは、行きたくなさそうな感じでしたね（笑）」（高杉正彦＝『実録・国際プロレス』）

最終的に全カードが発表されたのは本番4日前、8月22日発売の東スポの紙面だったので、草津の名前がないことに気がついたのは当日だった。私は「あれっ？　そういえば、草津がいないな。体調が悪いのかな」という程度の疑問しか起きなかった記憶があるが、これに関しては他の観客も同じレベルの関心だったと思う。

1月にヤマハ・ブラザーズに負けてIWA世界タッグ王座から転落した時点で草津は自ら「過去の人」を決め込んでいたが、この檜舞台で坂口に負けたとしても何も失うものはなかったはずだ。草津の欠場は残念と書くより、正直に「レスラーとして情けない」と書きたい。

むしろ会社幹部であり、現場責任者の草津としては、「俺とストロング小林をシングルでやらせろ。ラッシャー木村の相手は、新日本のナンバー2の坂口にしろ」と主張するべき場面だったろう。仮に小林に負けたとしても、これまた評価は落ちなかったと思うが、「小林への負け役」など絶対にノーサンキューの御仁であった。ちなみに草津の付き人だった高杉はバトルロイヤルで2番目にフォールされた（1番目は若松）が、会場に着いてウォーミングアップをする時間もなかったというから気の毒としか言いようがない。

オールスター戦に出場した国際勢の中で唯一「フェアに扱われた」と感じるのがアニマル浜口だ。この段階で浜口は一度だけタッグで長州と対戦しており、30分フルタイムの好試合をやっていた実績が買われたためだろう（78年12月16日＝新日本・蔵前国技館、長州&木戸vs浜口&寺西）。

長州は新日本内で猪木、坂口、藤波に次ぐ4番目の地位にいたので、極道コンビへの反則勝ちによって観客に「浜口と長州は同格」との印象を十分に与えた。原がWWU世界ジュニアヘビー級王者になって3ヵ月、この夜は6人タッグでお茶を濁されたとはいえ、「近いうちに藤波のライバルになれるかも」という期待が盛り上がっていた時期である。マイティ井上は扱い（第3試合）が低かったために目立たなかったが、浜口の活躍は国際の不当な扱いを十分にカバーできていたと思う。

くどいようだが、ここで草津が坂口と（試合内容的に）〝相打ち〟にさえなってくれていれば、この後に猪木vs木村の〝大将戦〟待望論が持ち上がった可能性は十分にあった。草津の出場放棄は、こういう側面からも弾劾しておかねばなるまい。

だが、草津ばかりを責めるのもフェアではない。この「8・26」で最も不甲斐なかったのは、残念ながら総大将の木村である。ここで木村が小林に完勝していれば、草津の欠場もキレイにオフセットできたのだが、勝ち方が最悪だった。

スタートから、場内は圧倒的な小林コール一色。2階席で見ていた私は、「なんで木村がこれほどまでに嫌われるのか？」と驚いたが、猪木人気を背景に新日本勢を応援するムードが館内を支配しており、それがこのセミファイナルで頂点に達した感じだった。

10分過ぎから場外乱闘が多くなり、3度目の場外戦で木村が小林の額を最前列のイスに叩きつけた。この時、国際の遠藤光男レフェリーも両者の横でカウントを数えていたが、木村がリング内に生還した直後に自分もリングインして、即座に木村のリングアウト勝ちを宣告したのがマズかった。

場内には「木村は自分の団体のレフェリーを使って、不公平に勝った」という雰囲気が充満し、木村、遠藤レフェリーの両者に罵声、怒号が飛ぶ。木村がアドリブで「こんな勝ち方じゃ納得がいかない。延長だ！」とアピールすれば格好良かったのだが、両団体のセコンド陣営がグダグダやった末、アッサリと勝ち名乗りを受けてしまったのだから締まらない。

折角、場内に「浜口は新日本のナンバー4の長州と同格だ」という雰囲気が生まれていたところを「なあんだ、トップの木村は新日本のナンバー5のストロング小林と同格なのか」にトーンダウンさせてしまった罪は重かった。

逆の見方をすれば、このカード編成を仕組んだ新日本は、「小林、よくやった。満点のフィニッシュだったぞ」の心境だったろう。木村は馬場に足4の字固めで負けてから1年半が経過しており、小林あたりには「逆エビ固めで完璧なギブアップ勝ち」を奪っておかねばならぬ時期だった。それができなかったことについては、吉原社長の交渉が甘かったことを責めるべきだろう。極端な話、「遠藤レフェリーの制止を振り切って小林を徹底的に痛めつけ、暴走した木村が反則負け」で良かったと思う。

オールスター戦が終わった翌週の金曜日だったと記憶しているが、高田馬場の国際事務所に行った際に根本さんから「10月5日に後楽園ホールでやることになったよ。ルー・テーズとニック・ボックウィンクルとネルソン・ロイヤルが来るよ」と聞かされた時は天にも昇る気持ちになった。ルー・テーズは私の最も好きな憧れのレスラーであり、それまでにも宿泊先の京王プラザホテルでサインをもらったり、立ち話をさせてもらったことはあったが、「団体関係者的な立場」で迎えたことはなかったからだ。

国際プロレスにはTBS時代以来、実に11年8ヵ月ぶりの来日。前年9月、メキシコでカネックに負けるまでUWA世界ヘビー級王座（初代）にあり、年齢は63歳になっていたが、まだまだ現役でやれることは確信していた。

AWA世界王者のニックが来ることもビッグサプライズだった。前年暮れの全日本『世界最強タッグ決定リーグ戦』に来ており、この年の2月14日にはホノルルで鶴田の挑戦を受け王座を防衛していたので、てっきり「全日本の専属になった」と思っていたからである。

これは後になって田中さんから聞いた話だが、この時に吉原社長がガニアに国際電話をして「10月5日にニックを呼んで、AWAのタイトルマッチをやらせてほしい」と申し入れたところ、「OKだが、11月中旬は私のスケジュールが空いているので、その時期に私も呼んでくれ」とエグい交換条件をつけられたという。さすがはガニアである。

ガニアが指定した来日期間の日程（11月13日＝三条市厚生福祉会館、14日＝諏訪湖スポーツセンター、15日＝飛騨高山市体育館、16日＝和歌山県立体育館）はすでに決定しており、各市内にポスターも貼られていた。大物ガニアの来日を実現させながら、大都市での観客動員に結びつけられなかったのは実に勿体なかった。

私は10月にテーズ、ニック、ロイヤルを空港で出迎え、見送り時は根本さんの営業車に同乗させてもらったが、ガニアの時は根本さんが営業で九州に行っていたため、鈴木総務部長の「すまんが、行ってくれ」の一言で依頼された私が京成スカイライナーで成田空港に行き、出迎えた。

その後、11月19日だったか、見送りの際に事務所で「釣りはいらないからね」と言われて手渡されたのが1000円札3枚。学生の身分でガニアの付き添いをさせていただけるのだから、とても「これでは足りません」とは言えずに不足分は自分で払ったが、超大物ガニアを「社員でない学生」に任せるほど、すでに事務所の人手は足りていなかった。

その分、タップリとガニアの昔話を聞くことができたのだから、まったく不満はない。だが、空港のチェックインカウンターに着くまで「ガニアに突発的な事故でも起きたら、どうするのだろう？　学生の俺じゃ、責任を取れないよ」と不安でいっぱいだった。

しかし、新日本や全日本では絶対に有り得ない数々の僥倖《ぎょうこう》を与えてくれた鈴木部長には、今でも感謝の気持ちでいっぱいである。ガイジン選手の送迎やシリーズオフに開催される行事連絡の目的で、鈴木部長は頻繁に私の下宿に電話を入れてきた。嫌な顔をせずに取り次いでくれた下宿のオバさんにも感謝しなければならないが、やはり外からの電話を取り継がない小平の学生寮では絶対にこなせなかった仕事であり、「国分寺の下宿に移ったのは正解だった」と感じたものだった。

ところで、『実録・国際プロレス』の根本さんの項で、このようなやりとりが書かれている。

——根本さんがそろそろ会社がヤバイなと感じたのは、いつ頃でしたか？

「潰れる前の年に給料が遅配になった時ですかね…いや、その前に仮払いが下りなくなった時です。営業をやっていると、ガソリン代や高速代、宿泊費がかかりますから、その仮払いを20万円申請したら、経理に〝今日は15万円で、後は来月振り込むから〟と言われるようになってきたんです。その辺りから、〝あれっ⁉〟と思い始めて。仮払いが出なければ、こちらは身動きができなくなる。そうなったら、チケットの売上から充てるしかないですからね。経理の人から、社長が借り入れに必死になっているとか実情は聞いていました。営業の人間も自転車操業をしているわけで、会社の状況は自然とわかりますよね。そのうちに給料が半分になって、残りは遅れてもらうようになりましたから、〝もう危ないな…〟というのは感じていましたよ」

当時、根本さんと一緒にいる時間が長かったからよく憶えているが、「仮払いが下りなくて参ったよ」という愚痴を聞くようになったのは80年5月以降で、79年中は一回もなかった。12チャンネルの特別強化費やオールスター戦での臨時収入によって、毎月のように多額のキャッシュが入っていた時期だったからだろう。

年末の12月7日、新宿三井ビル55階の『マンダリンパレス』で行われた恒例の納会には私も初めて参加させていたが、「国際プロレス三賞」の表彰は受賞した選手の賞金がそっくり12月の給料から引かれるというレスラーたちに「バッドマーク・システム」（当時のアマレスの減点方式）と陰口を叩かれていたルールがあまりに不評で、この年から廃止になったそうだ（当然だが）。

代わりに東京スポーツ新聞社が「大賞」と「特別賞」、12チャンネルが「年間最高技能賞」を制定して、それぞれ原、稲妻、寺西が金一封を受けていた。この封筒に入っていた金額の「給料からの控除」はなかったと思われる。納会に関する限り、ここで初めて〝正常化〟した。この席には新日本の新間氏が呼ばれていたが、全日本のフロントからは誰も来ておらず、年明け早々に新日本と対抗戦を再開することを暗示していた。

国際は経費節減を徹底するために、この年の

7月からガイジンレスラーの宿舎が大久保の『ホテル・サンパーク』に変わった。

それまでの品川のホテル高輪に比べると部屋の広さが随分と狭くなり、10分くらい歩かないと飲食店エリアがない不便な環境になったが、斜め前に大久保スポーツ会館があったのでトレーニング好きのガイジンにとっては文句なしだった。

ここはベンチプレスやカール等のウェイトトレーニング器具やレスリング用のマットも完備しており、国際の招聘ガイジンは無料で使えた。また、やや割高でメニューが少なかったが、食事は2階の小さなレストランで採れるので、それでOKだったガイジン選手にとってはノープロブレムだったかもしれない。

11月から12月にかけての『デビリッシュ・ファイト・シリーズ』は終盤の12月2日、3日は試合がないオフで、モンゴリアン・ストンパーは両日とも朝から晩までスポーツ会館に入り浸ってトレーニングしていた。3日のお昼過ぎにインタビューのアポを取っていたのだが、「ジムから戻ってから何時間でも付き合うよ」と言われ、ホテルの入り口で3時間くらい待ったのも懐かしい思い出だ。

「当たり前のことを書くな」と叱られそうだが、ストンパーばかりでなく、やはり一流と言われた選手は例外なくトレーニングに費やす時間が半端ではなかった。

「田中メモ」に記された国際プロレス中継の裏事情

まずは79年12月6日に書かれた長い「田中メモ」を転記する。

先に補足しておくと、同年暮れの『デビリッシュ・ファイト・シリーズ』は概要で述べたようにバーン・ガニアが特別参加し、モンゴリアン・ストンパー、アレックス・スミルノフ、ジプシー・ジョーとエース級ガイジンを3人も同時に招聘した。

ガニアは来日第1戦で木村の持つIWA世界王座に挑戦し、ベルトを奪取。3日後のリマッチで、木村に奪回されている（いずれもリングアウト裁定）。木村は7月にもスミルノフにもベルトを奪われており（4日後に奪回）、年内2度目の陥落だった。そして、これも概要で触れたように終盤戦で木村はストンパーを相手に初防衛に成功する。

また、このシリーズの序盤戦では鶴見五郎が吉原社長に反旗を翻し、これに憤慨した稲妻二郎と11月7日、弘前市体育館で「ヘア・ベンド・マッチ（敗者髪切り戦）」を敢行。敗れた鶴見は丸坊主となり、以後は『独立愚連隊』を名乗って本格的にヒールとなる。

『デビリッシュ・ファイト・シリーズ（11月1日～12月5日）の分析』

〈1〉テレビ用に組まれたマッチメークは、強化を含め12チャンネル担当（田中ディレクター）と吉原社長の間で決めました。過去3回の強化費投入時に呼んできたのは前WWFヘビー級チャンピオンのスーパースター・ビリー・グラハム、大巨人アンドレ・ザ・ジャイアント、AWA世界ヘビー級チャンピオンのニック・ボックウィンクル（特別レフェリーがルー・テーズ）で、これらのトップ選手と木村を戦わせることにより、木村のイメージアップを意図したものです。

今回の4回目の強化費投入選手はバーン・ガニアでしたが、木村がガニアに勝ってIWA王座を防衛することにより、さらに国際プロレスのイメージアップを図ることに加え、同じシリーズに呼んだモンゴリアン・ストンパー、アレックス・スミルノフについては木村と五分五分の対戦成績に持っていき、今後のシリーズの焦点にさせていこう、との合意からスタートしました。

〈2〉日本人選手についても、このシリーズを契機に独自の味を出した使い方をしよう、という合意もなされました。

まず鶴見五郎ですが、彼は日本陣営ではなく、準・外国陣営の扱いをし、アブドーラ・ザ・ブッチャー的な徹底したヒールをやらせることにしました。次に稲妻二郎ですが、彼には徹底したベビーフェースで脚光を浴びさせ、積極的にセミ、メインで使うことを提言し、合意を得ました。

さらに技量にかけては国際の中でも卓越したものを持つ寺西勇の使い方についても、従来のような中途半端なものではなく、かつて日本プロレスで〝火の玉小僧〟、〝闘将〟と言われて評価されていた吉村道明のようなポジションに上げ、時には大物外人から逆転技でフォール勝ちをするような意外性を持たせることについても合意を得ました。

〈3〉ストンパー、スミルノフは、これまで単独でシリーズのエースを務めてきたことから、2人同時に招聘することについては当方は反対意見を述べてきました。しかし、吉原社長の強い意見により、スミルノフを追加で呼ぶことになり、どちらも傷をつけることなくシリーズを乗り切るために、外人側に「ストンパー派」と「スミルノフ派」を作ることによって対立構図を作ることにしました。

〈4〉今回のシリーズのマッチメークは、ガニア、ストンパー、スミルノフの3人を柱とし、次回シリーズへの視聴率キープに繋ごうとする目的に基づいたものです。つまり、特別強化策によって招聘した外人（ガニア）の評価を高めようとするものではなく、今後のシリーズにもレギュラーで参加するストンパーやスミルノフの評価をアップさせていこうとするものでした。

ところが、シリーズが終わってみて結果として導かれたものは、当初の目的とは真逆の効果しか得られなかった感があります。従来から吉原社長が主張する「結果より内容が大事」との観点からも逸脱した中途半端なものであり、過去3回の特別強化費が無駄になってしまった、という所感さえ持たざるを得ません。

〈5〉まずラッシャー木村とガニアの試合について述べます。第1戦（11月13日、三条市）でガニアが木村に勝ってしまったことにより、それまで木村と接戦をしてきたストンパー、スミルノフの2人が実力的にガニアより下という決定的な先入観を視聴者に持たせてしまいました。ガニアの来日を予告した2週分（11月5日、12日）は好調な視聴率だったのですが、ガニアが登場した3週目（19日に録画放送＝木村からIWA世界王座を奪取）から4週目までは大きく数字が落ち込みました。これは強化費をガニアに使ったことが完全に裏目に出たことを意味します。

〈6〉今回、木村がガニアに敗れたことは東京スポーツでも割と大きく取り上げられました。その結果、放送より先に「木村、敗れる」という活字が新聞に載ったことで、ファンの失望感が3週目からの視聴率に露骨に反映されてしまいました。

仮に馬場、猪木がガニアに敗れたとしても、ファンの受け止め方は「馬場が負けたのは意外だ」、「猪木ならば、必ず次は勝つだろう」との期待で視聴率は上昇していくはずなのですが、木村の場合は「やはり大物ガニアとは実力が違う」という決定的な評価を下されてしまいます。

〈7〉木村は過去（75年と78年）、馬場にシングルマッチで2連敗しており、そのマイナスイメージを拭い去ることを目的に今年度の特別強化費を組んできました。4回目の今回、それを完遂できなかった点については改めて吉原社長と真剣に討議しなければならないと思います。

〈8〉今回の特別強化費は800万円でしたが、このうちいくらがガニアに支払われたかについては不明で、吉原社長からも当方に開示されていません。仮に50％以上が「ガニア以外」に使われていたとするならば目的外、すなわち「結果より内容」を是認するための金策になってしまったわけで、細かく追及する必要性が出てくるかもしれません。

〈9〉鶴見五郎、稲妻二郎の2選手がやったことについても、テレビ視聴者に「茶番劇だ」と思わせる結果になったかもしれません。試合ぶりが乱暴になってきたとの指摘を受ける鶴見が従来の日本陣営からハミ出す行動に出て、次第に外人サイドの色彩を出し、最終的には一匹狼として主力ラフファイターに成長していく。これが当初の目論見でした。

本来、吉原社長と決めたマッチメークは放送の3週目（11月19日）から徐々に鶴見の変貌をにじみ出していくことでした。ところが、シリーズの初回収録日の前日、越谷大会（11月3日）において鶴見が国際内部と意見衝突するという事件が起きました。これは12チャンネルに相談もなく、吉原社長の独断によって起こされたものです。そのことによって翌日（11月4日＝翌日に録画放送）の後楽園大会は、それをよりエスカレートした状態でやる以外に方策がなくなり、当初の約束されたマッチメークより急テンポでストーリー展開せざるを得なくなりました。

〈10〉これについては吉原社長に厳重に注意しましたが、「国際プロレスの興行範囲内における選手の管理、責任は社長である当方にある」との持論を持ち出して一歩も引きませんでした。さらに弘前大会（11月7日）において鶴見と稲妻を「ヘア・ベンド・マッチ」（髪切り試合）で戦わせると言い出したので、それはあまりにも性急であると当方も強い意見を述べたところ、妥協点として「弘前大会では、単なる通常のシングルマッチにする。稲妻が攻勢となったところに上田馬之助が乱入して鶴見に加担し、最終戦1日前の後楽園ホール（12月4日）でヘア・ベンド・マッチを行い、決着をつける」と合意しました。

〈11〉ところが、弘前大会で唐突にヘア・ベンド・マッチが強行されてしまい、準備も何もなかったことから、雑誌に「いかにも演出くさいテレビ用の茶番劇」と書かれてしまう結果となりました。せっかく鶴見を売り出そうとして発案したことが、このような計画性のない思いつきによって壊されてしまったことは実に残念であり、放送スタッフとして看過できない事態であります。

〈12〉吉原社長が独断で走った原因を探っていたところ、選手に対する統率力のなさ、慢性的になっているギャラの遅配があることがわかりました。つまり、吉原社長は自分の判断によって鶴見を売り出すことを選手間に強くアピールし、テレビの拘束は受けないことを暗示したかったわけです。まだまだ会社の実権はテレビではなく、自分にあることを印象づけるための独断で、せっかくテレビ側と打ち合わせたこと、つまりテレビ用マッチメークと興行用マッチメークを同時進行させていこうという画期的な合意が、こうした背景で脆くも崩されたわけです。

〈13〉過去5年間、放送サイドから見てきたレスラー個々の人気度という観点からすると、稲妻二郎の女性、子供人気はかなり高いことがわかりました。今回、鶴見を売り出すにあたって稲妻を起用したのは、そのような背景によるものでしたが、後楽園（11月4日＝メインの6人タッグに出場）だけは派手にやったものの、その後のマッチメークでは地味な扱いに終始し、テレビ中継のない会場においてはカード編成がグレート草津任せになっていること、すなわち稲妻を売り出すことが徹底されていない事実も判明しました。

〈14〉寺西についてはシリーズ前に約束された事項が完全に反古にされ、「やられ役」以外のものは何も与えられていません。シリーズ前の打ち合わせにおいて、「寺西はストンパー、スミルノフのいずれかとシングルで対戦し、逆転で劇的な勝利を飾る」という具体策に合意したはずですが、これがまったく実施されませんでした。イメージとしては寺西がスミルノフにギリギリで勝ち、その結果、スミルノフは木村への挑戦権利を失い、ストンパーが木村への挑戦権利を得る。スミルノフは最終戦で寺西と再戦して、今度は完璧に勝ち、木村に本当の実力を見せつける。タイトルマッチでストンパーは木村に善戦するが、あと一歩のところでベルトは獲れない。このような展開だったはずなのですが、寺西は両者に簡単に負けただけで、まったく合意事項の片鱗も見せずにシリーズを終えています。これも吉原社長が12チャンネルの方針を意図的に潰し、自分の権力誇示を徹底した例として挙げることができます。

〈15〉以上を総括します。８００万円をかけて知名度に優れるバーン・ガニアを招聘し、視聴者の注目を集めることによって、スミルノフ、ストンパーの実力をじっくり見てもらう。木村がガニアとストンパー（もしくはスミルノフ）を破ることによって、馬場に負けた悪い過去、不名誉を返上する。これらの当初の目的は、達成されていません。ガニアが木村に勝ったことによって、「木村はストンパー、スミルノフと同格の選手」というイメージが定着してしまいました。残念ながら、木村、ストンパー、スミルノフの3人とも、格が下がってしまう結末でした。

この『デビリッシュ・ファイト・シリーズ』開幕直前、全日本では馬場がハーリー・レイスを破りNWA世界ヘビー級王座を獲得した（2度目）。また、シリーズ中に新日本では猪木がボブ・バックランドを破りWWFヘビー級王座を獲得している（公式記録では未公認）。

そうした他団体の状況も踏まえてメモを読むと、田中ディレクターの怒りの心情、葛藤がより鮮明に浮き上がってくるのではないかと思う。

「見ている側がバカ負けするような試合」

続いて、同年12月10日に書かれた「田中メモ」から『デビリッシュ・ファイト・シリーズ』の分析パート2を転記する。

〈1〉我々12チャンネルのスタッフがいかに選手を育て、売ろうとしても、「結果より内容」という社長論によって、最終的に「内容より結果」を主張する我々が押し切られてしまいます。過去にAWAルートを使って外人を招聘してきた吉原社長にとって、そのAWAのボスであるガニアに対して「木村の防衛」で交渉することは耐えがたいことだったと推察されます。

ならば、この件に関しては、我々12チャンネル側に（テレビ側の強い要請として）交渉させるべきであったと思います。それをさせることが今後の自分のプロモート権力に悪い影響を及ぼすという判断から、今回、吉原社長はそれを承知しませんでした。今シリーズには上田馬之助、ヤス・フジイ、ジプシー・ジョーという面白い素材がたくさんあったにもかかわらず、何も残さない平凡なシリーズに終わってしまいました。

〈2〉今シリーズ前の打ち合わせにおいて、吉原社長は珍しく「草津は今、チャンピオンベルトを持っていないので、ストンパー、スミルノフの2人を大いに売り出すために、このシリーズでは盛り上げに関して全面的に協力させる」と大見得を切りました。

テレビ初戦の後楽園ホール（11月4日）で草津はストンパーに負けましたが、試合内容では草津がリードしており、見ている方には「ストンパーは大したことがない」という印象を与えています。試合はストンパーのスリーパーホールドで草津が失神しましたが、いかにも最終部分だけ付け足したような半端な終わり方で、見ている側が「バカ負け」するような試合でした。

〈3〉その後のシリーズでは草津は「自分が弱いと切符を買ってくれた人にメンツが立たない」という営業取締役の立場を押し出して、スミルノフ、上田馬之助と引き分けるなど、スミルノフを売り出すという方針を台無しにしています。過去、木村のIWAタイトルに何度も挑戦したスミルノフ、上田と引き分けることは、ファンに「木村と草津は同格」という印象を持たれてしまい、吉原社長が約束した「引き立て役」をまったく実行していません。

〈4〉吉原社長によると、「今回、強化費としてもらった800万円の中から、ガニアとストンパーのギャラを捻出した。ガニアとストンパーのギャラ比率は5対3にした」そうですが、それにしてはストンパーの売り出し方が中途半端になりました。「ストンパーの売り出しは自分の力でやってみせる」という発言もあり、12チャンネル側にストンパー絡みのマッチメークを預けることはしませんでした。草津を初戦でストンパーに当てることによって実行したつもりではあっても、第三者から見た場合の結果はまったく不十分なものとなりました。

〈5〉国際プロレス内部において、草津に対して命令できる立場にいるのは吉原社長だけです。ところが、肝心な部分では命令ができず、草津のやることを黙認してしまっています。これはレスラー兼現場責任者でありながら、営業の最前線も担当させていることで草津に対して申し訳ない気持ち、遠慮があるからです。他の所属レスラーもこの雰囲気を察して、草津には物が言えずに黙ってしまう傾向が顕著です。木村にしても、草津に対しては常に遠慮がちになっています。吉原社長は我々の前では「選手に言っておく」と断言しながら、実はギャラの遅延が慢性化しているため徹底した命令ができない弱みがあります。

〈6〉「ストンパー、スミルノフの売り出しになっていない」という我々の苦言に対して、「リング上で起きたことは我々の責任でやっている」と開き直られると、もはや何も言えない状況になりつつあります。シリーズを通してのマッチメークがまったくなされておらず、その日のカードは、その日の気分によって決められる現状を改善しない限り、強化費の目的は雲散霧消してしまいます。

〈7〉今後、仮に12チャンネルが個々のレスラーと出演に関する専属契約を結ぶ段階が来たとしても、グレート草津は除外するしかないと考えます。

〈8〉草津以外の選手から、いろいろな意見を聞かされる機会がありますが、それらの意見はほぼ12チャンネル側と同じものです。彼らは生活がかかっているため、安易にギャラの遅配をされている現状をなんとか打開したいと思っており、その深刻さは徐々に切実を極めています。草津に「死に役」を徹底することさえできない吉原社長の優柔不断な態度にも、そろそろレスラー間で我慢の限界が来ています。

「運動部がノーと言えば、中継は終わり」

さらに同じく12月10日に書かれた別の「田中メモ」も転記する。

先に補足すると、文中に出てくる「日本経済新聞社」は、12チャンネルの大株主（現在はテレビ東京ホールディングスの主要株主）。当時の社長・大軒順三氏も早稲田大学出身で、吉原社長と白石氏のホットラインにより12チャンネルで中継が始まる際、力添えしたとされる。

国際と12チャンネルの根本的な見解相違を説明するために、吉原社長の具体的な発言を表記します。

〈1〉「12チャンネルはネット数が少ないから、興行的メリットがない」

60年代から70年代初期にかけ、東京12チャンネルで高視聴率だった時代の女子プロレスは全国に16局をネットしていた。東京キー局の視聴率によって、ネット局は番組を選択する場合が多い。プロレスも例外ではなく、東京の視聴率如何によって地方のネット局は増える場合もあり、減る場合もある。つまり、国際の試合が全国でどれだけ見られるかによって興行の状態が上下することを理解していない。

〈2〉「特番でプロレスがない週もあるから、緻密にマッチメークを組み立てても意味がない」

我々プロレス班は最悪の事態を想定したものを織り込んで、マッチメークをお願いしている。10週放送分のマッチメークが9週になったとしても、無理のないよう配慮しながらストーリーを作成している。

もし、特番で放送が中断されることが困るならば、吉原社長は52週契約を申し出ればいい。ただ、これを言い出されたとしても12チャンネル側が商品価値をどう判断するかは別問題である。現状における自社の立場を認識しているから、52週契約は言い出せない。現実を踏まえた上で、最高のマッチメークを努力していくしかない。

〈3〉「230万円の権利金額では、12チャンネルに任せられない。金額の割には、12チャンネルにやらせてやっている面がある」

仮に12チャンネルの230万円が入ってこない場合、興行会社として国際プロレスが存続するものなのか、という認識がない。その答えがイエスであるならば、12チャンネルはその収入源の一部かもしれないが、230万円なくして存在できないのであれば、放送上のストーリーは興行と同時進行であるべきである。

〈4〉「日本経済新聞社の仲介で放送しているのだから、12チャンネル運動部に決定権はない」

番組決定権は12チャンネルの編成にあるが、現場担当である運動部が「この番組は視聴率的に限界」と判断した場合は遅かれ早かれ放送は中止される。この発言は、そのあたりの現実問題を理解していないことから出たものと思われる。

〈5〉「本来、マッチメークは興行の責任者である国際プロレス側が作るもので、テレビにタッチしてほしくない。テレビは、我々がやっていることを撮るだけでいい」

この発言は、放送を開始した74年9月から何度もされてきた。吉原社長が決めるマッチメークが「玄人のマッチメーク」だと主張するのであれば、具体的にどこが玄人なのか明確に聞きたい。

「結果より内容」をモットーに主力選手が負け続けて、テレビ側に「負け試合を黙って放送していればいい」と押し付ける論理は、もはや通用しないことを理解してほしい。

〈6〉「選手が自分（吉原社長）の思った通りに動か

ない。商品（選手）そのものに裏切られている状態で、責任は自分ではなく選手にある」

この発言は団体の責任者として、してはならぬものので、いわば転嫁でしかない。選手を管理、コントロールする責任はすべて社長にあり、12チャンネルに訴えても何の解決にもならない。

〈7〉「4月以来行われている12チャンネルの〝強化〟なるものは、興行のプラスになっていない」

我々が4月以降に行った強化は、興行へのプラスを目的としたものではなく、『プロレスアワー』の視聴率を上げるために何人ものスーパースターの招聘により特効薬的に投下したもので、国際プロレスの興行に資するものではない。

とはいえ、長い目で見た場合、興行的にも間違いなくプラスになるはずで、今日、明日の興行成績云々よりも、放送継続がともに最大の目的である。再三の説明にもかかわらず、「強化とは何か？」を繰り返し質問してくるのは、依然として強化拒否の姿勢を感じる。

〈8〉「強化費を1週単位に繰り入れ、放送権利金230万円を330万円にしてほしい。そうすれば、いい内容で視聴率アップをすることができる」

権利金アップ、固定収入増加を狙った発言であるが、単にキャッシュフローを楽にしたいという意図のみが感じられ、具体的な政策、意欲が欠如している。

12チャンネルの他の番組は、より少ない経費で視聴率を獲得しており、その認識がない。視聴率が下降の一途を辿るならば、12チャンネル編成はプロレス中継を必要としない。仮に我々運動部が編成の立場にあったとすれば、現時点の視聴率と製作費の効率を総合的に考慮すると、この番組は不要と判断せざるを得ないかもしれない。

しかし、我々は運動部員であり、プロレス中継はどうしても存続させたいという意欲で番組を作っている。運動部がノーと言えば、国際プロレスの中継は終わりになる。この現実を吉原社長は認識していない。あるいは認識しようとしない。

現場担当の「苦悩」と「未来像」

この79年1月から、それまで運動部長だった白石剛達氏は総務も兼任する会社幹部（取締役）としての仕事が忙しくなり、ほとんど国際プロレスの現場には来ていない。吉原社長に「自分と白石はホットラインがあるのだから、現場で田中に何を言われても嫌なことには従わなくていい。電話一本でひっくり返せる」という甘え、慢心が生じていたのは事実だった。


だが、4月から11月まで合計3390万円という巨額の強化費を投入できたのは、白石氏ではなく、100％田中ディレクターの個人的な発案からだった。編成からの疑念も撥ねつけて予算をつけたにもかかわらず、吉原社長からは「労いの言葉」が出てこない。ジレンマという表現より、わかりやすく「やってられねぇな」と書いた方が当時の田中さんの心境に合致していると思う。

この時期の田中さんは国際プロレスだけでなく、プロボクシング（海外のヘビー級ビッグマッチも含む）、キックボクシングを担当していた他、補助要員としてテニス、高校軟式野球、女子ソフトボール、バスケットボール、駅伝、フィッシング、モータースポーツにも時間を取られることが多く、すでに国際中継の主担当として5年3ヵ月が経過していたことで、上層部から「田中は、そろそろプロレスから卒業させた方が会社のためになる。プロレスだけに深く埋没させるべき人材ではない。何度も視聴率

10％を出したのは田中の功績だが、他のスポーツ番組でもそれをやってもらいたい」という意見が出され始めた。

続けて、国際プロレス中継の現状と将来的なビジョンについて12月10日に書かれた「田中メモ」も紹介する。


『今後の12チャンネルのプロレスの在り方』


現在、東京12チャンネルのプロレス番組に取り組む姿勢は「番組を作る」というスタンスではなく、「現存するものを受け入れ、手を加える」という曖昧な選択にあると思います。然るに、今後プロレス番組をどうするかについて考える時に現在の手法で今後も中継を継続するならば、ゲリラ戦術の如く、視聴率獲得の為に、その場しのぎの延命作戦を取るしかありません。

現在、テレビ朝日、日本テレビの2局が男子プロレスを中継していますが、仮にTBSが我々と同じ製作費をかけて国際プロレスを定期中継した場合、12％前後の視聴率獲得は可能と考えられます（状況によって2％くらいは上下するでしょうが）。この12％という数字はTBSのゴールデンタイムとしては平均を下回りますから、TBSにとっては不要な番組ということになります。

ところが、この数字は東京12チャンネルとしては安定したゴールデン帯視聴率だと言わざるを得ません。TBSの場合、番組を15～16％に持っていく力はあると思いますが、そのためには製作費をアップする必要があり、その金額が「これならば、ドラマを制作するのと同じではないか」というレベルに達すると、「プロレスはやめて、ドラマにしよう」となります（クリーン・ステーション・イメージは、ドラマの方が守りやすい）。

つまり、他局は、「プロレスには、ドラマ制作と同様の金額をかける価値はない。そこまで無理をしてプロレスを扱う必要はない」と考えています。逆に12チャンネルの場合、プロレスと同じ経費をかけてドラマを作ったとしてもステーション・イメージから、プロレス並みの視聴率を取れるのか疑問が残ります。12チャンネルのプロレス番組は、その意味では（他局の）ドラマに等しい意味合いを有していると考えられます。

翻って、12チャンネルのステーション・イメージは過去に比べて、かなり改善されているとは思いますが、他局に比較するとハンディキャップが残っています。他局で取り上げた場合と同様の視聴率を獲得することは、他局以上の製作費が必要となるはずです。将来、12チャンネルのステーション・イメージが他局と同等になった場合、製作費も同じ観点に立って考えられます。

しかし、ここ5～10年でステーション・イメージを徐々にアップさせようとするならば、当座、ある程度の無駄を承知で安定視聴率を獲得可能な番組を制作しなければなりません。ステーション・イメージが高く完成した時点では、ゴールデン枠でのプロレス番組は不要と考えます。

ただ、今はその過渡期にあり、まだゴールデン枠のプロレス番組を残す価値があるのではないかとも思われます。プロレス担当としては、将来は特番扱いで良いものを適切に取捨選択する方向性がベストと考え、それがステーション・イメージと合致するのではないかと思います。

繰り返しになりますが、今はその過渡期にあり、キレイごとよりも、まず目先の視聴率を稼がなければなりません。今の国際プロレス中継は最低固定視聴率5％を有しており、力の入れ方次第では目玉商品となれる素材であると考えます。これは番組の制作担当者としての意見ゆえ、営業的にペイし得るものなのかどうかという点について慎重に考慮しなければならないことは前提です。

プロレス担当の楽観論かもしれませんが、当12

チャンネルにおいてプロレスがゴールデン平均視聴率よりも高く安定した場合、ネット局（番販も含む）も増え、営業的に見ても製作費に見合う収入は可能ではないかと想像します（利益はないかもしれませんが）。

仮に収入が多少下回ったとしても、12チャンネル全体の視聴率、営業収入の貢献という側面から、単一番組としてだけの評価ではない計算も生まれるのではないかと思います。

私見ではありますが、テレビ局に籍を置く者なら、〝映像主体の感覚〟で番組制作にあたる場合もあります。しかし、欲をいえば、可能性を秘めた番組を根本から制作することに挑戦することこそ（理想論ではあるかもしれないが）、テレビマンとしての使命であるように思います。

担当者として12チャンネルのプロレス番組に関するすべてを曝け出したわけですが、今後のプロレス番組の在り方、存続の成否に裁断を下され、併せて12チャンネルの安定した番組作りをお願いするものです。プロレスは可能性を秘めた素材であるだけに、今後も続く限り邁進、努力する所存です。

ダイナマイト・キッド争奪戦が勃発

12月7日の納会には日本側のレスラーと全社員、12チャンネル関係者の他、新日本の新間寿氏、マスコミからはゴングの竹内宏介氏、東京スポーツの門馬忠雄氏、フリーの菊池孝氏ら大御所が勢揃いしており、おそらく業界人でないヨカタ（素人）は私だけだったので会場の隅で小さくなってジュースを飲んでいた。

偉そうに12チャンネルのテーブルに行って、「田中さん、どうもお疲れさまです」などと挨拶するわけにもいかない（パーティーの最後に急いで挨拶だけはしたが）。レスラーで気軽に話しかけられる人がいたわけでもないのでモジモジしていたところ、根本さんのコネで一度だけ酒席をともにさせてもらった米村勉が話しかけてくれたので、有意義な会話を楽しませていただいた。

宴会の途中で根本さんに「次のシリーズには、誰が来るんですか？　こっそり教えてくださいよ」と聞いたところ、「まだ発表になってないけど、ダイナマイト・キッドがまた来るよ」との答え。この年の7月に初来日したキッドは1週間の特別参加だったが、寺西、原を相手に素晴らしいファイトを展開し、吉原社長も「第二のビル・ロビンソンになれる素材」と高い評価を下していた。

キッドが来るとなれば、年明けの新春シリーズの大ヒットは確実だ。国際に初来日後、8月17日にはカルガリーで藤波辰巳も迎撃し、20分33秒、両者リングアウトの引き分け。この一戦がテレビ朝日でノーカット録画中継されたので、キッドの株は半年で急上昇していた。国際は納会後の12月10日、新春シリーズの全日程とともに参加ガイジンメンバー5人を発表し、その席で公式にキッド参戦が明らかにされた。

納会の帰り際、根本さんに「来年4月からの就職先が決まりました」と報告したところ、お祝いにとわざわざ帰途に新宿駅東口の焼き鳥屋に連れていってくれた。この時、「最初の赴任先がどこになるかまだわかりませんが、京浜地区だったら引き続き根本さんの手伝いをやらせてください」とお願いしたが、内心は「北海道とか九州とか関西に行ったら、もう国際プロレスとの縁も切れるんだろうなあ」と覚悟していた。翌年の3月、最初の赴任地が横浜に決まった時は「また国際プロレスの手伝いができる」と天にも昇る気持ちだった。

そのまま平穏に年が暮れると思っていたところ、12月14日に新日本が『新春黄金シリーズ』の参加ガイジンを発表し、なんとその中にダイナマイト・キッドが含まれていた（エース格はスタン・ハンセン）。さらに同月26日に発表されたシリーズ中に開催されるタイトルマッチにもキッドの名前があるではないか。前代未聞のダブルブッキング…これは一大事だった。

12月27日付のデイリースポーツ3面に掲載された記事を原文のまま転記する（見出しは「キッド争奪戦、新日本に軍配？」）。補足すると、文中に出てくる同月17日のMSG大会には新日本から猪木、坂口、長州、藤波らが出場。当時、WWF会長だった新間氏も帯同した。

〈リード〉

新日本プロレスの新春黄金シリーズ（一月四日開幕）で行われる選手権試合の日程とカードが二十六日発表された。国際プロレスとの争奪戦が注目されているダイナマイト・キッドについては、この日帰国した新間営業本部長の報告の結果、改めて藤波辰巳のWWF認定J・ヘビー級選手権への挑戦者としてゴーサインを出した。またNWA世界J・ヘビー級の新王者スチーブ・カーンと藤波の選手権試合は二度行われる。柔道王ウイリエム・ルスカもシリーズに参加する。

〈本文〉

キッド争奪戦も、そろそろ大詰め？――。ともに一月四日開幕の国際と新日本がどちらも、このキッドの参加を公表しているのだ。新間氏は「ニューヨークでは邪魔されたが、今度は絶対にウチが取るよ」。

十七日（日本時間十八日）ニューヨークMSG出場を予定されていたキッドが、就労ビザが取れず、マットに上がれなかった。これが現地関係者にいわせると「向こう側（国際？）に仕組まれたらしい」と、新間氏は情報を語るのだ。

キッドの実力と人気については、昨夏の阿修羅・原（国際）、今夏の藤波（新日本＝ともにタイトル戦）との闘いで実証済み。争奪戦はここにきて、またまた再燃するほかない。

このデイリーの記事はキッドの国際初参戦を「昨夏」と誤解しているが、正しくは「今夏（79年7月）」である。いずれにせよ、アメリカから帰国したばかりの新間氏が「絶対にウチに来る」と断言したので、私も「キッドは国際には来ないのだろうな」と悲観的になった。

キッドは2000年にアメリカとイギリスでリリースされた自伝『ピュア・ダイナマイト』の中で、国際への初来日はミスター・ヒトからのオファーでギャラが週1000ドルであったこと、加えて12月に新間氏から電話をもらって2000ドルのオファーを受けたことの2点をハッキリと書いている。

ただし、2回目の来日で自分が国際との「争奪戦」に巻き込まれていたことについては触れていない。これは、おそらく年末の時点でヒトと国際のホットラインが解消していたためと思われる。

ヒトはこの年の暮れ、新日本の招きで猪木と異種格闘技戦を行うキム・クロケイドのマネージャー役として来日しており、5月までレスラーとして参戦していた国際とは関係を絶っていた。8月に猪木、坂口、藤波の3人がカルガリー・スタンピードに参戦してからは新日本と密接になっており、キッドに関しても（大剛の誘いを断り）新日本へ行くように誘導していたのだろう。

この一件でヒトと大剛の間には決定的な亀裂が入ったが、マイティ井上は「私がカルガリーに行った77年夏頃から安達さんと大剛さんはギクシャクしていて、口を利く関係ではなかった。スチュ・ハートの信頼という点では、安達さんの方が勝っていた。キッドの件は、いろいろと大剛さんに嫌がらせを受けていたことに対する安達さんの仕返し」という見方をしている。

このキッド争奪事件で、新日本と国際の友好関係は終わるかと思われた。だが、意外にも吉原社長は「ブッキングの手違いか何かが起きたんだろう。仕方がない」とのコメントでアッサリと引き下がり、新日本の強引な手口にまったくクレームをつけなかった。おそらく3月以降、新日本との対抗戦を再開して先方から〝一時金〟を獲得する計画があり、そのためには「キッドを犠牲にすることは、やむを得ない」と判断していたのだろう。

国際プロレスへの冷酷な評価

79年最終発行となる12月30日付の東京スポーツ2面に、この年のプロレス界10大ニュースを選んだ記事が掲載されている。そのまま転記してみる。

① プロレス・オールスター戦大成功（馬場、猪木戦実現への口火を切る＝8月26日）
② G・馬場、2度目のNWA世界ヘビー級王座奪取成る（10月31日）
③ A・猪木、初のWWFヘビー級王座奪取成る（11月30日）
④ 全日プロの本場所、すべて外人が制覇（チャンピオン・カーニバル戦でブッチャーが優勝、世界最強タッグリーグ戦でファンクスが初優勝）
⑤（昭和）54年度プロレス大賞でR・木村、J・鶴田、坂口受賞ナシの大波乱
⑥ 国際プロレスのエースR・木村、IWA世界ヘビー級王座2度転落、2度奪回の波乱の1年
⑦ WWFジュニアヘビー級王者の藤波辰巳が剛竜馬に敗れる（10月2日）
⑧ 新日本の最強軍団がニューヨークMSGに勢揃い（日本時間12月18日）
⑨〝魔王〟ザ・デストロイヤーが日本のマットにお別れ（6月14日）
⑩ 新日本、国際の両団体がIWA世界タッグ王座を巡り大争奪戦（1〜2月）

東スポの主催だったことを差し引いても、やはり1位は「8・26夢のオールスター戦」で文句なしだった。問題は⑤と⑥と⑩である。

国際プロレスに関するトピックはネガティブなものばかりで、景気のいい話題が何ひとつランクされていない。たとえば阿修羅・原のWWUジュニアヘビー級王座奪取、木村のAWA世界王者ニックへの勝利（反則勝ちではあったが）、ダイナマイト・キッドの初来日など結構いろいろとあったとは思うのだが、「10大ニュース」にランクインさせるにはインパクト不足という評価なのだろう。

この79年は概要、本編で内情を詳しく書いてきた通り、12チャンネルからの資金的バックアップが最大限に行われていた年である。それでも相対的な評価がこれだったのだから、現実は厳しい。

当時、吉原社長はよく「ウチには馬場、猪木という国民的な知名度を持つ大スターがいないから、アイディアで勝負するしかない」と発言していたが、金網デスマッチ、団体対抗戦というゲリラ戦術も出し尽くした感があった。キッドの争奪戦にも敗れた暗い年の瀬に、東スポの紙面を見ながら吉原社長は何度も溜息をつくしかなかっただろう。

第七章

1980年

（昭和55年）

上は80年『新春パイオニア・シリーズ』のポスター、下はパンフの記事。キッドの来日がドタキャンになったためシリーズの目玉がなくなり、ジョーと原の抗争を軸に苦しい観客動員を続けた。また、引退していた大位山がカムバックして鶴見と“独立愚連隊”を結成したが、セミ、メインで使われることはなく目立った活躍は残せていない。

ASURA HARA　国際プロレス　DINAMITE KID

阿修羅・原

183cm 102kg

本名・原進。昭和22年長崎県出身。諫早農高時代は相撲で県下無敵、九州地区体操優勝。東洋大学ではラグビーに専念して全日本のメンバーとなり、近鉄時代を通じて常に全日本のエースとして活躍。6年連続全日本ベスト15に選ばれ、51年秋には日本人として初めて世界選抜軍に選ばれた不世出の名ラガーだった。52年11月国際プロ入り、53年7月カナダで初マット。昨年5月6日ミレ・ツルノを破ってWWU世界J・ヘビー級選手権を奪取、6回の防衛に成功している。

今年の抱負：引き分け防衛の多いのが恥ずかしい。快勝での防衛記録を伸ばしていきたい。

ダイナマイト・キッド

178cm 96kg

79年ビッグ・サマー・シリーズに初来日、原のWWU世界J・ヘビー級選手権に2度挑戦して2度とも引き分け、爆発的な人気を獲得した“爆弾小僧”の待望の再来日だ。

1958年イギリスのウイガン生まれ。少年時代からレスリングの天才児と騒がれ、17才でプロ入りしてその年に大英帝国ウエルター級選手権を奪取、さらにミドル級選手権も奪取して二冠王となったが、ウエイト増でウエルター級を返上後、マーティー・ジョーンズから英連邦J・ヘビー級選手権を奪取した。72年からはカナダに定着、カルガリー・スタンピードには不可欠の人気者となっている。

'80 PIONEER SERIES

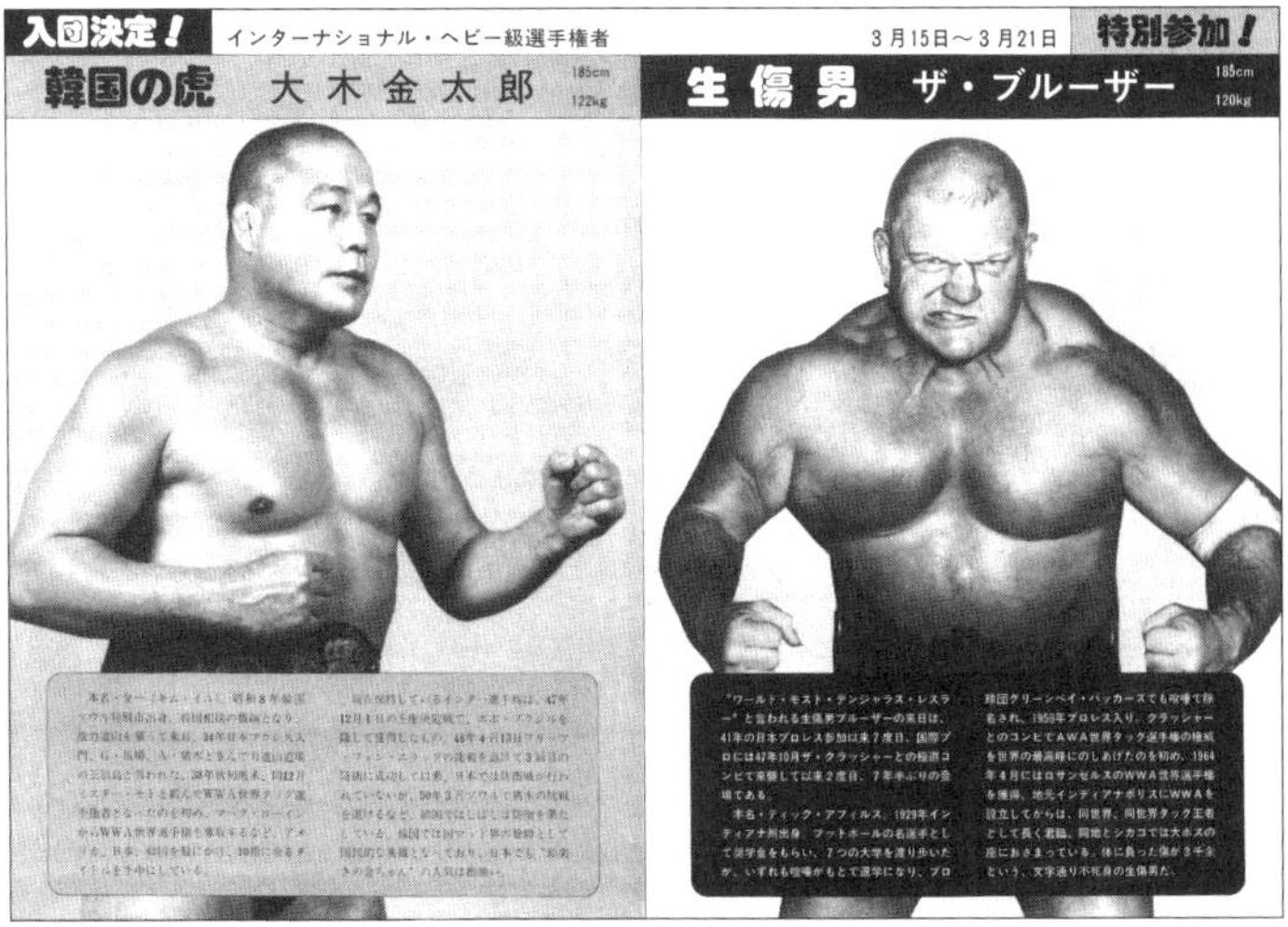

2～3月『スーパー・ファイト・シリーズ』のパンフより。ディック・ザ・ブルーザーは72年暮れ以来、国際には8年ぶりの来日。地元インディアナ州では自分がプロモートするWWAの世界王者を名乗っていたが、全盛期の勢いはなかった。ただし、大木とは11年ぶり、木村とは初対決だったので新鮮味はあった。

ボディビル出身の遠藤光男は78年4月からレフェリーを引き受けていたが、短いキャリアながらレスラー顔負けの肉体を駆使したダイナミックなジャッジングで好評だった。錦糸町でジムを経営していたので国際プロレスの社員ではなく、団体の困窮を熟知していたため最後の1年は無給で仕事を引き受けている。吉原社長との友情、信頼関係は極めて厚かった。

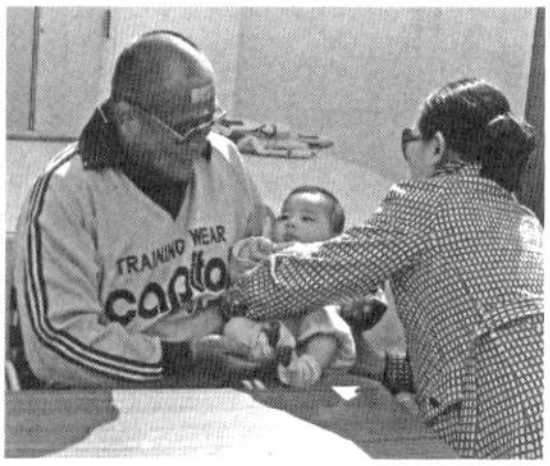

3月31日の後楽園ホール「4大タイトルマッチ」を盛り上げるため、大木を含む所属レスラー全員でサイン会イベントを開催。まだ新聞、雑誌とテレビしか宣伝媒体のなかった時代は、このようなライブイベントでの切符販売が極めて重要な役割を果たしていた。すでに国際には都内の大会場で興行を打つ力はなく、後楽園大会の満員動員もこれが最後になった。

東京スポーツに掲載された「4大タイトルマッチ」の宣伝広告。この中でジョニー・パワーズ、剛、木村健吾、永源の4選手は新日本からのレンタルだった。筆者は午前中にニック、テーズに頼まれて表参道の日本土産店に同行し、ニックが「日本の大学を見たい」と言うので青山学院大学に案内。

3月31日付の東京スポーツ１面広告。同じ広告がデイリースポーツにも掲載されていたが、12チャンネルが自費で打つのは極めて珍しかった。ちなみに翌日（４月1日）のプロボクシング世界ヘビー級選手権の視聴率は８・２％で、国際プロレス（8・５％）が僅差で上回った。

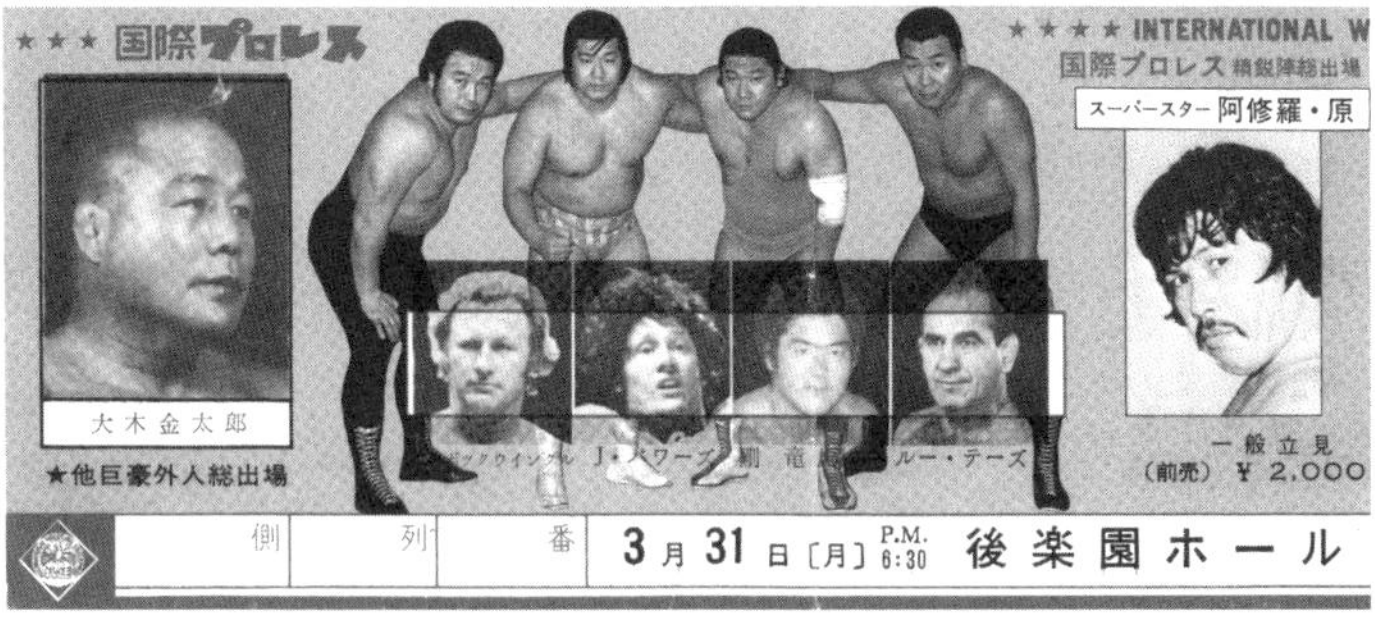

「４大タイトルマッチ」の切符半券。本書の表紙にデザインされている79年10月５日の切符をベースに、登場選手の顔写真だけをチェンジしたものだ。３大世界戦にも４大世界戦にも出ていない草津が堂々とカラーで印刷されていたのは、本人のゴリ押しだったか？

木村は66年の東京プロレス時代にパワーズとシングルで７度対戦し、全敗している。14年ぶりのリベンジ戦でも苦手意識があったか、攻勢に出る場面は少なかった。テレビ中継もニックvs大木のAWA戦で放送時間が切れてしまい、木村の試合はレギュラー枠（4月14日放送）まで２週間も待たねばならなかった。

ニックvs大木戦は緊張感のある好試合となり、3月31日のベストマッチだった。ニックはこの時点で45歳だったが、肉体的には衰えが見られず、4年後に全日本のリングで鶴田に敗れてAWA世界王座を明け渡す49歳くらいまでが全盛時代だったと言えるだろう。父親（ウォーレン）の親友だったテーズとは、常に行動をともにしていた。

7月13日、兵庫県八鹿町体育館で撮影された一枚。原が体育館後方の舞台で少年ファンの質問に答えている。3月31日の剛戦、4月3日の藤波戦ですっかり株が下がってしまった原は、中堅、前座に落とされて試練に耐えていた。

10月4日(土曜日)、滋賀県近江八幡大会の選手入場セレモニー。この日は90分の生中継で特番扱いだったが、盛り上がりに欠き、視聴率も4・5%と完全にアウト。以降、レギュラー中継存続中に二度と特番は組まれていない。

8月18日、三浦市油壷マリンパーク大会でのショット。右が営業部で同大会の担当だった根本武彦氏である。この『第二次ビッグ・サマー・シリーズ』はマスコミに日程が公表されず、「幻のシリーズ」と呼ばれたが、意外に動員は好調に推移。

原は9月からオクラホマ、ルイジアナ地区への遠征が決定していたが、米国大使館からビザがなかなか降りず、秋のシリーズに帯同せずに東京でビザ待ちの状態が続いた。結局、12月20日にビザが発給されて、24日に渡米。丸々2シリーズを棒に振ったのは、実に勿体なかった。

当初、10月4日大会の目玉は大木vsエドワード・カーペンティアのインター戦だった。しかし、カーペンティアのドタキャン(税金滞納のためカナダを出国できず)により、急遽上田との防衛戦に変更。試合開始から場外乱闘ばかりの凡戦となり、せっかくの生中継を無駄に使った形になる。

1980年の日本マット界　概要

前年10月5日、『世界3大タイトルマッチ』と題された国際の後楽園ホール大会で上田馬之助と組み、井上&浜口のIWA世界タッグ王座に挑戦した大木金太郎は、その翌日から全日本のシリーズに合流し、11月30日からは年末恒例の『世界最強タッグ決定リーグ戦』に出場した。

それまで3年以上もパートナーを務めてくれたキム・ドク（タイガー戸口）が全日本に入団してしまったため、パートナーとしてあてがわれたのは〝流血大王〟キラー・トーア・カマタ。馬場の代弁をすれば、「大木さんはもはや賞味期限切れであり、員数合わせである。カマタとのタッグで出場したくなければ、それでも結構。当方にとっては、欠場されても影響ナシ」と言いたげな扱いである。

成績は参加7チーム中の5位。キム・ドクとの師弟コンビで馬場&鶴田から2度にわたりインターナショナル・タッグ王座を奪った76年〜77年の勢いは完全に消えており、12月13日の蔵前国技館におけるシリーズ最終戦を終えた後は、最強タッグに出た選手の中で最も弱いフランク・ヒルを帯同して韓国に戻り、インターナショナル・ヘビー級王座の防衛戦を行って、ソウルで年末を迎えていた。

だが、12チャンネルの田中ディレクターは78年2月の『全軍激突戦』以来、国際勢の韓国遠征、『日本リーグ争覇戦』、そして前記の『世界3大タイトルマッチ』など「大木が登場する週の視聴率は必ず10〜11％を挙げており、いつもより高い。79年10月5日の11・5％も大木の貢献度大」と分析していた。

「これは偶然ではない。大木は、まだまだテレビ視聴者を惹きつける何かを持っている」との確信を持っていた田中ディレクターは、最強タッグ開催期間中に何度か渋谷で本人と面談を重ね、国際プロレス入団可否の感度に探りを入れていた。

「その年の12月から80年1月にかけて、何度か会いました。大木さんは年明けのプロレス活動に関してはまったく白紙とのことだったので、ぜひ国際に出たいという意向でした。本人としては、日本のリングでインターナショナル選手権の防衛戦をやりたかったんです。日本プロレスが活動を停止して以降、7年くらい日本ではやっていなかったし、馬場さんのところで防衛戦をやるのは無理だと諦めていましたね。かといって、吉原さんに直接頭を下げるのも嫌だったみたいで、なんとか我々(12チャンネル)に中に入ってもらえないかということになり、私が社内に上中文書を書きました。大木さんとの交渉については、こっそり菊池孝さんにも手伝ってもらいました」(田中)

この大木入団に関する79年12月14日付の「田中メモ」を転記する。

『大木金太郎の国際プロレスへの導入案』

今後の『プロレスアワー』の強化策として、大木金太郎の導入を提案します。過去の強化策で獲得した一時的な好視聴率ではなく、長期的な効果が望めると思います。具体的には、12チャンネルと大木との個人契約という方式を採用したいと思います。

[契約理由]

〈1〉吉原社長傘下への直接加入の場合、マッチメーク上、テレビ側の意向が直接反映されない危険性が生じる。

〈2〉国際所属選手と大木選手との感情的不和が生じる可能性がある(メインイベンターとしての登場だけに、国際選手との格付けの問題)。

［期待できる効果］

〈1〉視聴率上の効果

実績としては78年2月、大木選手とキム・ドクが組んで木村、草津組と防衛戦を行った試合（10・1％）、同年7月の韓国遠征で木村、稲妻らと戦った試合（8・9％、8・7％）、先日の「世界3大タイトルマッチ」（11・5％）などがあり、知名度と人気が高いことを証明しました。

〈2〉外人選手招聘上の効果

現在、国際プロレスの外人選手招聘ルートはカナダ・カルガリー一辺倒になっていますが、大木選手は世界最大のプロレス組織であるNWAのメンバーになっており、今後は大木選手を窓口としたアメリカルートからの招聘を期待できます。

〈3〉先行2団体（新日本、全日本）との距離を詰める効果

大木選手は過去に日本プロレスに所属していた時代、馬場、猪木、吉村と並んで〝四天王〟と呼ばれていた時期が長く、アジア・ヘビー級王者として絶大なる人気を持っていた選手です。現在は力道山ゆかりのインターナショナル選手権を保持しており、馬場（PWF選手権）、猪木（NWF選手権）よりも歴史と伝統のあるタイトルなので、国際に対するファンの評価も大きく変わってくると思います。

〈4〉木村と並ぶ国際2本柱の確立

木村のIWA選手権と大木選手のインター選手権の2本柱となれば、安定したマッチメークが期待でき、12チャンネルのテレビ中継が将来的に継続するのであれば、吉原社長と12チャンネルの間に立つ橋渡し的存在になることも期待できます。

〈5〉韓国プロレスとの融合効果

現在、12チャンネルの『プロレスアワー』は、国際プロレスの1シリーズ1ヵ月興行を2ヵ月にわたって放映しています。それによって、放

送内容は丸1ヵ月遅れになることがあります。これはスポーツ報道の観点から、かなり速報性とかけ離れたものになっています（他団体の場合、シリーズ45日興行で2ヵ月放送）。

従って、国際のシリーズがない時期には「韓国シリーズ（遠征）」として放送することによって、新鮮な内容を提供することができます（韓国中継費用は、四国、九州、東北などの国内収録とほぼ同額）。

[大木金太郎の具体的な導入方法]

プロレス界の常識として、過去には3ヵ月という短期契約は行われていません（他団体では1年）。現在、我が社と国際プロレスの放送契約は3月まで（79年10月～80年3月）につき、大木導入の場合でも半年以上長くすることはできません。

従って契約期間は3ヵ月、拘束期間は半年とし、半年分に相当する金額で支払います。契約期間は国際プロレスとの放送契約に合わせたので、実際には半年分の経費であることを対大木契約に謳います。

大木の国際プロレス導入にあたっては、最大限の演出効果を用いることが必要とされます。大木が全日本プロレス傘下から外れること、インターナショナル王座の防衛戦を行うこと、この2つの成果により国際プロレスの商品価値を高めるという狙いです。

そのため12チャンネルとしては、インターナショナル選手権の権威付けを最大限にしてやる必要があります。その権威付けは、NWA本部認定の下に、NWAが指定するチャンピオンクラスの選手と韓国でタイトルマッチを行うことで達成でき、そこで〝ニュー大木金太郎〟が誕生することによって、国際プロレス再起の足掛かりとすることが可能です。

[大木金太郎導入に伴う2月～3月の具体的強

化金額」
◎大木金太郎の6ヵ月専属契約料＝1000万円…（ア）
◎対戦候補選手＝ディック・ザ・ブルーザー、ニック・ボックウィンクル（AWA世界選手権とインターナショナル選手権のダブル世界戦にすることにより、効果が倍増します。AWA世界チャンピオンを負かすため、招聘費用にプラスした金額が必要となります）
◎特別レフェリーのルー・テーズ、ラッシャー木村のIWA防衛戦の相手（ニック以外の大物外人）なども含め1000万円…（イ）
（ア）＋（イ）　合計2000万円
　上記予算により90分特番も検討可能で、3月から4月にかけて10％以上の視聴率を目指します。

　この田中ディレクターの上申は社内上層部の承認を得て、実現の運びとなった。

　ただし、「12チャンネルと大木の直接契約」という部分について吉原社長が強硬に異を唱えたため、現金出納（大木の取り分を含めた強化費全体）については国際プロレスの経理部を通さなければならなかったという。

「大木だけ12チャンネルから直接の支払いになったら、他の選手に対して示しがつかない」というのが吉原社長の言い分だったが、「大木用資金のうちの何割かは団体の運転資金にしたい」というのも本音だったろう。

「大木さんからは、〝弟（金光植）も国際に出したいから、それも含めて（半年で）1000万はほしいね〟と何回も言われていました。ですから、吉原さんは1000万の満額ではなかったにせよ、あの入団の時は最低でも700～

800万くらいは大木さんに支払ったと思います。私は大木さんの入団と後楽園の特番（80年3月31日、『プロレス世界4大選手権試合』）の概要だけ決めて、3月1日付でプロレス担当から離れたので、10月以降の再契約については、どうなったのかまったく知りません。大木さんが11月のシリーズで途中離脱してしまったのは、12チャンネルからの契約延長がなかったからでしょうし、吉原さんも参加延長を必要としなかったからでしょう。確か10月に大木さんから私に電話があって、〝会いたい〟と言ってきましたが、〝もう担当じゃないので…〟と丁重に断りました。用件は、間違いなく契約延長の件だったと思います」（田中）

続いて、2月19日付のデイリースポーツの記事を転記する。見出しは「大木金太郎国際入り、みなぎる闘魂」で、インター王座のベルトを右肩にかけた大木、浜口、木村、吉原社長の4人が団結をアピールする写真も掲載された。

「大木君にはかつての力道山先生時代の厳しさを教えてほしい」――国際プロレスの吉原社長は十八日、東京・高田馬場のビッグ・ボックスで記者会見、大木金太郎の国際プロレス入団を発表した。会場には大木はじめ、国際のエース、ラッシャー木村、アニマル浜口も立ち合い、大木は「木村君には悪いが、エースのつもりで入団した。インターナショナル選手権の防衛を続けていきたい」と話していた。

吉原社長によると、大木の入団交渉は一週間前から具体化、十三日夜、これまで大木が専属的にマットに上がっていた全日本プロレス社長ジャイアント馬場との話し合いで決まったという。「大木君の加入で選手層も厚くなるし、バリバリやってほしい」と吉原社長。

大木は「力道山先生のインターナショナル選手権の防衛戦を日本でもやりたいと思っていた。先輩の吉原社長から誘いの話があり、快く受けた。日本プロレス時代、一人でも日プロを守ろうとしたがダメだった。やっと落ち着き先が決まった感じだ」とやる気満々。二十四日、後楽園ホールで入団挨拶したあと、アメリカへ向かい三月十四日に帰国、十五日から国際のシリーズに参加する。

この記事を読んでもわかるように、マスコミに対しては入団にあたって12チャンネルが介在したことは伏せられていた。

大木は29年2月24日生まれだから、後楽園ホールのマット上で入団の挨拶をしたのは51歳の誕生日。当時のプロフィールでは「昭和8年(33年)生まれ」となっていたから、4歳サバを読んでいたことになる。年齢的には峠を越えていたものの、肌艶の良さは抜群で、とても51歳には見えなかった。

2月23日に開幕した『スーパー・ファイト・シリーズ』は3月15日から大木とディック・ザ・ブルーザーが途中参戦し、最終戦まで5戦を消化。私は14日に根本さんの営業車に同乗して成田空港に迎えに行ったが、これまた29年生まれのブルーザーが随分と小さくなっているのに驚いた(この年の6月27日で51歳)。

空港から新宿のサンパーク・ホテルに着くまでにいろいろと世話してやったところ、ブルーザーは「お前はジョー樋口みたいに面倒を見てくれるから、〝ジョー〟と呼ぶからな」と嬉しいことを言ってくれた。スーツケースを持っておらず、小さなスポーツバッグ一つだったのにも驚いたが、理由を聞くと「トム・スタントンという若いのがツアーに来ているだろ? あいつに全部持たせたのさ」と、あのダミ声で笑った。さすが生傷男、やることが豪快である。

シリーズ最終戦の3月21日、静岡県浜北市体育館で大木はブルーザーとシングルで対戦し、勝利した。この一戦は当初、インターナショナル選手権が賭けられる予定だったが、馬場からクレームがついたために「特別試合」として行われた。

「金ちゃんは73年に日本プロレスが潰れた時、日本テレビと専属契約を結んだんだけど、その際に『インター選手権については日本テレビに管理権を委譲する』という念書を出していたんだよ。だから、日本では勝手に防衛戦ができないことになっていた。それを吉原さんに黙っていたので、馬場からクレームがついても仕方がなかったんだよ」（菊池孝）

この問題は大木が芳の里に仲裁を依頼して、何とか日本テレビ（及び馬場）の了解を取り付け、5月15日、晴れて国際のリングでタイトルマッチが行なわれている（大宮スケートセンターでジョー・ルダックを相手に防衛）。

馬場のインター王座に対する飽くなき執念にも驚くが、「馬場は何も言ってこないだろう」と楽観していた大木の見込み違い（勘違い？）は激しく非難された。吉原社長は終始、「これは大木個人の問題なので、自分で片づけてもらう。私はコメントしない」と冷静な立場を貫いたが、これは「自分が勝手に12チャンネルと契約したんだから、タイトルの問題は自分で尻を拭け」という強烈なシッペ返しだったに違いない（入団を仲介した12チャンネルも、この件には関与せず）。

大木から馬場に対して、いくらの支払い（違約金）が行われて「手打ち」となったかは不明だが、おそらくその際に「国際とは半年ごとの契約。それが切れたら、すぐに全日本に戻る」との妥結案を飲んでもらった可能性が強い。

事実、大木はこの年の11月8日、『デビリッシュ・ファイト・シリーズ』第4戦を最後に国際を離脱（表向きの理由は目の負傷）し、12日に韓国に帰国。翌81年、春の全日本『エキサイト・シリーズ』に参加したボブ・ブラウン、マリオ・ミラノとグレート小鹿ら全日本所属選手5人をソウルに招聘し、「全斗換大統領就任祝賀試合」と称して3月4日に奨忠体育館でビッグマッチを開催している（ブラウンを相手にインター王座を防衛）。

これは国際と切れた直後に馬場と連絡を取っていたことの裏付けであり、最終的にはインター王座の管理権も4月に馬場へ〝献上〟している。引き換えに、馬場が所持していたアジア・ヘビー級のベルトを授与され、以降の韓国マットでは大木が王者となって防衛戦が行われるようになった。

■80年3月31日　後楽園ホール
『プロレス世界4大選手権試合』

◎IWA世界タッグ選手権
井上&浜口（11分32秒、反則勝ち）木村健吾&永源遙

◎WWU世界ジュニアヘビー級選手権
原（14分55秒、反則勝ち）剛竜馬

◎AWA世界ヘビー級選手権
ニック・ボックウィンクル（1－1から両者リングアウト）大木

◎IWA世界ヘビー級選手権
木村（13分29秒、リングアウト勝ち）ジョニー・パワーズ

※いずれの試合も王座防衛。

この特番（午後7時半～9時）の視聴率は8・5％。年度末最後の月曜日で、他局の裏番組も強力だったことから、12チャンネル編成とすれば「ギリギリOK」の数字だったと言える。

ただ、視聴率はOKだったとしても、この夜に国際プロレスは壊滅的なダメージを受けた。ニック以外の外敵4選手は新間氏のラインからブッキングされたが、当初は「格下を派遣した」と揶揄されていた新日本勢（パワーズを含む）が、ことごとく真価を発揮して国際勢を圧倒してしまったからだ。

まず浜口が木村健吾のプランチャをまともに

食って場外で後頭部を打ち、完全失神。足首も骨折して、3ヵ月の長期休養を余儀なくされた。

剛竜馬の挑戦を受けた原は場外の本部席にアトミックドロップの要領で投げつけられ、これまた半失神状態で命からがらの反則勝ち。

頼みの大将・木村も新日本で〝御用済み〟の状態だったパワーズに一方的に攻められ、血ダルマにされた挙句に、やっとの思いで逆転リングアウト勝ち（場外でパイルドライバーを放ち、リング内に生還）。

リングサイドでこれらの試合を見ていた私は、ニックvs大木戦以外は「何をやっているんだ、国際は！　しっかりしてくれよ」と泣きたい心境だった。39年経った今でも、この夜の国際絡みの3試合はDVDを見返す気にならない。あまりに悲惨で、思い出したくないからだ。

視聴率は正直な〝生き物〟である。この夜の8・5％をピークに、翌年3月で放送打ち切りになるまで、ほぼ「右肩下がり」で下降を続けていった。4〜7月は6％前後で、8月に5％台に低下。10月4日、土曜午後8時に時間帯がシフトされた1回目の90分特番は、4・5％だった。

以降は3％台に落ち、12月27日に一回だけ4・5％に復活したが、以降は再び3％台。81年2月21日放送分は初の2％となり、遂に3月末での打ち切りが決定している。

振り返れば、この『4大決戦』が分岐点になったことは明白で、「国際の主力は、新日本の中堅にも勝てない」という評価が決定的になってしまったためだった。ニックと引き分けた大木は唯一〝新日本台風〟の被害を受けなかったが、その後の視聴率を見ると、残念ながら下降を食い止めるストッパー役までは果たせていない。

この4大タイトルマッチが行われた80年3月31日は私にとって学生生活最後の日で、翌朝9時から就職先の初日を控えていたが、試合後にニック、テーズをホテルに送っていき、バーで深夜3時まで一緒に飲んでいたため、あえなく入社式に遅刻という〝快挙〟をしでかしてしまった。人事部のM部長から「君は何を考えているんだ！」と大目玉を食らったが、頭の中では前夜の興奮を反芻していたため、何を言われても上の空で聞き流すことができた。

また、社会人になったのを機にビデオデッキ（ソニーのベータマックス）を月賦で購入した。確か月2万円の12回払いだったと記憶している（VHS方式が生き残るとはまったく予想できず、後に後悔）。ここから私にとって「プロレスを録画して、好きな時に見られる時代」になり、68年から始まった「プロレス中継を見るために、オンタイムでテレビの前にいる」というルーティンから12年目にして解放された。ビデオが発明されていなければ、この夜を境にプロレス中継は残業のためほとんど見られなくなっていただろう。ビデオを発明してくれた偉人には、いくら感謝してもしきれない。

国際プロレスの中継を収録したベータのビデオカセットというと、忘れられない話がある。ポニーキャニオンがDVDボックス『不滅の国際プロレス』を制作する時に、菊池孝氏、竹内宏介氏、私の3人が手持ちの12チャンネル中継の映像を持ち寄って選別会議を行った。

その際、竹内氏が持参した15個くらいのベータカセットの中に、「76年5月23日、後楽園」と書いてあるものがあった。カードは「井上＆草津vsジジ・ザ・グリーク＆プリティボーイ・アンソニー、上田vsエディ・サリバン、木村＆寺西vsリップ・タイラー＆ボビー・バス」。私が上京したばかりの時、田中さんや根本さんに初めて話しかけた思い出の日のビデオだった。

私は思わず「うわあ、凄い！ 竹内さん、これを持っていたんですか！ 絶対に入れましょう！」と提案し、菊池氏も「面白い。こういうのがマニアは見たいんだよ」と賛同してくれた。竹内氏は「そうだなあ…入れようか」という感じで『採用』のハコに入れたが、しばらくして「やっぱり、さっきの後楽園はやめよう。カードが弱すぎる。これ、俺が解説した最初の日だったから録画したんだ。自分のメモリアルだから入れるのは、気が引けるよ」と、そのカセットを抜き出し、カバンの中にしまってしまった。

私と菊池氏は最後まで〝採用〟を主張したものの、竹内氏は翻意しなかった。「俺の自宅に来なよ。その時に見せるよ」と言ってくださったのだが、その2ヵ月後、竹内氏は脳梗塞で倒れて闘病生活に入ってしまい、二度とプロレスの会話を交わせる状態には戻らなかった(2012年5月に逝去。享年65)。私にとって「この世で一番見たいプロレスビデオ」、それはあの国際のベータカセットだ。竹内氏のご逝去は、あまりにも早かった。

最後に『実録・国際プロレス』から、マッハ隼人が「80年の国際プロレスアワー」について語った部分を引用する。「ディレクター」は、説明するまでもなく田中さんのことである。

——当時、東京12チャンネルの中継は、マッハさんの露出度がかなり高かったんですよ。それまでの国際プロレスにはないコンテンツでしたし、派手な絵柄もテレビ的に良かったはずです。

「ディレクターの人は良くしてくれました。でも、その人の良いディレクターさんに対して、選手や吉原社長がいばり散らすんですよね。あれが理解できませんでしたな。力道山時代からの仕来たりなんですかね?」

そして、3月31日の後楽園ホールには4大タイトルマッチの原案を企画した田中ディレクターの姿はなかった。田中さんもまた、5年半に及んだ『国際プロレスアワー』を卒業して、別のスポーツ中継で新たな挑戦を開始していた。

東京12チャンネルによる新団体設立構想

79年12月15日に書かれた「田中メモ」を転記しよう。

それは翌80年以降も『国際プロレスアワー』を存続させていくためには、団体運営から吉原社長（と名前は出てこないが草津）を排除して、12チャンネルが国際の所属選手たちと個別に契約を結び、「新団体」を創ることも検討するべき、という衝撃的な内容である。

「吉原社長についての項目で何度も書いている通り、今後も放送を継続していったとしても、吉原社長の〝結果より内容〟が継続されていく限り、テレビ局の意向が反映される番組作りは不可能となります。それは仮に製作費を今の3倍～5倍に増やしても無理な部分であり、その意味では吉原社長を除外した今後の体制という件も、十分に考慮に入れておく必要があると考えます。

プロレス番組を継続するならば、適切なアドバイスができる人物を団体内部に確保しなければなりません。現在の国際プロレスを12チャンネルの目玉商品とするには、過去の経緯からして無理であり、妥協の産物以外の何物も残りません。畢竟《ひっきょう》、現・国際プロレスの切り捨て論以外に取るべき方向性はなく、代わりに新・プロレス団体の設立という案も考えられます。

打開策の具体的処方は、現・国際プロレスの選手を新団体（以下、『新国際プロレス』と仮称）に移行することです。現在の国際プロレスの契約は、テレビ局の選手契約（他局は一部選手と専属契約）と違い、入門時点での誓約書面契約で、その選手を何年拘束できる云々の効力は持っていません。他団体からの引き抜きに対抗することもできないものです。たとえば、過去に国際プロレスを脱退したサンダー杉山、ストロング小林、剛竜馬はフリー選手となっているか、他団体の選手になっています。テレビ局と専属契約を結んでいる選手（全日本の馬場、鶴田、戸口、新日本の猪木、坂口、藤波、長州、小林）を獲得しようとする場合、その契約切れを待つより他に方法はありません。

現在の国際プロレスがテレビ放送を打ち切られた場合、単独興行が打てなくなり、解散状態になりますが、その場合に吉原社長が取る行動は、選手を他団体に移籍させ、選手の生活を保障し、自身は吸収された先の団体から月決め報酬を受け取るというやり方です。

過去、日本プロレス解散時に芳の里淳三氏が取った形式がこれです。芳の里氏は解散後、日本テレビから月決めで報酬を受け取り、日本プロレスの一部選手と自分が契約して、第三者に貸し出す、という形を取っていました。今は契約期間が切れたため、芳の里氏は報酬を断たれています。

これと同様の方式を取って12チャンネルが新団体を結成することは、かなりの負担になります。従って、国際プロレス解散の前に選手個人個人と専属契約を結び、国際の主な選手が他団体に移籍することを防がなければなりません。専属契約を結んだ選手（人数的には2～3人でも構わないと思います）が『新国際プロレス』を結成することになります（過去、テレビ朝日と新日本プロレスが取った手段がこれです）。

あくまで表面的にはプロレス団体のトップが代表者である、という形を採り、テレビは全面的にバックアップするという体制でなくてはなりません。テレビ局が表面に出てしまうと、演出番組としてのショー的要素が一般視聴者に対して疑義を生じせしめる危険性を有するからです。

契約に際しては、きめ細やかな配慮が必要です。プロレス番組の将来を考えた場合、20年~30年の長い素材とは言えず、12チャンネルがこの種のコンテンツを必要としなくなった場合、名誉ある撤退をするためにも十分な討議を重ねる必要があります。

新国際プロレス案について大まかに述べましたが、実際問題として難しい点は、現存団体から新団体への移行で、12チャンネル介入による道義的問題があります。たとえば、吉原社長一個人として置き換えた場合、解散後の生活保障、解散に伴う倒産問題(会社更生法適用の可否)、法律上の処理問題が含まれてくると思います。

新国際プロレス設立にあたっては、このような問題の解決案を予め用意しておかねばならぬことは言うまでもなく、弁護士グループも準備しておかなければなりません。

社長切り捨て論に及ぶことも必至ですが、道義上の処置として吉原氏をプロレス界に残すことは可能だと思います。ただ、新国際プロレスに吉原氏の権限が及ぶことになれば、団体設立の趣旨が曖昧になってくることも確実であり、吉原氏の処遇についても社内で慎重な準備議論が必要になると思います」(田中メモ)

グレート草津骨折事件の真相

この80年の7月9日、熊本市体育館大会のメインで組まれた6人タッグに出場したグレート草津は足首を負傷し、地元・熊本市内の病院に搬送されて入院。以降は二度とリングに戻らなかったので、これが事実上のラストマッチとなった(引退興行もセレモニーも行わず、営業に専念)。

この日はマスコミが取材に来ていなかったために、不明の部分が多い。本書執筆中、マイティ井上に状況を詳しく聞いてみた。

――グレート草津が負傷した時のことについて、お聞きします。メインイベントの6人タッグは、草津&大木&木村vsジプシー・ジョー&ランディ・タイラー&ロッキー・ブリュワーという組み合わせでした。次のシリーズのパンフレットには、〝草津は先シリーズの熊本大会で場外でジプシー・ジョーの攻撃を受け、右足首を複雑骨折。本シリーズは出場が危ぶまれている〟とあります。この日、井上さんはセミの一つ前で、ジェイク・ロバーツに反則勝ちしていますね。

「憶えてますよ。自分は熊本に仲のいい友人がいるので、飲みにいく約束をしていてね。自分の試合が終わったからシャワーを浴びて着替えて、シャツ姿でメインを会場の後ろから見ていたんです。試合が始まって、すぐでしたよ。草津さんが突然、〝アーッ!〟と大声を出してリングに倒れたんです。ガイジンもキョトンとしていましたね。場外乱闘なんて一回もなかったですよ(笑)。〝アキレス腱が切れた〟とリング上で言ったんでしょうね。すぐにセコンドの肩を借りて、控室に連れていかれましたよ。アキレス腱が切れて退場というのは格好悪いから、対外的には足首骨折にしたんでしょうね」

――記録では1本目が17分51秒、両軍リングアウトで、決勝の3本目は木村さんがブリュワーを6分27秒、片エビ固めでフォールしています。2対3の状態で、20分以上も試合が続行したんですか?

「確か、そうですよ。草津さんの代役が入って続行ということではなかったですね。とにかく草津さんは立っていられなくて、すぐに救急車を呼んで病院に行きました。草津さんの地元ですから、心配した友人やら親戚やらが控室に来て大変でしたよ」

――翌日から12日までがオフで試合がなかったのですが、病院には見舞いに行ったんですか?

「翌日に行きましたよ。もう〝痛い、痛い〟って大騒ぎで、病院でも大変でしたよ（笑）。自分の責任なのに、〝リングの板の並べ方が良くない〟とかなんとか八つ当たりです（笑）。あの人は、とにかく試合前のウォーミングアップというのをまったくしませんから」

――練習が嫌いだった話は有名ですが、ウォーミングアップもしないんですか？

「考えられないでしょ？　でも、実際そうでしたよ。試合が始まる少し前まで私服姿で、それからタイツに着替えるような感じでしたね。タッグで何度も一緒にリングに上がったんですが、リングアナが〝グレート～～、草津～～～！〟とコールした時に、両コブシを上げてコールに応えるじゃないですか？その瞬間に手首に腕時計をしたままなのに気がついて、慌てて外したのは2度や3度じゃないですよ。隣で見ていて、正直〝プロレスをナメてるな〟と思いましたね」

以上が「草津骨折事件」の真実である。

80年には、これ以外にも「タクシーが大宮の合宿所に突っ込んで全焼（7月26日）」とか「3月、脳腫瘍のためにスネーク奄美が入院（翌81年4月30日に札幌の病院で死去）」など、とにかく国際は暗いニュースが続いた。3月の後楽園大会で足首を骨折した浜口はようやく6月にカムバックしたが、このあたりで阿修羅・原がエースの一角に躍り出てこなかったことが惜しまれる。

また、鶴見五郎によると、草津が現場から外れた後、マッチメークは吉原社長が基本線を考え、それを木村がレスラーたちに伝えるという体制になったそうだ。地方巡業に出ると前座のカードは木村自身が組み、非公式の金網デスマッチ（団体側は通常の試合として結果をリリース）に出場する選手のシフトなども決めていたという。

幻の『ワールド・チャンピオン・カーニバル』

膨大な「田中メモ」の最後として、79年12月18日に書かれた企画書『ワールド・チャンピオン・カーニバル』の原案を転記する。

これはNWA会員である大木金太郎の入団を契機として、NWA、AWA、WWFの大物を国際のリングに集結させ、世界一を決めようとする夢のある上申書だ。「現実味に欠ける」という批判もあろうが、プロレス担当のテレビマンたるもの、これくらいの壮大なロマンを胸に秘めていたからこそ『国際プロレスアワー』を5年半も担当できた証明でもある。

先に補足しておくと、これは当然、テレビ放映を前提としたもので、月曜のレギュラー中継で前煽りとして空港の到着シーン、記者会見、大会概要の予告などを放映し、翌日の火曜から土曜まで5日連続でゴールデンタイム特番（生中継）を組むという型破りなプランだった。ゴールデン帯にプロレス中継を5日間ぶっ通しで放映するという企画は、どう考えても日本テレビやテレビ朝日では社内会議で通るわけがなく、「番外地」だった12チャンネルだからこその発想である。

会場は一ヵ所に限定し、開催も短期集中型にすることで経費（レスラーの宿泊代や移動代）を最大限に削減。さらに週明けの月曜、翌週の月曜にも『ワールド・チャンピオン・カーニバル』のハイライトシーンを放映してレギュラー枠の強化も狙うなど、かなり具体的な部分まで練られており、決して田中ディレクターが「絵空事」として考えていたものではない。

『ワールド・チャンピオン・カーニバル企画』

全米には多くのチャンピオンが存在しますが、やはり権威があって多くの観客を動員しているのはNWA、AWA、WWFの3大世界チャンピオンです。

本企画書に書いた「ワールド・チャンピオン・カーニバル」の如き企画は、従来どこのテレビ局も企画してきませんでした。製作費と視聴率の効率からして、不可能だったからです。

もし12チャンネルがこの企画を実現できたら、5日間平均13％以上の視聴率を獲得することが可能と考えられます。他局の場合は5日間連続でゴールデン枠で放送することは不可能に近く、視聴率的にもギリギリの線と言えます。

5日連続という方式を取れないと、外人招聘費用が1週間で済むところが4週（4倍）になってしまい、コスト倒れになります。また、1週間招聘で4週分（プラス特番）収録の方式だと、生中継の週だけが新鮮で、あとは結果がわかってからの録画になって番組全体が色褪せてしまいます。

その点、当局は比較的特番が組みやすい関係上、過去の経緯から（10月編成第1週3回のスポーツ特番）可能と思われます。この企画を5日連続通しで1時間半の帯番組として組めるのであれば、生中継の魅力でゴールデン帯平均視聴率を上回り、かつ1週間の選手招聘で済むという利点から、他局ではできない企画として、経費、期間、視聴率において最も効率良く、効果的であると確信します。

■放送形態（案）

3月最終週か4月第1週、ナイターのない期間、19：30〜20：54

火曜日から土曜日まで（前日の月曜日は「プロレスアワー」で予告）

場所　後楽園ホール5日間連続（貸し切り）

中継車　12チャンネルまたはクロステレビ、国際ビデオ2台、ステレオ放送

製作費　選手招聘＝5000万円、中継製作費＝1000万円、選手交渉予備費＝150万円

合計　6150万円

■参加メンバー

「NWA代表」
NWA世界チャンピオン　ハーリー・レイス
前NWA世界チャンピオン　ダスティ・ローデス
「AWA代表」
AWA世界チャンピオン　ニック・ボックウィンクル
前AWA世界チャンピオン　バーン・ガニア
「WWF代表」
WWF世界チャンピオン　ボブ・バックランド
前WWF世界チャンピオン　スーパースター・ビリー・グラハム
「フリー代表」
アンドレ・ザ・ジャイアント
ザ・デストロイヤー
「国際プロレス代表」
IWA世界チャンピオン　ラッシャー木村
インターナショナル・チャンピオン　大木金太郎
「特別レフェリー」
ルー・テーズ
カール・ゴッチ
（合計12名）

■放送スケジュール

初日（火曜日）
レイスvsバックランド、ジャイアントvsグラハム、ニックvsデストロイヤー
2日目（水曜日）
レイスvsニック、ジャイアントvsバックランド、木村vsデストロイヤー
3日目（木曜日）

バックランドvsニック、レイスvsローデス、ガニアvsデストロイヤー
4日目（金曜日）
バックランドvsグラハム（金網マッチ）、ニックvsガニア、ジャイアントvsローデス
5日目（土曜日）
木村vs大木、NWAvsAWA（レイス&ローデスvsガニア&ニック）、フリーvsWWF（ジャイアント&デストロイヤーvsバックランド&グラハム）

出場選手に関しては、大木のルートでレイスを呼ぶのは難しかっただろうが、半分以上は田中さんがディレクター時代に招聘実績のあるメンバーであり、WWF（バックランド、グラハム、アンドレ）やフロリダ地区（ローデス）と提携していた新日本（新間氏）とも友好関係にあった。

もし12チャンネル上層部がその気になれば、最終的には少々違った人選になかったかもしれないが、『ワールド・チャンピオン・カーニバル』は意外とスンナリ実現できていたかもしれない。

またしても新日本に蹂躙された対抗戦

2月から大木の加入が話題の中心となっていたのでマスコミの報道では陰に隠れた形になっていたが、3月31日の後楽園大会を機に再び新日本との対抗戦が本格化していき、最終的に国際は致命的なダメージを負う結果を招いてしまう。

まず4月3日、新日本の蔵前国技館大会に乗り込んだ原が藤波のWWFジュニアヘビー級王座に挑戦。藤波は2012年に発売された自身のDVDボックスの中で「あの試合の後、原選手はキャリア2年以下だと聞いて驚きました。2年であそこまで成長したレスラーは、なかなかいないです。自分なんか2

年目の時はヒヨッ子でした」とコメントしていたが、聞き手だった私は「これは決してお世辞じゃないな」と強く感じた。

バックフリップの連発で「あわや」というシーンもあり、原の善戦は褒められて良かったが、結果は三角締め（発表は逆片腕固め）で藤波のギブアップ勝ち。1年前、あらゆるバックアップを受けてスター街道に乗ってきた原の勢いが、ここで完全にストップされてしまったのは実に惜しかった。

続いて翌日の4月4日、新日本の川崎市体育館大会で独立愚連隊（鶴見五郎&大位山勝三）が山本小鉄&星野勘太郎と対戦。これは小鉄の引退試合だったので、独立愚連隊の勝利は有り得ない状況だったにせよ、ここで2人が生中継で完敗したことによって「国際のナンバー2タッグチームは、引退する選手より弱い」という烙印を押されてしまった。

では、「ナンバー1タッグチーム」であるIWA世界タッグ王者はどうなったか？　木村健吾のプランチャでやられた浜口の回復が遅れて、リターンマッチ（6月29日＝後楽園ホール）に間に合わず、井上&寺西の新コンビがストロング小林&永源遙と王座決定戦を行う算段になった。

当時の新日本で、永源は決してトップグループに属していない。トップグループが猪木、坂口、藤波、長州の4人とすると、第2グループが小林、木戸、星野、藤原喜明、木村、永源といったあたりで、せいぜい「ベスト8」に入るか入らないかという位置だった。

加えて、パートナーはまたしても小林（当時39歳）の起用だ。小林は長州の台頭によって北米タッグ王座を外され、もはやトップグループに復帰する見込みもない中、無理やり〝古巣殴り込み要員〟に仕向けられた感じだった。言葉は悪いが、小林&永源というチームは完全な〝あり合わせコンビ〟であり、「ウチは陣容が豊富で、君らは余剰になってきたから、ちょっと国際を盛り上げに出向してくれよ」とのノリで出された雰囲気があった。

その〝出向コンビ〟が2－1で井上&寺西を破り、IWA世界タッグ王座を奪取してしまったのだから話にならない（3本目はジプシー・ジョーとロッキー・ブリュワーが乱入して井上と寺西を襲撃し、国際チームがリングアウト負け）。

7月15日、富士市民体育館では負傷が癒えた浜口がカムバックし、井上とのコンビでようやく王座奪回に成功したが、3本目はグダグダの反則勝ち（小林が誤って椅子でレフェリーの山本小鉄を痛打）。反則でも王座は移動するというルールだからベルトだけは奪回したものの、私を含むファンの間に残ったのは「永源は、あんなに強かったのか！」という驚きだけだった。またしても、新間氏に「永源ちゃん、グッジョブ！」と快哉を叫ばせた結果でしかない。

元はといえば、隠れた実力者の永源を入れてしまった時点で国際の交渉負けである。私が吉原社長の立場であったら、前年のオールスター戦でスネーク奄美に完勝した荒川真を指名して、小林と組ませていただろう。荒川も侮れない実力者だが、まだタイトルマッチの大舞台は踏んでいないし、「奄美の敵討ちだ。荒川、出てこい！」という大義もあった（奄美は脳腫瘍で闘病中）。小林&荒川が相手ならば、国際ファンが溜飲を下げる結果で終わっていたと思う。

ここで静かに対抗戦に幕引きすれば良かったものを、吉原社長は全日本との対抗戦で吸った「甘い蜜の味」が忘れられない。

9月30日、鈴木部長を帯同して新日本の日本武道館のリングに上がり、「12月13日、新日本の東京体育館大会にラッシャー木村をはじめとするウチの主力を上げます」とマイクで発言してしまった。その後、控室では「来年4月をメドに、木村と猪木選手の対決を実現させたい。今度の12月13日は、その第一歩」とまで深入りしている。

12チャンネルの視聴率が急降下していた中、「近い将来、テレビ中継がなくなる予感」が吉原社長の中にあった可能性は強く、新日本に吸収合併してもらう〝未来予想図〟が選択肢の中に入れられてきた時期だったかもしれない。

「そんなこと、猪木に直接言えよ！」

12月13日の東京体育館大会は新日本の興行だったので、自分で切符を買って見に行った。

この日は土曜日。通常ならば夕方の『全日本プロレス中継』を断念して、夜の『国際プロレスアワー』をビデオで留守番予約するところだったが、土曜夜8時に移行してからの国際中継は3％台の視聴率が多かったため、11月あたりから特別番組が入ることが増えていた。

この日も国際の中継は休みで、90分の懐メロ歌番組が入っていたが、今思うと、どう考えても土曜夜8時という時間帯は「国際プロレス向き」でなかった。「根拠は？」と言われても具体的に説明しにくいのだが、私のような熱狂的なプロレスマニアでない限り、「国際プロレスは月曜日の夜だから見る気になるものの、土曜日の夜には見る気にならない番組」だったと思う。

この時期の裏番組にはＴＢＳの『8時だヨ！全員集合』とテレビ朝日の『暴れん坊将軍』がドンと構えていて、2つで常に約50％以上の占有率があった。日本テレビは巨人軍のナイター中継がシーズンオフでなかったとはいえ、7時半から9時まで『土曜スペシャル』があり、これも10％以下という数字は絶対にない強力コンテンツだったので、一般家庭で12チャンネルを回す世帯など、ほとんどなかったように思う。

それを考えると、3％台という数字はむしろ善戦だったように思うのだが、テレビ局の側から見たら「冗談じゃない。打ち切りだ」となる。「だったら、月曜日のままで良かったじゃないか」と反論したいところだが、この年の1～3月は8～9％、4月からも5～6％前後を取っていたことで、編成が「ひょっとしたら、土曜の夜8時に移しても、そこそこの数字が取れる番組かも？」と色気を出したのも無理はない。

結局、「土曜夜8時」は半年間しか継続できずに翌年3月いっぱいで中継は打ち切りとなるが、4月から巨人戦のナイターが入ってきたら、もっと悲惨な数字が継続するだけだったかもしれない。つまり、遡及的に考えると、土曜夜8時への移行は「国際への死刑宣告、Dead or Alive（生きるか死ぬか）」だったと捉えることもでき、「国際と12チャンネルの正常な関係は、すでに終わっていた」と書いて差し支えなさそうだ。

さて、12月13日の東京体育館大会に話を戻すと、この日は新日本には珍しく観客の入りが悪く、閑散とした場内には暖房がないので震えながら見ていた記憶がある（発表は7500人だったが、実数は5000人前後だろう）。

セミの前に組まれた藤波&木村vs浜口&寺西のタッグマッチは、この日一番の好勝負となり、最後は藤波がジャーマン・スープレックスで寺西からスリーカウントを奪って快勝。浜口のリベンジは、ならなかった。

この後、坂口vs上田戦を挟んで、木村vs小林のIWA世界へビー級選手権となったが、これで木村が負け、あるいは引き分けになったら完全に国際の命運はジ・エンドである。

「まさか、ここはスッキリ木村が勝ってくれるだろう」と期待して見ていたが、最後はバックドロップで木村がスリーカウントを奪い、小林に初めてフォール勝ち。だが、レフェリーのレッドシューズ・ドゥーガンのカウントが遅く、小林がスリーカウント目でキックアウトしたようにも見えたことで、セコンドの荒川、永源がリングに飛び込んでき

大木はこの80年『デビリッシュ・ファイト・シリーズ』の第４戦で巡業を離脱し、残りの14興行には出場しなかった（ポスターの顔写真は消されずに、そのまま使用）。全日本のリングで一度も実現できなかったインター防衛戦が行えたことで目標を達成し、契約更新のオファーがなかったことから再び全日本にカムバック。国際プロレスに在籍した8ヵ月はテレビでの露出が大きかったので、長いレスラー人生における“最後の華”となった。

た。「またオールスターの再現かよ」と白けた声も上がり、お世辞にも心地良い幕切れとは言えなかったが、小林との決着をつけた木村は満足そうだった。

その後、マイクを握って「私の最終目標は、猪木選手との対戦です。みなさんの声援をお願いします」とアピールしたものの、残念ながら観客の反応は鈍く、「そんなこと、猪木に直接言えよ！」という厳しい野次が虚しく耳に残るばかりだった。

〝大本営発表〟とは裏腹の実態

翌日の12月14日は日曜日で仕事が休みだったので、日本橋の東急デパートで開催された国際プロレスのレスラー餅つき大会に出かけた。

選手では木村、井上、浜口、菅原伸義（アポロ菅原）らが来ており、鈴木部長、根本さんもいたので、改めてレスラーの面々に紹介していただいた。

井上に名刺を差し出し、挨拶したのはこの時が初めてで、大きな声で「ああ、よう会場に来ている方ですよね？　よろしく」と言われた時に、なぜか周りにいた子供たちが大笑いしたので赤面。つきたての餅を頂戴しながら、関西弁でまくしたてる独特の井上節を初めて拝聴して、楽しい時間を過ごした。

一通り食事が終わった後、根本さんから年明け『新春パイオニア・シリーズ』の日程表（ガイジンレスラーに渡すA4の一覧表）を手渡された。

4月に就職してからも、私は可能な限り週末は根本さんに同行して（実際は無理やりくっついて）、ガイジンの成田空港への送迎を継続させてもらっていた。4月から年末にかけて、ルー・テーズの他、ビッグ・ジョン・クイン、マイク・ジョージ、ビル・ドロモ、チャーリー・フルトン（ザ・USSR）、アレックス・スミルノフなどの送迎に同行させてもらったが、彼らと行動をともにすることは英会話のスキルを向上させるだけでなく、何よりの社会経験になったと思う。

クインの悲願によりキャバレーという場所に入ったのも人生初の経験だったし、中堅選手のランディ・ローズにお尻を触られたのも未知の体験。ただ、「シモネタ」的な出来事はそれだけで、個々のガイジンが打ち明けてくれるレスラー生活の厳しい現実を知ることが何よりも勉強になった。

それまで「クインやスミルノフのような一流選手は、さぞかし豪華な生活を満喫しているのだろうな」と思っていたのだが、実態は極めて質素なもので、家族を食わすために四苦八苦していることが赤裸々に理解できた。新聞や雑誌、あるいはテレビで見ていたアメリカのプロレス業界の華やかさは誇張だらけの表面的なもので、すでに70年代後半から急激な衰退期に突入しており、マーケット（テリトリー）そのものも収縮する一方だったことがわかった。

当時、マスコミの間では「馬場は知名度と信用があるので、アメリカからいくらでも一流選手を呼べる。ワンシリーズに5人も6人も超一流が来るのだから凄い」という感じで記事が書かれていたが、「一流であってもアメリカで食えなくなってきたので、馬場に頭を下げて年に何度も呼んでもらっている。結果的に、馬場は何人もの一流レスラーを経費の無駄を覚悟で呼ばざるを得ない」というのが実態だった（その結果、ガイジンに支払ったギャラ総額に発生する年度末の巨額税金が負担となり、馬場は全日本プロレスの社長の座を日本テレビからの出向役員に禅譲。アメリカマット衰退のツケの多くは、結果的に馬場が払った形になる）。

私自身、「ああ、あの頃の実態はそうだったのか。とっくに繁栄の時期は終わっていたんだな」と思い知らされたのはインターネットが普及した90年代以降で、国際プロレスが健在だった80年あたりまでは、まだまだ紙の媒体が虚構で固めた〝大本営発表〟を鵜呑みにしていた。疑うことなく信じていたこと自体は恥ずかしいが、逆に疑うことを知らなかったからこそ、プロレスに関する情報を（先入観なしで）素直に吸収でき、かつ楽しめたこともまた事実だったと思う。

この時期、スミルノフが国際からもらっていたギャラは週に2000ドルだった。これは本人が言っていたのだから嘘ではないと思うが、80年当時に週2000ドル稼げるマーケットは、日本以外ではWWFとAWAだけ。しかも、連日メインかセミを与えられるトップクラスに限った話で、あとは週1000ドルが関の山だったそうだ。

国際がガイジンレスラーに払っていた金額は決して悪いレベルではなく、日本テレビとテレビ朝日という巨大なバックを抱える全日本と新日本が例外中の例外だっただけの話なのだ。そう考えると、国際が2強の大波に揺られて轟沈していったのは、世界的なプロレス業界の収縮、再編成に伴った必然的犠牲、運命としか書きようがない。

第八章

1981年

（昭和56年）

81年1月4日の後楽園ホール大会では吉原社長によってテーズ所有のベルトが披露され、「ルー・テーズ杯争奪リーグ戦」が開幕した。新日本が「IWGP構想」を発表し、全日本は「馬場3000試合記念」でAWA王者バーン・ガニア、NWA王者ハーリー・レイスを連続招聘。国際は、この企画に浮沈を賭けた。

同日、テーズ杯争奪リーグ公式戦の第1戦として行われたのは井上vsレオ・ロペス。テーズが同月2日に来日したため、筆者も正月返上で同行。この日の試合前には、全日本の正月シリーズに来ていたブッチャーがテーズを表敬訪問。ブッチャーが初来日前、バンクーバーで一緒にサーキットしたそうだ。

この年の『新春パイオニア・シリーズ』はオフが多かったので、筆者は週末に営業の根本さんに付いて、切符を売るためにガイジンレスラーと夜の街に繰り出した。マイク・ジョージ（上写真の左端）はナイスガイだったが、ボブ・スイータン（下写真の筆者の右）は酒癖が悪く、桜木町にあった元ボクシング世界フライ級王者・花形進の店でも常連客（花形氏のジム仲間）とストリートファイト寸前の状態になった。テーズとジョージが仲裁に入ったので大事には至らなかったが、なにかと困った御仁だった。

1月31日、町田市東急デパート屋上で行われたテーズによる公開レスリング教室。筆者（左端）は司会と通訳を担当したが、硬い体育用マットにバックドロップで投げられた高杉は大変な役割を強いられた。マッハ隼人、冬木にはSTF、逆片エビ固め、ダブルリストロックが仕掛けられて実戦さながらのミニスパーリングを披露。晴天に恵まれて、300人くらいの客が詰めかけた。

1月31日、町田市東急デパート内にある『スポーツ館』でテーズは「一日店長」となって販売促進に一役買った。右上の写真でテーズの左側に写っているのは吉原社長の信頼が厚い菊池孝氏で、当日はレスリング教室が終了する時間に合せて、木村、浜口を引率して来場（その後、テーズを交えてサイン会に移行）。高田馬場で何度も酒を飲ませていただいたが、本当に優しい先輩だった（2012年9月に79歳で逝去）。

2月27日、横浜文化体育館ではテーズ杯争奪リーグ公式戦として木村vs浜口の好カードが組まれ、木村が16分8秒、片エビ固めで快勝。国際プロレスにおける大物日本人対決は、これがラストとなる。そして、翌日の後楽園大会が12チャンネルによる最後の生中継となった。

I.W.E. SCHEDULE I/4-I/31　No.

DATE	CITY	TIME	HOTEL
1/2		Ar. Tokyo	HOTEL SUN PARK
3			"
4	Tokyo Kohrakuen	6:30p.m	"
5	Haramachi-shi	"	HOTEL NISHIYAMA
6		Lv.HOTEL-----------Tokyo	HOTEL SUN PARK
7	Tateyama	6:30p.m	"
8			"
9		Lv.---(Bus)---Kobe---(Ferry Bort)---Hyuga	
10	Hyuga	6:30p.m	Hyuga
11	Ibusuki	"	Ibusuki
12	Takanabe	"	Takanabe
13		Lv.HOTEL---Kokura---(Ferry bort)all night---Kobe	
14		Kobe---(Bus)---Tokyo	HOTEL SUN PARK
15			"
16			"
17			"
18		Lv.---(Bus)---Okayama	Okayama
19	Kasaoka	6:30p.m	"
20	Ohsaka	"	HOTEL NANKAI
21	Sirahama	"	Sirahama
22		Lv.HOTEL-----Ohsaka	HOTEL NANKAI
23	Okinawa	6:30p.m	(go by plane)
24	Naha	"	Naha
25	Nago	"	"
26		Lv.---(Plane)---Ohsaka---(Bus)---Tokyo	
27			HOTEL SUN PARK
28			"
29	Kurobane	6:30p.m	Ohtawara
30	Hitachiohta	"	HOTEL SUN PARK
31	Yamato	"	"

* International Wrestling Enterprise　Tel. Tokyo(03) 209-6113
* Hotel Sun Park　Tel. Tokyo(03) 362-7101

新春シリーズに来日した外国人レスラーに配布されていた行程表。興行数が少なく、平均すると1日おきにしか大会が組まれていない(28日間に15戦)。これでは興行収益が黒字になるわけはないので12チャンネルからの権利金が唯一の収入源だったが、それも3月いっぱいで切られてしまう。

2～3月の『スーパー・ファイト・シリーズ』に参加していたガイジン勢。左からルーク・グラハム、エル・コバルデ、レッド・デビル(ビル・ホワイト)、エローデス。下写真で大きな背中を向けているのはレイ・キャンディ。メンバー的には決して悪くなかったが、会社全体がすでに末期症状を呈していた。

4月18日の後楽園ホール大会は、定期放送が終了した後の特番として5月3日（日曜日）の夕方6時〜7時の枠で録画中継された。原は凱旋帰国第1戦でガニアの秘蔵っ子であるスティーブ・オルソノスキーと対戦し、日本初公開の雪崩式ブレーンバスターで快勝。

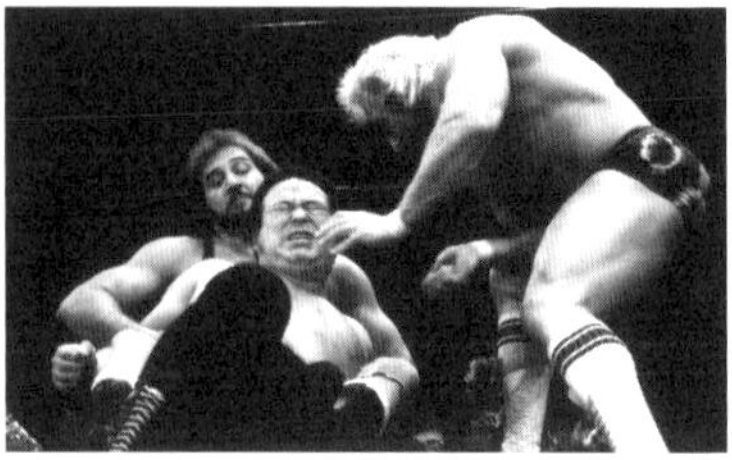

5月3日の特番では木村＆井上vsポール・エラリング＆テリー・ラザン、寺西＆マッハvsカルロス・プラタ＆ホセ・ルイス・メンディエタも放送されたが、後楽園ホールには観客が500人くらいしかおらず、盛り上がりに欠けた。エラリングは、これが初来日。

4月24日、高松市民文化センターの『ビッグ・チャレンジ・シリーズ』第6戦。木村vsテリー・ラザンの金網デスマッチが組まれ、木村がKO勝ち。試合後に乱入してきたマイク・ミラー（下写真の左）にも鉄拳制裁を加えて歓声を浴びたが、この写真を撮影した梶谷晴彦氏によると「観客は1000人も入っていなかった」という（発表は3100人）。

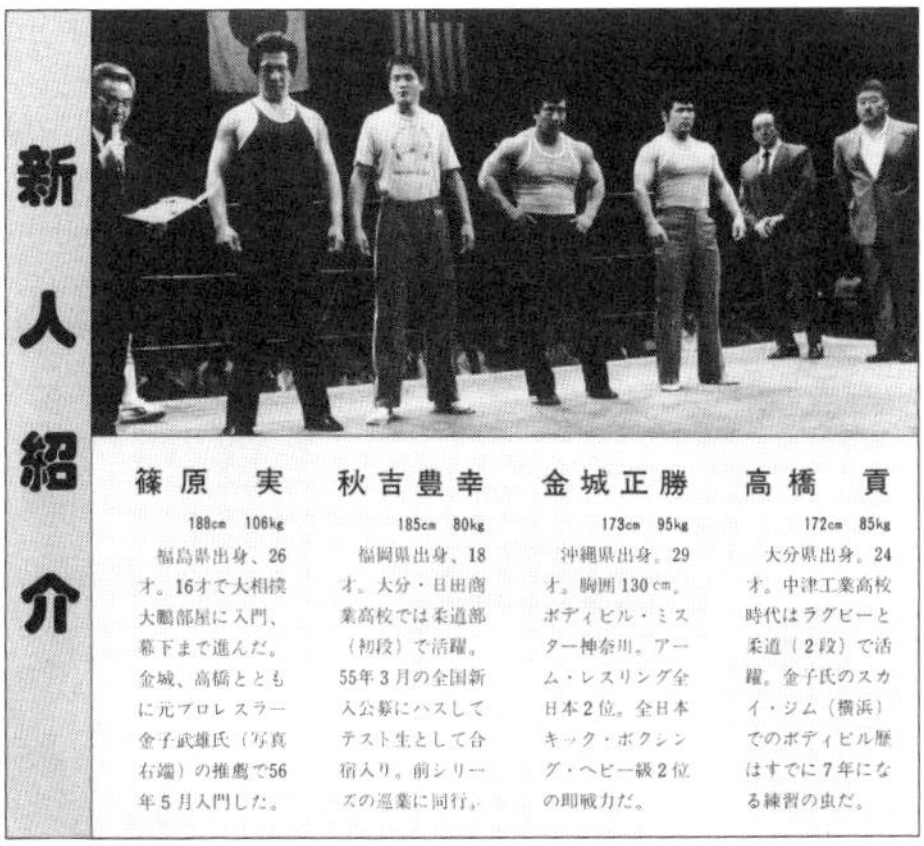

新人紹介

篠原　実
188cm　106kg
福島県出身、26才。16才で大相撲大鵬部屋に入門、幕下まで進んだ。金城、高橋とともに元プロレスラー金子武雄氏（写真右端）の推薦で56年5月入門した。

秋吉豊幸
185cm　80kg
福岡県出身、18才。大分・日田商業高校では柔道部（初段）で活躍。55年3月の全国新入公募にパスしてテスト生として合宿入り。前シリーズの巡業に同行。

金城正勝
173cm　95kg
沖縄県出身。29才。胸囲130cm。ボディビル・ミスター神奈川。アーム・レスリング全日本2位。全日本キック・ボクシング・ヘビー級2位の即戦力だ。

高橋　貢
172cm　85kg
大分県出身。24才。中津工業高校時代はラグビーと柔道（2段）で活躍。金子氏のスカイ・ジム（横浜）でのボディビル歴はすでに7年になる練習の虫だ。

6月『ダイナマイト・シリーズ』のパンフより。4月に4人の入門者があり、5月16日に後楽園ホールのリングで紹介されたが、うち3人は間もなく去り、唯一残った18歳の秋吉豊幸だけはラストシリーズでデビューに漕ぎつけた（8月9日の団体崩壊とともに廃業）。

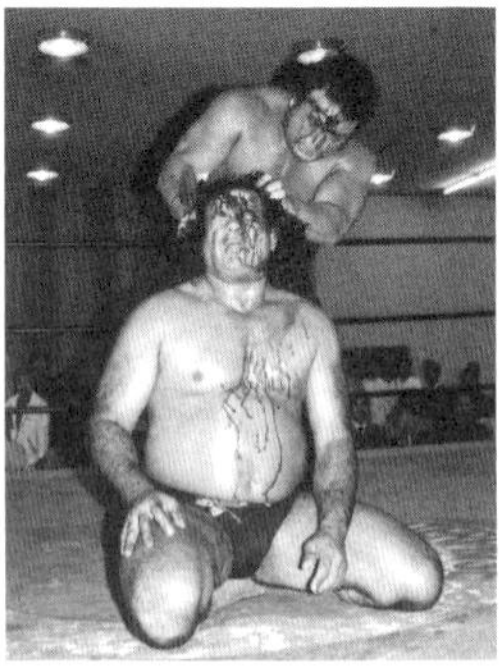

6月22日、福島・郡山セントラルホールで木村がジプシー・ジョーを迎え撃ったＩＷＡ戦(2-0で木村が勝利。1本目は反則勝ち)。8月4日に岩手・宮古市旧宮古ボウルでも両者はシングルをやっているが、タイトル戦はこれが最後で、75年9月からスタートした長いライバル関係に終止符を打っている。この時期、ジョーが国際から支払われていたギャラは週1200ドルだったが、8月下旬から全日本に移籍して2500ドルにアップした。

このページの写真は7月24日、広島・尾道市ニチイ駐車場特設リング大会。こちらは金網デスマッチ（寺西vsジェリー・オーツ＝非公式）前の組み立て風景だが、昼間のオープン会場で何の因縁もない2人が唐突に金網戦で血を流すという状況設定には無理があった。

木村のIWA世界王座防衛戦で最後の挑戦者となったジ・エンフォーサー。60年代にはカンザス地区で「ギロチン・ゴードン」と名乗り来日を嘱望された時期もあったが、国際に来た時は完全に全盛を過ぎていた。

尾道大会の俯瞰フォト。岡山在住の梶谷晴彦氏が試合中にもかかわらず、「ニチイ（スーパーマーケット）」の屋上に場所を移して全景を撮影したもの。この日の観客は1800人の発表だったが、実数で600人というところか？

『国際プロレスアワー』最終回

■ 81年3月24日　泉市民体育館（3月28日放送）

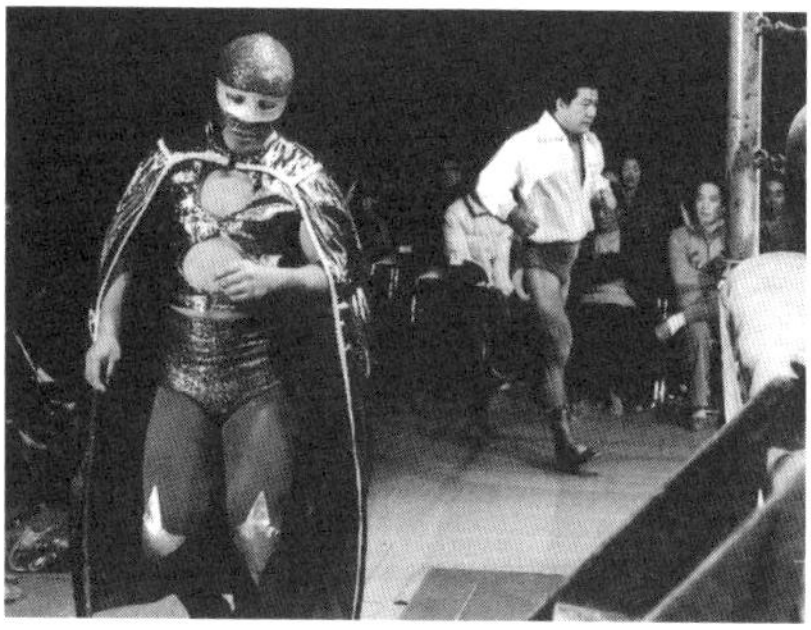

12チャンネル最後のレギュラー中継とあって、木村vsキャンディのIWA世界戦の前には日米両国の国歌吹奏セレモニーが行われている。セミファイナルの寺西＆浜口＆マッハvs鶴見＆コバルデ＆エローデスによる「メキシカン・キャプテン・フォールマッチ」（45分3本勝負）は、ルールが難解でいまひとつ馴染めない形式だった。最終回ということで、放送席には菊池孝氏に加えて吉原社長（セミは草津）が座った。

特別番組『プロレスアワー』

■ 81年5月16日　後楽園ホール（9月17日放送）

この日は第2試合終了後、4月30日に脳腫瘍のため29歳の若さで亡くなったスネーク奄美の追悼テンカウントが行われた。セミでは木村がオルソノスキーを裏足4の字固めで破りIWA世界王座を防衛。メインは金網デスマッチで、井上＆原がエラリング＆ラザンを破りIWA世界タッグ王座奪還に成功した。満員ではなかったが、この日の後楽園ホールは8割くらい埋まっていた。

石油株式

特別番組『プロレスアワー』

■81年6月25日　清水市鈴与記念体育館（9月24日放送）

本当に最後のテレビ収録となったのは『ダイナマイト・シリーズ』最終戦の清水大会で、菊池孝氏、門馬忠雄氏がダブル解説として放送席に座った。鶴見＆エル・クルセロvs寺西＆マッハ、木村vsティエラ・ビエント・イ・フェゴ、井上＆原vsジプシー・ジョー＆カール・ファジー（IWA世界タッグ戦）の3試合が収録され、東京12チャンネルが「テレビ東京」と社名を変更する7日前に深夜枠で放送された。

1981年の日本マット界　概要

解散に追い込まれる81年、国際プロレスは8月までに5シリーズ、78興行を消化している。

この時期、マスコミに発表していた観客数は1000人台がほとんどで、本当に「実数＝1000人」が入れば御の字の日が多かった。

私はルー・テーズが参加していた関係で『新春パイオニア・シリーズ』開催中の週末は試合会場に行っていたが、開幕戦の後楽園ホール（1月4日＝日曜日）が8割（発表は2300人）くらい埋まったのを除くと、かなり空席が目立つ興行ばかりだった。最終戦の大和車体工業体育館も発表は2300人だったが、実数は800人前後だったと思う。

最も「これはヤバイな」と感じたのは6月6日の後楽園ホール大会で、実数が300人くらいしかいなかった（メインは木村vsカール・ファジー、発表は1500人）。76年以来、国際の後楽園大会は皆勤だったが、こんなに客がいなかったことはない。

仮に4月以降も12チャンネルの放送が継続し、毎週230万円の権利金が入ってきていたとしても、後楽園ホールに集まる観客が300人ではシリーズが成立しない。結果、この6月6日が最後の後楽園大会となったが、吉原社長もこの日に「次のシリーズでギブアップ」を決意したのかもしれない。

80年5月に内蔵疾患のため現役を退き、営業部に移ったデビル・ムラサキは前述のトークショーで、こんな話を披露している。

「もう40年近い前の話だから、時効だと思うので全部喋ります。自分が営業をしている時、もう地方で国際の興行を買ってくれるプロモーターさんは、かなり少なくなっていました。そうすると、コースを切る上で地方の手打ち（自主興行）が多くなる。となると、切符を100枚単位で買ってもらう必要性が頻繁に出るわけです。20枚とか30枚の切符なら、スナックや居酒屋を回って〝駆け込み営業〟を頑張れば、なんとか捌けますが、100枚単位となると、もうどうしようもない。必然的に〝その筋の方々〟に頭を下げるしかないわけですが、たとえば1000枚買ってもらって、切符の合計代金が250万円だったとしますよね？　興行の当日に250万円の現金をくれる人なんて誰もいませんから、まずは当日に半分の125万円を手渡されて、残りは興行が終わった後、2週間後に振り込むみたいな約束をするわけです。契約書なんてないですから、すべて口頭の約束ですよ。

会社が潰れた年は、その場合に〝まず当日に50万円、残りの200万円は客が入らなかったからナシ〟みたいなムチャクチャな対応が出てきたんです。未収金のまま終わってしまう。これが何回も起きたら、もう興行会社として成立しませんよ。いくら催促しても、〝ないものはないんや〟で終わり。それでもしつこく繰り返して、〝おんどりゃ、指詰めたいか！〟と切り返されたこともありますよ。本当の話ですよ。自分の担当していた地方の興行で、実数で客が5000人いたのに、赤字というのが出てしまった。こうなったら、もう興行じゃない。利益を無視したチャリティーイベントですよ」

ムラサキはマスクマンとしてリングに上がっていたから、営業に移って素顔になった時に「元レスラー」の看板が使えず、それも辛かったという。

ちなみに、初代タイガーマスクが登場する直前のこの時期、新日本の地方興行の売り値は「最低でも350万円、年末シリーズやMSGシリーズは450万円前後」だったようだ。シリーズのたびに売り興行がバンバン組み込めるのだから、断末魔の国際と比較しようがない。

「営業に回っても、会場で（デビル・ムラサキの）マスクは売ることを許されたんです。当時はグッズといっても、パンフレットしかなかった時代ですからね。手製のマスクなので制作の手間も大変ですが、手先は器用だったので自分のアパートでミシンで縫っていました。でも、パンフレットの売れ行きに影響すると申し訳ないから、私は会場内部の隅っこで販売していたんですけどね（笑）。このマスクの売上げは、自分で全額取っていいことになっていました。まあ、一つの会場で3枚か4枚売れればいい方なんですが、1枚3000円だから、十分にその夜のビール代にはなるわけです。試合が終わると、宿舎やホテルで選手と一緒になるわけですが、もう最後の方は〝夕飯の金は会社持ちで、酒は自腹〟という規定になっていました。マスクの売上げ金でビールを2本くらい飲んでいると、隣のテーブルで他のレスラーが〝いいなあ。俺も飲みたいなあ。こっちにも差し入れしてくれないかなあ〟みたいな目で私を見ているわけですよ（笑）。あの時に、〝ああ、この団体はもう長いことはないなあ〟と思いましたね」

そのような状況下で、吉原社長は6月から馬場と都内で会談を開始していた。

これは意外にも馬場からの面談要請で、内容は多岐に及んだようだ。79年のオールスター戦以来、2年ぶりの顔合わせだったが、前述のように馬場もガイジン選手の所得税滞納問題で頭を抱えており、互いに愚痴を聞いてもらうのが趣旨だったかもしれない。

当然、吉原社長からは「合併」の話が切り出されたが、馬場も自分の会社だけで精一杯の状態で、「全員引き取るわけにはいかない。一部の選手ならば考えます」との常識的な答えを返している。おそらく馬場にとっては単なる儀礼的な返答で、実際に合併する意思はなかったと推測されるが、この曖昧な返答が8月に入ってからの〝火種〟となる。

7月下旬に2度も面談の約束をドタキャンされた吉原社長は、馬場の態度を非難し、それが専門誌の紙面にデカデカと掲載されてしまった。いずれの報道も「合併は、馬場君から申し入れてきた話。それなのに、2度も会合をキャンセルしてきたのは不誠実だ」と、頭越しに先方を糾弾したものだった。

これには馬場もカチンと来たに違いない。合併の話自体、吉原社長の一方的な思い込みに過ぎなかった可能性もあったろうし、複数のマスコミに対して「馬場君は不誠実」と発言したのは、らしくなかった。

8月以降、馬場と吉原社長が会った形跡はまったくない。吉原社長は8月6日、新日本の蔵前国技館大会に赴いて新間氏と面談。居合わせたマスコミには「儀礼的な挨拶のみ」と語ったが、実際は具体的な対抗戦の打ち合わせで、その3週間後の8月27日、青山の新日本事務所で新間氏とともに記者会見を行い、「10月5日、大阪府立体育会館で新日本と国際による対抗戦を行う。さらに11月末までに東京、福岡などで3回、対抗戦を行う」との発表をしている（10月5日は国際が仮押さえしていたもので、後日キャンセル）。

この合意についてはテレビ朝日の永里高平スポーツ局次長の仲介があったと言われていたが、記者会見の席でも吉原社長は「馬場君は、結論を出せない人だ。プロモーターとしても、私の信義を傷つけた」と激しく非難を継続している。「プロモーターとしても」の部分はジプシー・ジョーの引き抜きを意味していたようだが、これはゴングの編集スタッフだった山口雄介氏が日本滞在中のジョーに直接コンタクトの上、全日本へ移籍する意志を確認して馬場に伝達した、というのが真相のようだ（8月20日から全日本のシリーズに出場）。

国際が興行活動停止になるであろうという状況は、6月から8月初旬にかけて2シリーズ連続で参戦していたジョーが誰よりも実感していたはずだ。であれば、ジョーが新しい戦場として全日本を選ぶのは自明の理であり、個人契約を締結していなかった吉原社長が馬場を「引き抜き」と批判したことは筋違いだったと思う。これは日本マットを主戦場としてきたジョーにとって、死活問題であったからだ。

ここまでの段階で、吉原社長の口からは「団体としての活動は、8月9日の羅臼大会で終わり」というような〝終結宣言〟はまったくなされていない。8月15日発売の別冊ゴングと月刊プロレスが「単独興行は羅臼が最後になる可能性大。以降は団体としてではなく、選手を他団体へレンタルするプロダクション的な組織になるだろう」というニュアンスで記事を書いたのが最初で、一般のファンはそこで初めて「あっ、国際は事実上、倒産したのか。秋のシリーズが発表されていなかったのは、それが理由だったのか」と認識した。

私自身がいつ知ったかというと、せいぜい7月の下旬だったと思う。最後の『ビッグ・サマー・シリーズ』は後楽園の興行がなかったから、6月6日以来、観戦の機会もなかった。何かの用事で根本さんに電話した時に初めて「今のシリーズで最後になりそうだ」と言われて、「嘘でしょ?」と答えた鮮明な記憶がある。国際は9月シリーズの詳細発表が8月中旬に遅れることも珍しくなかったので、根本さんと話をするまでは〝倒産〟の実感がまったく沸かなかった。

9月7日、京王プラザホテル・コメットの間で改めて共同記者会見が開かれた。国際側の出席者は吉原社長、木村、浜口、寺西、原の5人、新日本側は新間氏、坂口副社長の2人。この席では10月8日、蔵前国技館で全面対抗戦が行われ、カードは猪木vs木村、藤波vs原、タイガーvsマッハ、長州vs浜口、星野&剛vs寺西&鶴見、スタン・ハンセン&ハルク・ホーガン

vsアレックス・スミルノフ&バッドニュース・アレンと発表された。

だが、この会見の数日後に国際の選手会がミーティングを行い、不参加を表明するレスラーが続出したため、全面対抗戦の案は空中分解した。最終的に新日本との対戦を合意したのは木村、浜口、寺西の3人のみとなり、この段階で国際プロレス選手会も解散という形になった。

66年9月30日に会社登記された国際プロレスは、事実上、この選手会解体の時をもって完全に歴史を終えたと言えるだろう。くどいようだが、当時のマスコミは「羅臼が国際の最後だった」と明言した書き方をしていない。「果たして、所属レスラーはどこへ行くのか？　いくつに分かれるのか？」という部分を焦点として連日の過熱報道がなされており、「国際の歴史は、8月9日の羅臼までで括ろうじゃないか」という感じで落ち着いた（誰もが納得した）のは随分後、90年代に入ってからである。

そこには、おそらく「北の果てが終焉の地として最もふさわしい」という感傷が含まれていたと思う。私も終焉の地＝羅臼で異論はない。12チャンネル運動部が収録して放送されないままになっていた5月16日（後楽園ホール＝木村vsスティーブ・オルソノスキーのIWA世界戦、井上&原vsポール・エラリング&テリー・ラザンのIWA世界タッグ戦）と6月25日（清水市鈴与記念体育館＝井上&原vsジョー&ファジーのIWA世界タッグ戦、木村vsティエラ・ビエント・フェゴ、寺西&マッハvs鶴見&エル・クルセロ）の2大会は、興行活動停止後の9月17日、同月24日の深夜0時～1時の枠で放送され、それぞれの視聴率は0・4％、1・9％だった。

7日後の81年10月1日、東京12チャンネルは、社名を『テレビ東京』と改めた。「東京12チャンネル時代の国際プロレス」は、ここで静かに幕を閉じている。

〝高すぎる理想〟が生んだ借金＝2億5000万円

長いことプロレス業界に携わっているが、試合が終わった後、会場から「ガイジンレスラーだけのマイクロバス」に同乗してホテルまで戻ったことは一回しかない。それが81年1月31日の土曜日、神奈川・大和市車体工業体育館から新宿のサンパーク・ホテルに戻った時だった。

この夜は、『新春パイオニア・シリーズ（テーズ杯争奪前期リーグ戦）』の最終戦だった。しかし、吉原社長は所用で来場できず、会場には鈴木部長が代行として来ていた。

鈴木部長は試合開始前、参加ガイジンメンバーに支払う大量のドル紙幣（ギャラ）を控室で分配するのがこの日のミッションだったが、それを終えた後はニコニコ顔。私にツカツカと寄ってきて、「悪いけどさ、新宿までのガイジンバスに同行してくれないか？　ちょっとここで用事ができちゃったんだ」と、いつものように何気なく重要任務をサラリと与えてくださった。

「道中で交通事故にでも遭ったら、どうするんだろう？　しかも、全員が大金を持っているしなあ」と悩んだが、断れるムードではない。私が承諾すると、「よーし、今夜は飲むぞ」といった感じで早々と会場を後にした。本当に憎めない方である。

この日はまずメインが終わるまでの間、ルー・テーズとマイク・ジョージの2人から「すまないが、試合が終わるまでキャッシュを預かってくれ。4週間分のギャラだから頼むよ」と言われてビビった。

控室には複数の人間が出入りするので、現金を置いておくと盗難の危険性があることは理解するが、金庫代わりを頼まれた私は下手に動けない。小用でトイレに行った時も、施錠して大便用の個室に入った。

この日、私は通勤で使っていた黒いカバン一つしか持っていなかったが、テーズとジョージのギャラでパンパンに膨れ上がったカバンのチャックを強引に閉めて、ベアハッグをするように大事に抱え、第1試合開始から「早くメインが終わってくれないかなあ」と願うばかりだった。

大和市から新宿までのバス所要時間は約2時間。シリーズ最終戦ということで吉原社長から10ダースの瓶ビールの差し入れがあり、テーズを含む8人のガイジンレスラーたちは車中に次々と空き瓶の山を築いていった。

プロレス業界の「人種差別」に直面

バスが国道246号から首都高に入る頃、8人の中で最も酒癖の悪いボブ・スイータンが悪酔いしてきた。そして、最前列に座っていたスイータンは、私の後ろの座席に座っていたメキシカンのレオ・ロペスを罵り始めた。

「おい、ロペス！　もっと美味そうに飲めよ！　俺はこの4週間、テメエの体臭を我慢してきたんだ！」

ロペスは40代半ばだっただろうか、すでにピークは越えていて、テーズ杯争奪リーグ戦の成績も全敗だった。彼はスペイン語しか喋れないので控室ではいつもポツンと隅に座っており、UWA王者時代に何度かメキシコでサーキットをともにしたというテーズが気を遣って話しかける光景を何度か目にしていた。

このシリーズに来ていたプエルトリカンのロベル

ト・ソト（ジ・インベーダー）はスペイン語が話せたが、なぜかロペスには冷たく、巡業中も2人の間でまったく会話がなかった。この3年前、新日本で起きた「カネック逃亡事件」の時もソトは同じシリーズにいたが、カネックに味方しなかったと聞く。

スペインから来ていたホセ・アローヨは「我、関せず」でビールをガバガバ飲んでいるだけだし、ジム・スターとマイク・ジョージが地元カンザス地区の大先輩であるスイータンに意見できるわけでもない。性格の良いベン・アレキサンダーはプロになって3年目なので、これまた無言で小さくなっているしかなかった。

要するに、典型的な「イジメ」の構図である。私は「ヤバイ雰囲気だなあ。早く新宿に着いてほしいなあ」と思ってビール瓶をチビチビ吸うように飲んでいたが、スイータンがまた酷い雑言を吐いた。

「ロペス、お前が飲んでいるのはビール瓶じゃねえよ。ユーニノー（尿瓶）だ」

さすがにロペスもこの言葉に立ち上がってスイータンを睨んだが、この時はジョージが「まあまあ」という感じで制止に入った。

それから10分ほど経った後、信号待ちでバスが止まった時に近くのコンビニの前を一人のホームレスがフラフラ歩きながら、こちらの様子を窺ってきた。

それを見たスイータンは窓を開けてホームレスに向かい、「おーい、ロペス！ そこで何をやってるんだ？」と手を振った。極めて悪質なジョークだったが、あまりのタイミングの良さにジョージ、アレキサンダー、スターらのアメリカ勢が一斉に吹き出してしまった。

今度こそ、ロペスはブチ切れた。意を決したように席を立って前方に進もうとしたその瞬間、私の横に座っていたテーズがガバッと立ち上がって通路で彼を手で制し、スイータンに大声でこう言った。

「Robert! Stop it. Make the party alive（ボブ、もういい加減にやめろ。集いを汚すな）」

あわやバス内部で流血の乱闘かと懸念されたが、この制止で回避された。

この時、テーズは本気で怒っていた。さすがのスイータンも〝シラフ〟に戻って、テーズに対して「すいません。言い過ぎました」という感じで謝罪を入れたが、その後の車中は誰も喋ろうとはせず、嫌な雰囲気のまま時間が過ぎた。

ホテルに着いた後、ロペスは無言で部屋に戻った。これが最初で最後の来日となったが、「日本は嫌な国だった」という思い出が残ったと思うと本当に可哀想になる。

テーズがポツンと「アメリカ人ばかりのシリーズに、メキシカンを一人だけで呼ぶのは気の毒だよ」と言ったが、このシリーズ以外、国際がルチャドールを単独で招聘したシリーズは皆無だったと思う。プロレス業界の人種差別というと、黒人レスラーの話題が定番のように語り継がれているが、私にとってはいつもこの夜のレオ・ロペスのことが思い出される。

吉原社長の最後の〝負け惜しみ〟

81年3月26日付の東京スポーツ2面に、国際の12チャンネル中継打ち切りの件について書かれた小さな囲み記事があるので引用する。

3月24日、宮城・泉市民体育館で行われた木村vsレイ・キャンディのIWA世界ヘビー級戦の模様を2枚の写真入りで大きく報じたページだったが、まだまだ「団体経営がピンチ」という深刻な感じの書き方はされていない。

（昭和）49年10月から東京12チャンネルの『プロレス・アワー』として週一回の放送で茶の間のファンに親しまれてきた国際プロレスだが、この日の泉大会を最後にレギュラーの収録撮りを終了。四年五か月に及んだレギュラー番組からサヨナラする（筆者注＝正確には6年6ヵ月）。

東京12チャンネルは47年9月、10月にA・猪木×K・ゴッチ戦などを放送（筆者注＝正確には放映は10月、11月）。その後、国際プロレスとレギュラー契約をしプロレス放送に力を入れてきたが、今年はプロ野球パ・リーグの放送が大幅にふえたこともあって、今回の結果となったもの。泉大会で収録したIWA世界ヘビー級戦、6人タッグマッチは今月二十八日に録画放送されるが、さすがに木村以下選手達の表情は最後のビデオ撮りに複雑だった。

そして、この囲み記事の上には「3月24日午後17時20分、新東京国際空港着のJAL61便で阿修羅・原がルイジアナ遠征から凱旋帰国した」とも書かれている。

テレビ打ち切りが決まったのは1月中旬だったようだが、それが予測されていたのに、なぜ僅か3ヵ月だけ原を修行に行かせる必要があったのだろう？1月、2月のテーズ杯争奪リーグ戦に原を絡ませていれば、少しでも違った展開が望めていたのでは、と思うと残念でならない。

この翌週から4月初旬にかけて別冊ゴング、月刊プロレス、レジャーニューズが吉原社長にインタビューを行っている。3社とも「テレビ放送がなくなって、果たして経営は大丈夫なのか？」という探りを前提としたインタビューだったが、吉原社長はいずれの取材にも同じようなトーンで回答している。要旨を箇条書きにすると、こうなる。

◎今回の12チャンネルの打ち切りは、TBSに切られた時とは状況が異なる。

◎12チャンネルの放送エリアは狭いし、収録日とオンエアの日が開いているから、興行の宣伝になっていなかった。

◎テレビ放送の権利金（年間約9000万円）逸失はマイナスだが、他局（日本テレビ、テレビ朝日）に比べれば比較にならないくらい少ないから、ダメージも少ない。

◎今後は1社専属ではなく、地方の複数UHF局とタイアップしてやっていくことができる。

◎1社とテレビ契約を持つと、1年間切れ目なしにシリーズを組まねばならず、無理があった。今後はテレビを気にしないで、思い切ったことができる。

酷な書き方だが、これらはすべて〝負け惜しみ〟でしかなかった。いくら興行をやっても赤字だったので、年間約9000万円の権利金が当時の団体収入のすべてだったろう。

というより、実態は9000万円では経営できなくて、81年8月まで毎年赤字を累積させていった結果が借金＝2億5000万円（崩壊時に吉原社長が鈴木庄一氏に打ち明けた数字）だったことになる。

「4月から吉原社長がフジテレビにコンタクトを開始していた」と書いた新聞もあったが、具体的な交渉レベルには及んでいなかったようだ。12チャンネルで視聴率が3％に達しなかった番組を全日本女子プロレスを放送していたフジテレビが拾う理由はなかった。テレビ放送のないプロレス団体の経営は100％不可能な時代だったので、吉原社長の〝負け惜しみ〟は今思えば事実上のギブアップ宣言と解釈するしかない。

アメリカの各州にテリトリーが存在していた昭和の時代、日本のマスコミはレスラー出身者でないプロモーターを「背広組」と呼んで峻別した。NWAが全盛時代だった40年代から70年代にかけては「背広組」は極めて少数であり、NWA会長でもあったセントルイスのサム・マソニック、WWWF（WWF）のボスだったニューヨークのビンス・マクマホン・シニア、南部最大の実力者だったヒューストンのモーリス・シーゲルを除くと、大半のメジャーテリトリーは「元レスラー」、あるいは「現役兼任」のプロモーターに支配されていた。

馬場、猪木がバリバリの「社長兼任エース」だったのに比べると、吉原社長は早稲田大学法学部卒業のインテリで、日本プロレス入門前に一般企業に勤務した時も営業、企画畑の第一線で活躍していたし、もちろん経理、財務的な知識も十分持っていた、いわば「背広組」のカラーが強い人物だった。

私は当時、「吉原さんは知名度をアップする必要もないのだから、社長業に徹して、あまりマスコミの前に出ない方がいいのでは?」と思っていたのだが、よく考えたら吉原社長は「背広組」ではなく、60年には日本ライトヘビー級チャンピオンにもなったバリバリの「元レスラー」である。今思うと、「俺は馬場、猪木よりもプロレスラーとして7年先輩だ。力道山にスカウトされてプロレスに入ったのだし、入ってからは力道山にアマレスの基礎も教えてやった」というプライドがあった。

極端な書き方をすると、「馬場も猪木もトップレスラーということで、周りから担がれている形だけの社長じゃないか。俺も現役時代はチャンピオンだったし、引退後は営業部長として実務も経験もしたし、会社経営もリング上もテレビ局も統率できる本当の意味でのプロレス団体の社長なんだぞ」という〝高すぎる理想〟、悪い表現をすると〝自惚れ〟、〝目立ちたがり感〟があったように思う。

だが、会社の内部には「社長、それは違います。あなたは、それほどの有名レスラーではなかった。だから、もう裏方に徹するべきです」と進言する勇気ある部下がいなかった。

12チャンネルの番組スタッフと何度も衝突しながら、最後まで自説を曲げずに中継を打ち切られ、国際プロレスが崩壊に至ったのは、最終的に吉原社長が「背広組」になりきれなかった結果だったように思えて仕方がない。

単独興行としてラストとなったのは、81年8月9日の羅臼町民グラウンド（羅臼小学校校庭）大会。会場周辺には、このようにポスターが貼られていた。「北方領土返還」を訴える大きな看板も印象的である。エンフォーサーの大きな写真の下にテリー・ギブスとジェリー・オーツの写真が小さくデザインされ、参加決定がシリーズ開幕直前だったことが理由かもしれないが、ジプシー・ジョーの写真は右下の目立たない位置にレイアウトされているだけだ。長くエースとして活躍したジョーにとっては、大いにプライドを傷つけられただろう。「この後は全日本に移ろう」と決意したのは、無理もないことだった。

あとがき

本書執筆中の2019年4月13日（土曜日）、NHK-FM放送の茨城県周辺向けローカル番組『いばゆる』から出演オファーを頂戴した。

ユニークな茨城県出身者を招いて、特定ジャンルで〝ゆるいトーク〟をやってもらう生放送なので『いばゆる』という番組名なのだそうだが、MCのNHK水戸放送局勤務Hアナ（1967年生まれの51歳）が54年2月の力道山&木村政彦vsシャープ兄弟戦から始まる日本プロレス史の概要を把握していたので驚いた。「週刊ゴング、週刊プロレスは面白い時だけですが、買っていました」というから、相当のレベルである。NHKのアナウンサーにもプロレスマニアがいるのだから、世の中油断できない。

そのH氏から番組中に「流さんの研究結果としては、アメリカと日本のプロレス人気が一番高かったのは具体的にいつだった、というご意見ですか？」という鋭い質問を受けた。生番組なので、まったく台本はない。「こういうのが生の醍醐味なんだよなあ」と感じて一気にテンションが昂揚した私は、咄嗟にこう答えた。

「基準を何に置くかによって答えは複数あると思うのですが、私の場合は『1週間にテレビ放送された時間数』を基準に置きます。もちろん、ＢＳ放送、ＣＳ放送が出てくる以前の〝地上波オンリー〟という時代に限定しますが、その基準ですと、アメリカが１９５０年から１９５５年までで、日本は１９６９年、昭和44年です」

かなり前にも同じ質問を受けたことがあり、私の答えそのものは変わっていないのだが、本当にそうだったかが気になったので、帰宅してから久しぶりに調べてみた。

まずアメリカだが、やはり最盛期は50年代前半で間違いない。

手元に、50年（昭和25年）10月28日にシカゴで発行されたプロレス週刊誌『レスリング・アズ・ユー・ライク・イット（直訳すると、〝レスリングを貴方のお好きなままに〟）』がある。同誌には翌週に放送される全テレビ番組が７日分、朝帯から深夜帯まで漏れなく記載されており、プロレス番組の部分だけは太字（ゴシック）になっている。

驚くべきことに、この時期は日曜以外の月曜から土曜まで、毎晩プロレス中継があった。こんな頻度で中継があったのは、あらゆるスポーツやドラマ、芸能ジャンルを問わずプロレスしかなく、「プロレスブーム」などという生易しいものではなかったことが証明されている。これだけの多頻度でプロレス番組を見られたのだから、当時よく「同世代のアメリカのプロレスファンは、凄く恵まれていたのだなあ」と羨ましく思った。

しかし、実態はそうでもなく、友人のマニア連中のほとんど全員が口を揃えて「土曜日以外は、ほとんどプロレス中継を見せてもらえなかった」と嘆いていたものだ。理由は簡単で、プロレス番組は「アダルト・エンターテインメント（大人の娯楽）」であり、土曜日以外の中継番組は「子供が寝た後の深夜枠」に割り当てられていたからだ。

平日の夜9時以降となると、テレビジョンから流れてくる番組は「両親だけの楽しみ」であり、要するに「子供は宿題を終わらせて、早く寝なさい！」の世界だったようだ。このあたり、ホームビデオがなかった時代のアメリカは、日本の50年代〜70年代に展開されたお茶の間の風景と何ら変わりない。

さて、続いて日本の「テレビプロレスの絶頂期」に話を移す。前述のように69年（昭和44年）は日本でも火曜の夜以外、残りの曜日すべてで、民放のどこかがプロレス中継をやっていた。この狂乱ブームは70年（昭和45年）3月いっぱいでやや沈静化したが、日本における『テレビプロレス全盛時代』が実は力道山が生きていた「日本プロレス一強時代」ではなく、「馬場、猪木が日本プロレスで全盛を極め、国際プロレスがＴＢＳで放送されるようになって2年目」だったことは本書で強調しておきたい。


月曜日＝夜8時から9時まで東京12チャンネルのレトロ番組『プロレス・アワー』（日本人レスラーは登場せず、ルー・テーズ、バーン・ガニア、ボボ・ブラジル、フリッツ・フォン・エリックらが主役）

火曜日＝プロレス番組なし

水曜日＝夜7時から8時までTBSテレビ『TWWAプロレス中継』（国際プロレス）、夜9時から10時までNETテレビ『ワールドプロレスリング』（日本プロレス＝ただし、日本テレビと日プロの契約により、馬場、坂口征二の試合は放送できず）

木曜日＝夜7時半から8時まで東京12チャンネル『女子プロレス中継』（小畑千代、佐倉輝美らが主役の日本女子プロレス）

金曜日＝夜8時から9時まで日本テレビ『日本プロレス中継』（馬場、猪木以下、すべて登場）

土曜日＝夕方5時半から6時半まで東京12チャンネル『プロレス・アワー』再放送（1年前の第1回から遡及して放送）、深夜0時半から1時半までTBSが月に1回『ヤング・ファイト』（国際の若手の試合を放送）

日曜日＝夕方6時から6時半までNETテレビ『ヤング・プロレスリング』（日プロの若手の試合）

TBSの『ヤング・ファイト』が月に1回ある時は、なんと週に7時間も地上波でプロレス中継が流れていたことになる。

上記8つの番組のうち、翌年3月で『女子プロレス中継』と『ヤング・プロレスリング』、9月で『ヤング・ファイト』が終わり5番組に減少するのだが、それでもまだブームの名残りムードは存在した。前述したアメリカにおける「テレビプロレス」ブームと比較しても遜色ない中継過多で、小学校6年生だった私は火曜日以外の夜は毎晩、白黒テレビにかじりついていたものだった。

この狂乱時期に比べると、本書のテーマである「国際プロレスの東京12チャンネル時代（74〜81年）」は、なんとなく〝平和〟だった。

テレビ放送が「月曜日＝国際、金曜日＝新日本、土曜日＝全日本」の計3時間に定着して生活のリズムになり、「プロレスのテレビ中継がない夜は、他のことをやって見聞を広めよう」みたいな余裕ができていたようにも思う。

〝平和〟という表現を使ったのは、イメージとしては馬場と猪木が常に戦争をしており、国際の吉原社長が「まあまあ、あまりエゲツない争いはするなよ」という感じで仲を取り持っていたからだ。79年に新日本プロレスが自民党の二階堂進氏を担いでコミッショナーにしたが、馬場はこの存在を完全に無視した。完璧とは言えなかったものの、馬場と猪木の関係を辛うじて繋いで〝橋渡し〟をやっていたのは吉原社長であり、この時代に事実上のコミッショナー役を果たしていたと思う。

国際が潰れて吉原社長が消え、2団体時代に入ると、82年の日本マット界は案の状、

〝平和〟から〝戦争〟になった。2団体になるのは71年以来11年ぶりで、しかも「新日本と全日本による2団体イヤー」はこれが最初だった。興行数だけでいえば、新日本が199、全日本が173と、さほど大きな開きがあったわけではない。しかし、タイガーマスク人気が完全に定着した82年は、観客動員の実数で圧倒的な差が生じていた。

　国際が崩壊して4ヵ月後、81年12月に全日本は経営状態の悪化によって日本テレビから松根光雄氏（元運動部長）が出向し、馬場に代わって社長の座に就任した（馬場は会長に棚上げ）。ここから日本のプロレス界は猪木と馬場の個人的なライバル闘争から、テレビ朝日と日本テレビの〝代理戦争〟の構図となっていったが、これもすべて馬場と猪木を繋ぐ〝吉原ブリッジ〟が壊れてしまった結果と言える。

　本書の最後に、2010年6月10日に書かれた吉原道子さん（奥様）の手紙を披露させていただく。

79年7月25日、銀座・東急ホテルにおける『プロレス 夢のオールスター戦』正式発表の合同記者会見。馬場と猪木が同じ写真に入るには、吉原社長の存在が不可欠だった。

流さん、昨日「国際プロレスクロニクル上巻」確かに届きました。

私でさえ国際プロレスの最終興行の日を知らなかったので、懐かしいやら驚くやらで楽しく拝見させていただきました。この中で菊池孝さんと井上君がTBS放映決定の折の話をされていますが、思い出してもあれは本当に辛い時期でした。自分で立ち上げた会社であったのに、いつの間にか社長はないがしろにされて、会社に出ても無視され、じっと耐えている姿を今でもよく覚えております。

菊池さんには色々お世話になったので一度お会いしましょうと約束したのですが、人口透析をやっておられるそうで、なかなか体調が思うようにならないそうで、お会いすることができていません。当時の話をできる友人がだんだん減ってきている中で、仏壇にこのDVDを供えて流さんの作品を報告しておきました。奇しくも今日は主人の命日

吉原功氏と道子さんは62年1月24日、早稲田大学の大隈会館で挙式（吉原氏31歳、道子さん24歳）。この写真は新婚時代の同年12月に北浦和の自宅前で撮影されたもの。独身時代に何度も関西のミスコンテストで優勝していた道子さんの美しい笑顔が眩しい。

なので、きっと喜んでいると思います。

思えば主人はプロレスの世界に入ったばかりに、終生お金の苦労が絶えなく、あの世に旅立ってしまったわけですが、今もなお、こうして主人の作った団体を思い出してくださる方々がいるのだと思うと何物にも代えがたい嬉しさがこみ上げてきます。

私自身は主人没後のプロレス界には一切関心がないのですが、息子は父親の歩いた道には興味があるようで、木村さんのお別れ会にも行くと言っております。

よろしかったら、いつでも遊びにお越し下さい。お仕事の成功を祈っております。

吉原道子

「はじめに」でも書いたが、本書が国際プロレスに関する私の〝卒論〟である。

この世に国際プロレスが存在しなかったら、私の人生はまったく異なったベクトルに導かれていた。

「導かれていただろう」ではなく、「導かれていた」。

人生は縁《えん》がすべてだ。吉原さんと出会えた縁に感謝し、〝魂のふるさと〟国際プロレスの偉業がいつまでも語り継がれることを祈り、筆を置く。

2019年5月吉日　流智美

PROFILE
ながれ・ともみ
1957年11月16日、茨城県水戸市出身。一橋大学経済学部在学中、プロレス評論の草分け・田鶴浜弘に弟子入り。80年3月、大学卒業後にベースボール・マガジン社『プロレスアルバム』でフリーのプロレスライターとしてデビュー。以来、『週刊プロレス』に83年7月の創刊号から現在まで連載を持つ他、プロレス関係のビデオ・DVD監修、テレビ解説、ナビゲーター、プロレス漫画原作、トークショー司会などで活躍。著書・翻訳書・監修書、多数。2018年、プロレス界の功労者を顕彰するアメリカの『National Wrestling Hall of Fame』ライター部門にて殿堂入りを果たす。

G SPIRITS BOOK Vol.9
東京12チャンネル時代の国際プロレス
2019年6月15日　初版第1刷発行

著　者　流智美
編集人　佐々木賢之
発行人　廣瀬和二
発行所　辰巳出版株式会社
〒160-0022 東京都新宿区新宿2-15-14 辰巳ビル
TEL：03-5360-8064（販売部）
TEL：03-5360-8977（編集部）
印刷・製本　大日本印刷株式会社

デザイン　柿沼みさと
協　力　田中元和
資料提供　稲村行真、梶谷晴彦、冨倉太

ISBN 978-4-7778-2289-8